Untersuchung der Kost

in einigen

öffentlichen Anstalten.

Untersuchung der Kost

in einigen

öffentlichen Anstalten.

Für Aerzte und Verwaltungsbeamte

in Verbindung mit

Dr. J. Forster, Dr. Fr. Renk und Dr. Ad. Schuster

zusammengestellt von

Prof. Carl Voit.

Inhalt:

München.

Druck und Verlag von R. Oldenbourg.

1877.

I.

Einleitung.

Von Prof. **C. Voit.**

Als ich bei der Versammlung des Vereins für öffentliche Gesundheitspflege im Jahre 1875 meinen Vortrag: „über die Kost in öffentlichen Anstalten“ hielt, war ich zunächst von dem Wunsche beseelt, von Neuem die Aufmerksamkeit weiterer Kreise auf die Bedeutung einer richtigen Ernährung für das Wohlergehen der Menschen zu lenken.

Ich sage mit Absicht: von Neuem, da ich wohl weiss, dass dies vor mir schon vielfach geschehen ist, und zwar in eindringlichster Weise. Man ist ja schon seit langer Zeit von dem gewaltigen Einflusse einer guten Ernährung im Allgemeinen überzeugt, aber es ist trotzdem noch wenig von einer Anwendung von Lehren der Wissenschaft bei der Gesammternährung Einzelner oder bei der Aufstellung der Kostsätze für eine grössere Anzahl gemeinschaftlich lebender Menschen zu bemerken gewesen. In den Haushaltungen hat man kaum in Folge solcher Einflüsse in der althergebrachten Ernährungsweise etwas geändert; auch bei der Aufstellung der Kost für öffentliche Anstalten blieb man im grossen Ganzen bei dem stehen, was man schon seit Jahren gegeben hatte, und wenn auch Aenderungen vorgenommen wurden, so waren diese mehr auf qualitative Ansichten oder Gutdünken als auf quantitative Untersuchungen für den speziellen Fall gegründet.

Man hat in gewissen Fällen für die Ernährung des Menschen schon den grössten Nutzen aus der Wissenschaft gezogen z. B. durch die Darstellung von Präparaten wie des Fleischextraktes, durch Angaben über bessere Herstellung und Aufbewahrung von Nahrungsmitteln etc., man war jedoch nicht im Stande auszusagen, ob im Ganzen eine einem Menschen gereichte Kost für die gegebenen Verhältnisse genügend und richtig ist.

Die Voraussetzungen für ein solches Urtheil waren früher nur unvollständig gegeben. Man musste zu dem Ende vor Allem den Einfluss der einzelnen Nahrungsstoffe und ihrer Gemische auf den Zerfall der Stoffe im

Körper kennen und wissen, was und wieviel im Minimum, speziell im menschlichen Körper, unter verschiedenen Umständen verbraucht wird: dass der Bedarf an Eiweiss hauptsächlich von der Masse der Zellen im Organismus oder vielmehr von der Masse des in ihnen abgelagerten Eiweisses abhängig ist, der an stickstofffreien Stoffen vor Allem von der Grösse der Arbeitsleistung. Es musste ferner erkannt sein, dass es nicht genügt, einfach die nöthige Quantität der Nahrungsstoffe in richtigem Verhältnisse zuzuführen, sondern dass es auch darauf ankommt, in welchen Nahrungsmitteln und Formen dieselben geboten werden.

Es ist desshalb bei Feststellung der Kost die so sehr verschiedene Ausnützung und Aufnahme der einzelnen Nahrungsmittel und Nahrungsstoffe im Darmkanale zu berücksichtigen; es treten z. B. aus gewissen Mengen von Fleisch oder von Schwarzbrod, welche die gleiche Quantität von Eiweiss enthalten, ganz ungleiche Mengen von letzterem in das Blut über.

Man hat ferner die Fette und Kohlehydrate in ihren Leistungen für den Körper für ganz gleichwerthig gehalten und dieselben in dem Verhältnisse, in welchem sie Sauerstoff bis zur vollständigen Verbrennung zu Kohlensäure und Wasser brauchen, für äquivalent gedacht und sich ersetzen lassen. Diese Annahme hat sich als unrichtig herausgestellt; nichtsdestoweniger berechnen noch immer die Meisten auf obige Weise das Fett auf sein Aequivalent Kohlehydrat, um das Verhältniss der stickstoffhaltigen zu den stickstofffreien Stoffen in der Nahrung zu finden. Die Kohlehydrate können das Fett nicht in allen Beziehungen ersetzen; wohl in der Ersparung von Eiweiss und in der Aufhebung des Fettverlustes vom Körper, aber sie stellen wahrscheinlich nicht das Material für die Fettbildung im Körper dar. Ausserdem vermag ein Mensch nur sehr schwer ausschliesslich so viel Fett oder so viel Kohlehydrate aufzunehmen und zu resorbiren, als er zur Deckung des Fettverlustes bei tüchtiger Arbeit nöthig hat, so dass aus allen diesen Gründen eine gehörige Mischung der beiden stickstofffreien Stoffe für eine richtige Ernährungsweise von der grössten Bedeutung ist. Das Verhältniss von Fett zu den Kohlehydraten ist daher nicht minder zu beachten als das der stickstoffhaltigen zu den stickstofffreien Stoffen in der Nahrung.

Es ist endlich auf die Art und auf die Formen der Träger der Nahrungsstoffe Rücksicht zu nehmen wegen der Nothwendigkeit der Abwechslung und der Genussmittel in der Kost des Menschen.

Nachdem ich durch meine Untersuchungen am Hunde in den Stand gesetzt war, für dieses Thier die geringste Menge von Eiweiss und von stickstofffreien Stoffen in verschiedenen Nahrungsmitteln anzugeben, welche es nöthig hat, um sich dauernd auf seinem Bestande zu erhalten, blieb mir die

Mannigfaltigkeit der Kost des Menschen noch lange ein undurchdringliches Räthsel, weil man damals den Werth einer Speise nur nach ihrem Gehalte an Nahrungsstoffen beurtheilte. Oft bin ich um Rath über die Ernährungsverhältnisse des Menschen angegangen worden; ich habe ihn stets abgelehnt, da ich nichts zu rathen wusste. Es kostete nach meinen Erfahrungen den Versuchspersonen eine gewaltige Ueberwindung, nur wenige Tage der Hauptsache nach mit einem einzigen Nahrungsmittel den Bedarf zu decken, z. B. mit Brod, mit Kartoffeln, mit Reis, mit Eiern etc.; ich musste einsehen, dass es nach unseren Gewohnheiten schwer möglich ist, sich auf so einfache Weise dauernd zu ernähren, auch wenn alle Nahrungsstoffe in gehöriger Quantität in dem Gemische vorhanden sind. Ich lief bei einem von mir abgegebenen Rathschlage Gefahr, dass die Menschen eine von mir der Menge der Nahrungsstoffe nach ganz richtig zusammengesetzte Kost verweigert hätten zu essen und dass meine Vorschläge als auf falschen theoretischen Vorstellungen beruhend angesehen worden wären.

Es wäre dies desshalb eingetreten, weil mir damals noch nicht alle Bedingungen zur Herstellung einer richtigen Kost für den Menschen bekannt waren. Erst nach der Erkenntniss der Bedeutung der Abwechslung in der Kost wurden mir diese Verhältnisse klar. Man hat früher allerlei Gründe angegeben, warum die Menschen bei der Herstellung ihrer Nahrung so verschiedene Nahrungsmittel verwenden und mit den Gerichten beständig wechseln; wenn auch Einzelne den wahren Grund unter anderen andeuteten, so war doch die Bedeutung der Abwechslung in unserer Kost nicht gehörig gewürdiget worden.

Vor Abschluss aller dieser Untersuchungen wäre es nicht ausführbar gewesen, für den Menschen eine auf wissenschaftliche Erkenntniss gegründete Kost für verschiedene Verhältnisse zusammenzusetzen. Ich glaubte nun mit den mühsam errungenen Erkenntnissen etwas weiter gekommen und in den Stand gesetzt zu sein, die Kost des Menschen besser zu beurtheilen, als dies früher thunlich war.

Das immer dringender sich herausstellende Bedürfniss, mehr über eine für die öffentlichen Anstalten passende Ernährungsweise zu wissen, kam meinen wissenschaftlichen Bestrebungen entgegen. Von manchen Seiten gedrängt, habe ich in einzelnen Fällen die in öffentlichen Anstalten gereichte Kost einer näheren Untersuchung unterworfen oder eine solche bei meinen Schülern angeregt. Ich ging wahrlich nicht in der Erwartung daran, alsbald etwas Wesentliches dadurch zu nützen; ich glaubte sogar, nichts weiter zu erreichen als die mir zur Verfolgung meiner wissenschaftlichen Aufgabe nothwendig scheinende Kenntniss von dem, was die Menschen in verschiedenen Fällen verzehren. Als ich mich aber mit der Frage nach der Kost in Volksküchen abgegeben hatte, und die Kost der Soldaten, der Gefangenen, der Pfründner etc. geprüft war, konnte ich, nach den jetzigen Kenntnissen über die Ernährung, manches Falsche aufdecken und manche Vorschläge zum Besseren machen.

Durch die Ermittlung, wieviel ein erwachsener arbeitender Mensch in der Mittagsmahlzeit gewöhnlich geniesst, und wieviel dagegen in den Volksküchen verabreicht wird, erhielt ich eine Einsicht in das, was man mit letzteren Anstalten erreicht. Dass in der Kost der Gefangenen, welche man früher so kärglich als möglich hielt, ohne zu bedenken, dass sie dadurch an ihrem Leibe Schaden nehmen, schon jetzt nach meinen Darlegungen Manches zu ändern ist, wird jeder Einsichtige zugeben; dieselben haben in den ausserordentlich werthvollen, der Erfahrung entnommenen Mittheilungen des Gefängnissarztes Dr. A. Baer in Plötzensee bei Berlin ihre volle Bestätigung gefunden. Wenn die Aerzte, welche mit Recht so grossen Werth auf die Ernährung der Kranken legen, für gewöhnlich noch nicht einmal eine Vorstellung davon haben, was und wieviel sie in der vorgeschriebenen Kost geben, so sind keine besonderen Fortschritte in dieser Richtung zu erwarten. Ebenso liess sich alsbald erkennen, dass auch in der Ernährungsweise der Soldaten allerlei gute Rathschläge zu ertheilen sind.

Als ich mir demnach sagen musste, dass durch die Kenntniss der Kost in solchen Anstalten ein Nutzen entspringt, habe ich der Aufforderung nachgegeben, durch einen Vortrag in der Versammlung des Vereins für öffentliche Gesundheitspflege die Männer, welche bestrebt sind, die Lehren der Wissenschaft für das öffentliche Wohl zu verwerthen, auf die wichtigen für sie auf dem Gebiete der Ernährung liegenden Fragen aufmerksam zu machen.

Es wird jetzt wohl Niemand mehr leugnen, dass die Angelegenheit von der grössten praktischen Bedeutung ist.

Es ist in hohem Grade auffallend, dass zur Feststellung einer rationellen Ernährung der Hausthiere viele Kräfte, auch mit Unterstützung des Staates, thätig sind, namentlich in den sogenannten agrikultur-chemischen Versuchsstationen, dass sich dagegen um die Ernährung der Menschen kaum Jemand bekümmert. Die praktischen Landwirthe halten die Summen nicht für verschwendet, sondern vielmehr für nutzbringend angewendet, welche sie für Untersuchungen in dieser Richtung ausgeben, und so sollte man denken, müssten auch die Behörden, deren Aufgabe es ist, Menschen zu ernähren, in ihrem und der Ernährten Interesse ihr Augenmerk auf die Kost richten und wenn nöthig, Untersuchungen hierüber veranlassen. Jetzt macht man am Menschen die Erfahrungen im Grossen und giebt bedeutende Summen Geldes aus, ohne des Erfolges irgendwie sicher zu sein. Auf anderen Gebieten hat man die Verschwendung, welche in einem derartigen Verfahren liegt, schon längst eingesehen; die Kriegsverwaltungen machen eingehende Versuche über die Bereitung passenden Schiesspulvers oder über die besten Waffen; in anderen Kreisen sucht man durch Versuche Aufschluss zu erhalten über die richtigen Feuerungsanlagen und gewährt bereitwilligst dafür die Mittel, von der Ansicht ausgehend, dass durch den Erfolg längst der Aufwand gedeckt wird.

Wenn der Reichskanzler einen Chemiker zur Untersuchung der Verfälschung der Nahrungsmittel aufstellt, um wieviel mehr haben die Behörden die Pflicht, die von ihnen den Soldaten, den Gefangenen etc. gereichte Kost in ihrem Werthe zu bestimmen.

Ich war und bin überzeugt, dass man bei geschickter Fragestellung durch Sachverständige vieles für die Ernährung des Menschen zu erreichen im Stande ist, und dass alle Aussicht vorhanden ist, hierin dieselben fruchtbringenden Thatsachen zu gewinnen wie für die Ernährung der Thiere.

Ich habe daher in meinem Vortrage nach einer kurzen Darlegung der Anforderungen, welche man an eine richtige Nahrung stellen muss, meine Wahrnehmungen bei der Untersuchung der Kost verschiedener Anstalten mitgetheilt und an diesen Beispielen mit wenig Worten zu zeigen versucht, wie man solche Dinge zu beurtheilen hat. Ich hätte es mit dem Eindrucke auf meine Zuhörer bewenden lassen und mich mit der Ausbreitung von Kenntnissen in jenen Kreisen begnügen können. Aber es war mir, nachdem ich einmal so weit gegangen war, um einen rascher eintretenden thatsächlichen Erfolg aus meiner Anregung zu thun, der nur dann zu erhoffen stand, wenn die Behörden, welche öffentliche Anstalten unter sich haben, die Bedeutung der Sache erkannten und sich derselben annahmen. Ich suchte daher diese Behörden zu betheiligen, indem ich sie bitten liess, die Kost der ihnen zugehörigen Anstalten prüfen zu lassen, um den Werth der in ihren Anstalten eingeführten Kost durch eigene Beobachtungen einigermassen würdigen zu lernen. Ich dachte auf diese Weise am besten zu einer nutzbringenden Verwerthung der Lehren der Ernährung beizutragen. Eine Einsicht und eine Verbesserung ist ja nur dann möglich, wenn man weiss, was man jetzt bietet; ich hätte keine meiner Angaben machen können ohne die Grundlage der Kenntniss der Kost in den verschiedenen Anstalten, und es war zu hoffen, dass durch weitere Ermittlungen die schon erhaltenen Ergebnisse sicherer gestellt und neue Gesichtspunkte gewonnen würden.

Die Untersuchung der Kost in den Anstalten, soweit als ich sie vorläufig anstrebte, ist nicht schwierig, wenn auch etwas zeitraubend.

Man wiegt am besten (nach der von mir angegebenen Methode II a) die für das Kochen hergerichteten Nahrungsmittel und Nahrungsstoffe ab, welche zu der Bereitung einer Speise verwendet werden, und erfährt bei der bekannten Anzahl der abgegebenen Portionen das für eine Portion gebrauchte Rohmaterial. Da nun der mittlere Gehalt der Nahrungsmittel an Eiweiss, Fett und Kohlehydraten bekannt ist, so vermag man darnach annähernd die Menge der einem Menschen täglich zugeführten hauptsächlichsten Nahrungsstoffe zu berechnen. Es gehört zur Lösung dieser Aufgabe nichts weiter als eine gewöhnliche Waage, welche wohl in jeder Anstalt zu finden sein wird.

Ich habe dabei angegeben, dass es, um Aufschluss darüber zu gewinnen, ob der Mensch durch die betreffende Kost auf seinem Eiweissbestande sich erhält und wie er dieselbe im Darmkanal ausnützt, nöthig ist, die Menge und den Stickstoffgehalt von Harn und Koth festzustellen. Aber ich halte diese Untersuchungen vorderhand nicht in allen Fällen für erforderlich, wenn sie auch späterhin bei den endgültigen Festsetzungen der Kost nicht fehlen dürfen. Ich habe mich in Beziehung der Untersuchung von Harn und Koth vielleicht nicht genau genug ausgedrückt und dadurch manche Missverständnisse selbst verschuldet. Es war nicht meine Meinung, dass man diese Exkrete unter allen Umständen untersuchen müsse, sondern nur, dass eine solche Untersuchung da, wo die Möglichkeit dafür besteht, sehr anzurathen ist. Diese Anforderung hat offenbar die Meisten abgehalten, auf die einfache Bitte des Vereins einzugehen, zu deren Erfüllung kein Physiologe oder Chemiker nöthig ist, sondern nur irgend ein gewissenhafter Mensch, der mit einer gewöhnlichen Waage umzugehen versteht.

Der Verein für öffentliche Gesundheitspflege hat meine Anschauungen gebilliget und es übernommen, die verschiedenen Behörden um die Untersuchung der in den öffentlichen Anstalten gegebenen Kost anzugehen. Die im Interesse der Sache und der Anstalten gestellte Bitte hat jedoch keinen allgemeinen Erfolg gehabt; ich habe übersehen, dass es bei der Verwaltung grosser Anstalten sehr schwer möglich ist, sich um eine Fortentwicklung des Bestehenden zu bekümmern, denn man hat meist genug zu thun, die hergebrachte Arbeit zu bewältigen. Es sind nur in wenigen Anstalten Erhebungen in Folge der Bitte des Vereins vorgenommen worden, so dass die gute Absicht, durch eine Beschäftigung mit der Frage ein näheres Interesse zu erwecken, nur in einigen Fällen erreicht worden ist; um so erwünschter war aber eine Anzahl wichtiger Mittheilungen, aus denen hervorgeht, dass die Bitte des Vereins erfüllt und die Untersuchung der Kost in öffentlichen Anstalten durchgeführt werden kann.

Ich bin überzeugt, dass eine Anzahl ablehnender Antworten nicht erfolgt wäre, wenn die Einfachheit der Prüfung erkannt worden wäre.

In zwei Fällen sind abweisende Antworten mit eingehender Motivirung eingesandt worden, welche im Interesse der Sache eine kurze Besprechung der darin enthaltenen Missverständnisse nöthig machen.

In dem einen Falle hat eine Staatsbehörde von einem Gelehrten ein Gutachten über die Ausführbarkeit und die Zweckmässigkeit des vom Verein gestellten Antrages erbeten. Derselbe führt darin aus: der Verein wünsche, trotz der noch bestehenden Mängel in der Kenntniss der Ernährung, Untersuchungen über die Zulänglichkeit der Kost in Anstalten und die Vorlage der Resultate zur Begutachtung und zur Aufdeckung der Fehler; die Untersuchungen wären aber so ausserordentlich mühsam und hätten nach keiner Richtung hin einen wissenschaftlich verwerthbaren Erfolg, dass es schwer gelingen werde, Männer der Wissenschaft dazu zu finden, welche sich dann auch vorbehalten würden, ohne den Verein ihre Ermittlungen zu berechnen und die Zulänglichkeit der Kost zu beurtheilen. Da er demnach die Ausführbarkeit der gewünschten Untersuchungen nur bedingt zugeben könne und die Zweckmässigkeit derselben nicht unbestreitbar sei, so empfehle er vor der Einleitung der Untersuchungen eine eingehende Revision der Kostsätze, sowie eine Vergleichung derselben mit den Anforderungen, welche man jetzt an eine gute Ernährung stellen müsste.

Der Erstatter dieses Gutachtens ist sicherlich durch die eventuell geforderte Untersuchung von Harn und Koth so sehr zurückgeschreckt worden, dass er die Gründe, welche die Prüfung der Kost für wichtig erachten liessen, nicht gehörig würdigte. Durch die Untersuchung der Kost sollen zunächst tiefere Einblicke in die Verschiedenheiten der menschlichen Ernährung gemacht und dann, wenn sich dabei schon jetzt Fehler erkennen lassen, diese verbessert werden. Es hat selbstverständlich Niemand gewünscht, dass die erhobenen Zahlen dem Vereine zur Zusammenstellung und zur Beurtheilung der Kost vorgelegt werden, der Verein hat nur gebeten, ihm die erlangten Resultate, d. h. die fertigen Arbeiten zur weiteren Verwerthung einzusenden Was den wissenschaftlichen Erfolg betrifft, so bin ich hierüber anderer Ansicht als der Referent, wie ich gleich noch darthun werde. Der von ihm schliesslich gemachte Vorschlag weicht in Nichts von dem meinigen ab, denn ich wüsste nicht, wie man die Kostsätze mit den Anforderungen vergleichen könnte, ohne die Menge der in den ersteren enthaltenen Nahrungsstoffe zu kennen.

In dem zweiten Falle meint das Ministerium des Innern eines deutschen Staates unter Anderem, man könne aus dem vorgeschriebenen Speisetarif für die Gefangenen ohne minutiöse Untersuchungen, entnehmen, ob eine Kost den Anforderungen an eine rationelle Ernährung entspricht. Man vermag allerdings daraus schon einige Schlussfolgerungen zu ziehen und manche gröbere Fehler zu erkennen; aber nicht ob die Kost eine richtige ist, da dazu noch mehr zu wissen nöthig ist, vor Allem das nach Abrechnung der Abfälle des Rohmaterials wirklich Verzehrte und die Grösse der Ausnützung im Darmkanale. Der schon erwähnte Bericht des Herrn Dr. Baer über die Morbidität und Mortalität in den Straf- und Gefangenanstalten in ihrem Zusammenhange mit der Beköstigung der Gefangenen, überhebt mich jedes weiteren Eingehens in die Kritik des Ministeriums, denn er thut besser als ich es vermöchte dar, wie nothwendig eine nähere Ermittlung der Kost der Gefangenen ist. Ich denke, das Ministerium des Innern wird in Bälde die „minutiösen Untersuchungen" nicht mehr für überflüssig halten und einen Erfolg für die Gefängnissverwaltung darin erblicken. Auf die uns gewordene Belehrung von Seite des Ministeriums, „dass selbst eine grosse Anzahl von Ausnützungsversuchen keinen allgemeinen Maassstab für die Qualität und Quantität der Kost gebe, da die Ausnützung von der Individualität abhängig sei, und desshalb der Speisetarif doch immer nur nach dem bereits anderweit festgestellten Ernährungswerthe der verschiedenen Nahrungsmittel normirt werden könne", möchte ich mir nur die Frage erlauben, wie sich das Ministerium eine Feststellung des Ernährungswerthes ohne Ausnützungsversuche denkt; denn dass man in der Praxis häufig die grössten Fehler in dieser Beziehung begeht, ist gerade durch das Beispiel der Gefangenanstalten festgestellt.

In einem recht erfreulichen Contraste zu der Auffassung dieses Ministeriums des Innern steht die anderer Ministerien und städtischer Behörden.

Das kgl. sächsische Ministerium des Innern hatte in richtiger Erkenntniss, schon vor unserer Bitte, durch den Professor Franz Hofmann in Leipzig die in der Strafanstalt Waldheim gereichte Kost einer eingehenden Untersuchung unterziehen lassen. Der Bericht über die dabei erhaltenen interessanten Ergebnisse wurde uns gütigst mitgetheilt; er enthält namentlich genaue Angaben über die an 4 Tagen in der Kost enthaltenen Mengen von Eiweiss und Fett, und über den im Harn dabei ausgeschiedenen Stickstoff.

Das grossherzogl. badische Ministerium des Innern hat die Resultate der von Dr. Gutsch ausgeführten Untersuchung der Kost in den Strafanstalten in Bruchsal eingesendet, welche sehr schätzenswerthe Aufschlüsse giebt.

Ausserdem liegen uns Angaben vor:

1) von dem Magistrate zu Brandenburg a. d. H. über die Kost in der städtischen Arbeitsanstalt, dem Kreisgerichtsgefängnisse und dem Zuchthause, wobei Stadtphysikus Dr. Richter die Zuthaten zu jeder Mahlzeit wog.

2) von dem Magistrate zu Schwerin über die Kost der zweiten Verpflegungsklasse im Stadtkrankenhause von Dr. F. Müller und im Stadtarmenhause von Dr. Piper.
3) von dem Magistrate zu Frankfurt a. O. über die Kost in dem Gursch'schen Gestift, einer Erziehungsanstalt für arme, der Verwahrlosung ausgesetzte Kinder von 6—15 Jahren.
4) von dem Verein für öffentliche Gesundheitspflege zu Halle die durch den Handelschemiker Dr. Drenkmann ausgeführte Untersuchung der Kost des städtischen Arbeitshauses, der kgl. Strafanstalt, des städtischen Krankenhauses (erste Diätform) und des Krankenhauses der kgl. Strafanstalt (erste Diätform).
5) von dem Magistrate der Stadt Posen ein Exemplar des Speiseetats.
6) von dem Magistrate zu Augsburg die Untersuchung der Kost im Krankenhause.
7) von dem Stadtrath zu Zwickau die Untersuchung der Kost in dem städtischen Armenhause.

Ich danke im Namen des Vereins für öffentliche Gesundheitspflege den genannten Behörden für die Bereitwilligkeit, mit der sie auf die Bitte des Vereins eingegangen sind; ihre Bemühungen werden sicherlich nicht ohne Erfolg bleiben. Das Nähere über die Kostverhältnisse der betreffenden Anstalten soll bei den folgenden Berichten mitgetheilt werden. —

Ich habe jedoch nicht nur um eine Prüfung der Kost gebeten, um die Aufmerksamkeit der Behörden darauf zu lenken und schon jetzt allenfallsige Mängel zu verbessern, sondern ausserdem um noch weitere, auch wissenschaftlich verwerthbare Materialien über die von Menschen unter verschiedenen Verhältnissen verzehrte Kost zu erhalten.

Man weiss leider über die dem Menschen zur Erhaltung oder zur Befähigung für bestimmte Leistungen erforderliche Nahrung noch sehr wenig, während man durch die vorher angeführten Bestrebungen verhältnissmässig gute Kenntnisse über das den Hausthieren für bestimmte Zwecke nöthige Futter besitzt, so dass z. B. in der Armee das Maass desselben für Pferde verschiedenen Schlages festsgesetzt ist oder jeder verständige Landwirth kennt, was er den Zugochsen, den Mastochsen, den Milchkühen, den Mastschweinen etc. vorzusetzen hat. Dies hat seinen Grund darin, dass unsere Hausthiere einen grossen Theil des Nationalvermögens darstellen, aber auch darin, dass die Ernährungsweise des Menschen für gewöhnlich ungleich complizirter und desshalb schwerer zu verstehen ist als die der Thiere. Jeder Fehler in der Ernährung der Thiere drückt sich in einem Geldverlust aus, während es uns nicht so sehr bekümmert, wenn der Gefangene bei ungenügender Kost krank wird, oder der Soldat wo anders her sich das verschafft, was ihm in seiner Menage nicht geboten wird.

Wir können noch sehr viel lernen und Anregung für weitere wissenschaftliche Arbeiten erhalten, wenn wir in einer grösseren Anzahl von Fällen genaue Nachrichten über die in der Kost verschiedener Menschen befindliche Quantität der Nahrungsstoffe, über das daraus in die Säfte Aufgenommene, über die Zahl der Mahlzeiten und die Abwechslung in den Speisen, sowie über die Zuthat von Genussmitteln besitzen.

Wir suchen zur Erklärung der verwickelten Erscheinungen der Ernährung das, was die Menschen nach tausendfältigen Erfahrungen, geleitet durch den Geschmack und das Hungergefühl, unter verschiedenen Umständen verzehren, zu benützen. Man erkennt dadurch aus der Unzahl von denkbaren Fällen das Mögliche und Wesentliche, und findet gewisse Fragen schon beantwortet, für welche man viele umständliche Versuche hätte machen müssen. Ich habe durch die Untersuchung der Kost in den Anstalten Allerlei erfahren, was direkt von wissenschaftlichem Werthe ist, insoferne dadurch die Vorgänge der Ernährung des Menschen in mancher Beziehung aufgeklärt werden.

Nur Jemand, der sich mit der Frage der Ernährung des Menschen nicht eingehend beschäftiget hat und noch nicht in der Lage war, mit allen seinen geistigen Kräften zu suchen, wie er das Dunkel auf diesem Gebiete erhelle, kann zu der Ansicht kommen, dass von den Erhebungen der Kost kein wissenschaftlicher Erfolg zu erwarten wäre, und dass desshalb ein Mann der Wissenschaft sich mit dieser Aufgabe nicht befassen möge. Wenn man sich die Sache zu einfach vorstellt und allenfalls glaubt, es handle sich nur um die gehörige Quantität der Nahrungsstoffe in den mannigfaltigen Speisen, dann würde allerdings aus der Untersuchung der von den Menschen angenommenen Kost für die Wissenschaft nichts resultiren. Erst wenn man versucht, eine passende Nahrung für einen unter gegebenen Verhältnissen lebenden Menschen zusammenzustellen, wird man sich der Schwierigkeiten bewusst. Es lassen sich aus den uns zu Gebote stehenden Nahrungsmitteln und Nahrungsstoffen tausende von Mischungen zusammensetzen, um einen vorgesetzten Zweck zu erreichen; aber nur gewisse Combinationen sind aus bestimmten Gründen für eine richtige Ernährung tauglich.

In einer ersten Zeit hat man nur auf die von einem Menschen aufgenommene Menge der Elemente, des Stickstoffes oder Kohlenstoffes geachtet, wie z. B. Liebig bei seiner Untersuchung der Kost der hessischen Soldaten; später hat man für mittlere Fälle das ohngefähr nöthige Quantum von Nahrungsstoffen, von Eiweiss, Fett, Kohlehydraten etc. bestimmt, wie z. B. Mulder für die niederländischen Soldaten, Liebig für Holzknechte im Gebirge und Bergleute in der Rauris, Payen und Playfair für verschiedene Arbeiter, und endlich Moleschott, Hildesheim, Graf Lippe, Artmann, Kirchner und Andere für unter verschiedenen Verhältnissen lebende Menschen. Aber diese an sich sehr werthvollen Angaben sind noch lange nicht umfassend genug. Sie beziehen sich vorzüglich auf Arbeiter und nur wenig auf verschiedene Altersstufen, ungleiche Grade der Anstrengung und differente äussere Umstände; man hat dabei die Nahrungsmittel, in welchen die Nahrungsstoffe stecken, nicht gehörig beachtet, und die Vertheilung auf die Mahlzeiten und die Genussmittel kaum berücksichtiget.

Ich für meine Person würde viel darum geben, wenn ich sichere Aufschlüsse über die Ernährungsverhältnisse der in verschiedenen Klimaten wohnenden Völker der Erde, der auf das äusserste Maass der Nahrung eingeschränkten Klosterbewohner, gewisser von den Erträgnissen der Jagd lebenden Stämme etc. hätte. Man sollte es ja kaum für möglich halten, dass wir über das, was die Menschen auf unserer Erde essen, nur die dürftigsten Kenntnisse besitzen; gerade im Interesse der Wissenschaft möchte ich dazu ermuntern, möglichst ausgedehnte Studien in dieser Richtung anzustellen. —

Um schliesslich zu der von dem Verein für öffentliche Gesundheitspflege an die Behörden gestellten Bitte wieder zurückzukehren, so stelle ich mir die Aufgabe folgendermassen vor.

Wenn auch die Lehre von der Ernährung noch lange nicht abgeschlossen ist, so wäre es doch thöricht, bis zu diesem fernen Zeitpunkte mit einer Verwerthung des schon Errungenen und zum Wohle des Menschen Brauchbaren zuzuwarten.

Die Behörden haben die Pflicht, für die Insassen der Anstalten eine passende Kost zu besorgen, damit dieselben keinen Schaden an ihrer Gesundheit erleiden; sie haben aber auch ein Interesse daran, nichts Ueberflüssiges und Verschwenderisches zu thun, indem im Verhältniss zu ihrem Nahrungswerth zu theure Nahrungsmittel oder zu grosse Quantitäten von solchen gegeben werden, welche zum Theil unverändert in den Koth übergehen. Durch die Vergleichung des Preises der Nahrungsmittel mit ihrem Gehalte an Nahrungsstoffen lässt sich die wohlfeilste Mischung zusammenstellen. Nachdem Dr. Engel zuerst 1865 in der Zeitschrift des k. preuss. statistischen Büreau's einzelne Hülsenfrüchte, entsprechend ihrem Gehalt an Nährstoffen, mit einem Nährgeldwerth belegt, dann Liebig (1869, über den Ernährungswerth der Speisen) einige Berechnungen der Art angestellt hatte, machte Dr. König in Münster in der Zeitschrift für Biologie einen ausgedehnteren Versuch der Art, ebenso Prof. Hofmann in seinem vorher erwähnten Gutachten über die Kost in Waldheim.

Die Behörden dürfen hierin nicht Alles ruhig von der Wissenschaft erwarten, da es sich um ihre eigenen Angelegenheiten handelt. Die Wissenschaft, soweit sie nur den Beruf hat, die Ursachen der Dinge zu erforschen, hat kein Interesse daran, auch die Anwendung ihrer Lehren auf einzelne Fälle zu ermöglichen. Dies muss sie denen überlassen, welche das Bedürfniss darnach haben. So wie von Seiten der Behörden z. B. für die Gefängnisse Aerzte angestellt werden, so muss auch für die Feststellung einer richtigen Ernährung Sorge getragen werden. In dieser Beziehung ist es das Nächste, die in einer Anstalt eingeführte Kost nach der einfachen Methode zu prüfen, wornach man mit Wahrscheinlichkeit in manchen Punkten zu sagen vermag, ob dieselbe den Anforderungen entspricht oder nicht. Kennt man einmal einige der vorhandenen Schäden, so werden die Aerzte und Verwaltungsbeamten weitere Erfolge zu erringen wissen, wenn sie nur wissen, auf was es dabei ankommt. Ich denke, es bricht sich dadurch allmählich die Ueberzeugung Bahn, dass auf diesem Gebiete mit einiger Anstrengung Nützliches zu schaffen ist; die Behörden werden dann bereit sein, nähere Untersuchungen für ihre bestimmten Zwecke, zunächst über die Ausnützung der Kost im Darme, anstellen zu lassen.

Selbstverständlich braucht man nicht in jeder Anstalt die genaueren Versuche zu machen, es genügt, für ein Land ein Laboratorium für die Untersuchung jener Fragen zu besitzen und die Oberleitung einem Sachverständigen, der nicht nur in Chemie, sondern auch in Physiologie ausgebildet sein muss, zu übergeben.

Ich veröffentliche nun im Folgenden eine Anzahl von Untersuchungen der Kost, um an einigen Beispielen eingehend darzuthun, wie solche Fragen angegriffen werden können. Ich denke nicht daran, etwas Abschliessendes damit zu geben; ich wünsche nur zur Weiterverfolgung der Sache anzuregen, und Niemand kann erfreuter sein als ich, wenn recht bald die Anfänge meiner Bestrebungen weit überholt sind. Vor Allem möchte ich warnen, die für einen speziellen Fall gültigen Vorschriften und Beispiele zu verallgemeinern; so wäre es z. B. falsch, die von mir gegebenen Rezepte für die Volksküchen ohne Weiteres an jedem beliebigen Orte einführen zu wollen; sie sind nur zu dem Zwecke geschrieben, um darzuthun, wie unter gewissen Voraussetzungen eine richtige und gleichwerthige Mittagsmahlzeit zu erhalten ist.

Ich war bestrebt, durch die folgenden Berichte Andere, welche sich für die Sache interessiren, zu befähigen, weiter darin fortzuarbeiten; ich selbst bin nicht mehr im Stande, mich eingehend mit der Anwendung der Ernährungslehre zu befassen, da andere Aufgaben meine Zeit vollauf in Anspruch nehmen. Ich habe mich nur mit Widerstreben der Nutzbarmachung der

Lehren von der Ernährung zugewendet, da gewöhnlich das zur Anwendung Reife auch ohne Zuthun von Seite der Männer der Wissenschaft sich Bahn bricht und man von solchen Bestrebungen, wie ich zur Genüge schon erfahren habe, keinen besonderen Dank erntet. Die Fachgelehrten halten eine Thätigkeit der Art mit einem ganz berechtigten Misstrauen für unwissenschaftlich, und diejenigen, in deren Dienst man arbeitet, wollen gewöhnlich nicht Gründe, sondern Rezepte, welche wir nicht zu geben vermögen. Nichtsdestoweniger habe ich mich für verpflichtet erachtet, die Wege für die Uebertragung der Lehren der Wissenschaft in die Praxis bahnen zu helfen. Nachdem es mir trotz eingehender experimenteller Studien so schwer geworden war, die Ernährungsverhältnisse des Menschen etwas zu durchschauen, hätte ohne mein Eingreifen die Anwendung wohl noch längere Zeit auf sich warten lassen.

Die Anfänge des Erfolges meiner Thätigkeit werden schon sichtbar. Man sieht ein, dass man sich mit der Ernährungsfrage in Gefängnissen, in Krankenhäusern etc. beschäftigen müsse; es wird sich auch zeigen, dass meine im Interesse der Sache gesprochenen Worte über die Kost der Soldaten auf guten Boden gefallen sind und ihre Früchte tragen werden. Man frage nur diejenigen, welche die Ernährung in Anstalten zu überwachen haben, wie z. B. Aerzte oder Verwaltungsbeamte, welche Anhaltspunkte sie bis vor Kurzem für die Beurtheilung der Zweckmässigkeit ihrer Anordnungen hatten, ob sie nicht über das, was sie thun oder unterlassen sollten, in vollständiger Dunkelheit sich befanden und ob dies jetzt nicht anders geworden ist. Ich bin überzeugt, dass die einmal eingeleitete Bewegung nicht mehr zur Ruhe kommen, sondern durch fortwährende Auslösung von geistiger Spannkraft immer mächtiger anschwellen wird, bis wir uns sagen können, dass bei der Ernährung der Menschen so zweckentsprechend als möglich verfahren wird und keine wesentlichen Fehler mehr gemacht werden.

II.

Ueber die Kost in den Volksküchen.

Von Prof. **C. Voit.**

Ich habe im Jahre 1872 für den hiesigen Magistrat ein ausführliches Gutachten über die Kost in Volksküchen abgegeben. Die Einleitung zu demselben brachte allgemeine Darlegungen über die Anforderungen, welche wir an eine richtige Kost stellen müssen. Dann wurde eingehend erörtert, wieviel von den hauptsächlichsten Nahrungsstoffen, von Eiweiss, Fett und Kohlehydraten, einem mittleren Arbeiter darzureichen ist, um ihn auf seinem stofflichen Bestande zu erhalten.

Es ist überflüssig geworden, diese Auseinandersetzungen, welche zum Theil in meinen Vortrag: „Ueber die Kost in öffentlichen Anstalten" aufgenommen worden sind, hier nochmals abdrucken zu lassen. Ich werde davon nur dasjenige bringen, was zu der Entwicklung dessen, was in den Volksküchen gegeben werden soll, nöthig ist.

In den Volksküchen soll der ärmere Theil der arbeitenden Bevölkerung eine ausreichende Mittagskost, d. i. die Hauptmahlzeit, erhalten und zwar nicht als Almosen, sondern gegen Bezahlung, zum Selbstkostenpreise.

Alle folgenden Zahlen gelten nur für einen ganz bestimmten Fall, nämlich für einen kräftigen, in München lebenden Arbeiter; Greise, Weiber und Kinder brauchen selbstverständlich einen anders zusammengesetzten Speisezettel. Man muss also zuerst wissen, wieviel ein mittlerer Arbeiter in München an Nahrungsstoffen nöthig hat. Es ist natürlich nicht möglich, in den Volksküchen auf die verschiedenen Individualitäten der Arbeiter Rücksicht zu nehmen, auf die ungleiche Masse des am Körper abgelagerten Eiweisses und Fettes, auf die verschiedene Körperanstrengung, welche Umstände eine qualitativ und quantitativ verschiedene Zufuhr bedingen; man kann nur für einen mittleren Zustand Sorge tragen.

Man hat bei Besorgung der Mittagskost für einen Arbeiter auf alle die Momente Rücksicht zu nehmen, die ich schon in meinem Vortrage aufgezählt habe, nämlich auf die gehörige Menge der einzelnen

Nahrungsstoffe, ihre Ausnützungsfähigkeit, auf die Abwechslung und die Genussmittel. Da der Geschmack bei den verschiedenen Völkern und Stämmen ein sehr ungleicher ist, so ist es nicht möglich, die Rezepte für eine richtige Mittagskost zu verallgemeinern; ein Oberbayer würde sich z. B. nur mit Widerstreben dazu entschliessen, die Speisen, welche in der Berliner Volksküche gegeben werden, zu verzehren. Aepfelreis mit Schmorfleisch oder geschmorte Gurken mit Speck und Kartofteln wären ihm ungeniessbare Gerichte.

Ich habe in meinem Vortrage angegeben, dass ein mittlerer Arbeiter bei der gewöhnlichen gemischten Kost für einen Tag 118 gr. Eiweiss (mit 18.3 N und 63 C) und dazu 265 gr. Kohlenstoff in Fett und Kohlehydraten braucht. Den Eiweissbedarf erschloss ich aus der Stickstoffausscheidung im Harn und Koth (bei gemischter Kost für den Harn 16.3 gr. und für den Koth 2.0 gr. im Mittel betragend); den Bedarf an Kohlenstoff in den Nahrungsstoffen bei gemischter Kost aus der Kohlenstoffausscheidung eines Arbeiters bei mittlerer Anstrengung.

Die Zufuhr jener Stickstoffmenge soll ausschliesslich in eiweissartiger Substanz gegeben werden; der Leim, aus Sehnen, Knochen oder Knorpeln, ersetzt allerdings einen Theil des Eiweisses, aber ein anderer Theil, aus dem sich die organisirten Formen aufbauen, ist durch Leim nicht vertretbar. Da nun 118 gr. Eiweiss die unterste Grenze der Eiweisszufuhr für einen rüstigen Arbeiter ausmachen, so ist es nicht rathsam, noch etwas abzuziehen und dafür Leim darzureichen; es ist aber sehr zu empfehlen, die abfallenden Knochen, Sehnen, Knorpel, Bänder etc. im Dampftopfe auszukochen und den erhaltenen Leim unter die übrigen Speisen zu vertheilen.

Aus der S. 8 und 9 meines Vortrags mitgetheilten Tabelle geht hervor, dass wir in einem einzigen Nahrungsmittel die für einen Arbeiter eben nothwendige Menge der Nahrungsstoffe nur selten finden. Die einen enthalten bei der richtigen Quantität von Eiweiss zu viel, die andern zu wenig der stickstofffreien Nahrungsstoffe; wir würden also dabei entweder Mangel an einem der Nahrungsstoffe leiden oder eine Verschwendung begehen. Niemand wird es z. B. versuchen, nur von Käse zu leben, von dem er zu der Deckung des Kohlenstoffbedarfs 1160 gr. braucht, zu der des Eiweisses nur 272 gr. Nur einige Nahrungsmittel, wie z. B. das Brod, bergen die Nahrungsstoffe in einem nahezu richtigen Verhältnisse, aber sie können nicht leicht in einem solchen Quantum aufgenommen werden, dass sie eine Nahrung darstellen; darum ist auch die Verurtheilung zu Wasser und Brod eine Hungerstrafe.

Wir sind daher genöthiget, unsere Nahrung aus verschiedenartigen Nahrungsmitteln zusammenzusetzen. Wir können dies mit Substanzen ausschliesslich vegetabilischen Ursprungs erreichen, besser und einfacher aber mit einer aus animalischen und vegetabilischen Substanzen gemischten Nahrung.

Man hört häufig, gewisse Völkerschaften nähmen nur äusserst geringe Mengen ein- und desselben Nahrungsmittels auf, und man meint, dies wäre in Widerspruch mit unsern Vorstellungen von der Ernährung. Man darf keiner Angabe der Art, wenn sie von einem Laien gemacht wird, vertrauen, da ein solcher allzuleicht das, was ihm nicht wichtig erscheint, für nichts achtet.

Niemals werden in Irland oder anderen Gegenden ausschliesslich Kartoffeln gegessen, es wird täglich eine eiweissreiche Substanz wie z. B. saure Milch oder Häringe dazu genommen; man bringt es trotz der enormen Quantität nicht fertig, mit Kartoffeln allein das Eiweiss in genügender Menge zuzuführen.

Leichter wäre es möglich, sich mit Reis oder Mais allein auf die Dauer zu ernähren, aber auch dies geschieht nicht, da es nicht rationell wäre. Für den Bedarf an Kohlenstoff genügen 801 gr. Mais, für den an Eiweiss sind 989 gr. Mais nöthig. Die italienischen Arbeiter leben aber nie von Polenta allein, sondern nehmen immer Käse dazu. Nach den neueren Erhebungen von H. Ranke verzehrt ein solcher Arbeiter täglich in 1000 gr. Mais und 178 gr. Käse: 167 gr. Eiweiss, 117 gr. Fett und 675 gr. Kohlehydrate.

Ebenso ist es bei der Reis essenden Bevölkerung Chinas oder Japans; die Berichte der österreichischen Expedition nach Siam, China und Japan von C. v. Scherzer haben uns gezeigt, dass wir mit der Lehre von der Ernährung auf dem richtigen Wege uns befinden. Ein Arbeiter hat nach meiner Berechnung von Reis allein 896 gr. zur Zufuhr des Kohlenstoffs und 1868 gr. zur Zufuhr des Eiweisses nöthig, d. h. er wird bei richtiger Ernährung etwa 896 gr. Reis und dazu noch eine stickstoffreichere Substanz aufnehmen müssen. Nun heisst es in dem Anhange des Werkes von Scherzer S. 56, dass für gewöhnlich ein chinesischer Arbeiter, welcher in den niederen fischreichen Gegenden fast täglich Fisch und 1—4 mal monatlich Schweinefleisch erhält, 898—1198 gr. Reis verzehrt und dass er zur Erntezeit, wo er nebst Fisch täglich Schweinefleisch bekömmt, nur 599 gr. Reis isst; kann man ihm aber zur Erntezeit nur wenig Fleisch geben, dann hat er auf 1497 gr. Reis im Tag Anspruch.

Im Mittel nimmt ein chinesischer Arbeiter 902 gr. Reis (mit 68 gr. Eiweiss, 3 gr. Fett und 704 gr. Kohlehydraten) täglich zu sich und dazu noch Fische, Schweinefleisch (etwa 160 gr.), Bohnen und Erbsenmus, grüne Gemüse, Fadennudeln, den aus Erbsen gemachten eiweissreichen Käse, Reisbranntwein und ausserdem in unbeschränktem Maasse Thee und Tabak. Im nördlichen China nährt man sich weniger von Reis und Fischen, sondern mehr von Hirse, Mais, Weizen, Rind- und Schöpsenfleisch; Brod wird nur im nördlichen China aus Weizenmehl, Gerste und Hirse, aber auch dort nicht allgemein, bereitet. Dann sagt der Berichterstatter wörtlich: „Nach einer einstimmigen, mir von allen Chinesen, mit denen ich verkehrte, gegebenen Versicherung kann ein Individuum, mit Reis allein ernährt, höchstens 15 Tage schwerere Arbeit verrichten.“ Später hält es keine grössere Anstrengung aus, so dass auch nach den Erfahrungen der Chinesen jene von Manchen vorgebrachten Angaben, dass die Ostasiaten bei ausschliesslicher Reisnahrung fast so viel wie die europäischen Arbeiter bei Fleischnahrung leisten, in das Reich der vielen Märchen der Reisebeschreibungen gehören. Der Japanese isst kein Schweinefleisch und es stehen ihm auch weniger Fische zu Gebote als dem Chinesen. Man giebt daher dem auf dem Felde beschäftigten Arbeiter 1646 gr. Reis und dazu Gemüse, zuweilen Fische oder Eier und besonders die eiweissreiche Bohnensulze.

Wie richtig die Japanesen beobachten, geht aus ihren Mittheilungen hervor, dass Fische, Eier und Geflügel die meiste Kraft geben; dann folgen nach ihnen die Bohnensulze, die Fadennudeln aus Weizenmehl, der Reis und endlich Kartoffeln und Buchweizen.

Es ist vielfach die Ansicht verbreitet, der Mensch könne auch mit weniger leben und es sei die reichlichere Zufuhr von Speisen ein Luxus, an den die Menschen sich nach und nach gewöhnt hätten. Um den Eiweissstand eines Körpers zu erhalten, braucht man eine gewisse Menge von Eiweiss, der Verbrauch an stickstofffreien Stoffen richtet sich nach der Arbeitsleistung. Wenn also der Leib herabgekommen ist und möglichst ruhig sich verhält, dann vermag er auch mit einem geringeren Consum auszukommen, aber ein rüstiger Arbeiter hat die angegebenen Mengen von Nahrungsstoffen absolut nöthig.

Ich bin in der Lage, ein extremes Beispiel für das Gesagte anzugeben. Es liegt mir nämlich eine Mittheilung von glaubwürdigster Seite über die Lebensweise in einem Trappistenkloster vor, in dem die Mönche auf das äusserste Maass eingeschränkt sind. Ganz ausgeschlossen von der Tafel sind: Fleisch, Fische, Eier, Schmalz, Butter und Oel. Die arbeitenden Laienbrüder erhalten zum Frühstück 5 Loth Schwarzbrod und 1/2 Seidel leichtes Bier; die Patres, welche keine Handarbeit verrichten, geniessen nichts. Zum Mittagessen werden zwei Teller Suppe (mit Kräutern, Sellerie oder Kartoffeln) gegeben; dazu ein Teller Gemüse (gelbe Rüben, weisse Rüben, Sauerkraut, Kohl, Kartoffeln) im Gewichte von etwa 1 Pfund; dann 1/2 Pfund Brod. Abends werden 5 Loth Brod und 1/2 Seidel Bier gereicht. Darnach treffen also 26 Loth Brod auf den Tag; es ist jedoch in der Aufzeichnung gesagt, dass das Brod mit der Morgen- und Abendgabe bis auf 1 Pfund gebracht werden könne.

Daraus berechnet sich Folgendes:

		Eiweiss:	Fett:	Kohlehydrate
560 gr. Brod	=	48	7	294
500 ccm. Bier	=	—	—	24
2 Teller Suppe	=	9	2	69
1 Teller Gemüse (1 Pfd.)	=	11	2	82
		68	11	469

In der mir schon vor Jahren gewordenen Mittheilung ist bemerkt: „Diesen ganz authentischen Speisezettel bitte mit Herrn Liebig in Einklang zu bringen.“ Man ersieht, dass dies wohl möglich ist. In unseren Pfründneranstalten, in vielen Gefängnissen und bei der ärmeren Bevölkerung der Städte wird im Wesentlichen nicht mehr geboten; die Menge des Eiweisses reicht zu, um einen an Eiweiss armen Körper zu erhalten und die Menge der Kohlehydrate, um bei mässiger Arbeit den Fettverlust zu verhüten. Dies ist der Fall, wenn von den Mönchen wirklich nichts weiter aufgenommen wird, als angegeben worden ist; ich bemerke nur, dass nach einem Berichte Gasparin's (Comptes rendus 1850 Nr. 14 und Cours d'agriculture) die Mönche von La Trappe Aiguebelle täglich 97 gr. Eiweiss verzehren.

Die Quantität der Nahrungsstoffe ist also für den gegebenen Fall ganz ausreichend; die Kost erscheint uns nur desshalb dürftig, weil sie sehr einförmig und eine rein vegetabilische ist und weil die stickstofffreien Stoffe beinahe ausschliesslich durch die Kohlehydrate vertreten sind.

Ich besitze noch weitere Angaben über Fälle, wo man ebenfalls wegen der geringen Abwechslung in der Kost glaubte, weniger als Andere, welche von gemischter Kost sich nähren, zu erhalten. Ein Magenkranker, der nie Milch oder Fleisch zu sich nahm, verzehrte, nachdem er durch einen heftigen Magenkatarrh sehr herabgekommen war und nur mehr 86 Pfund wog, nahezu ein Jahr lang täglich 6 Stück Eier und 250 gr. Zwiebak, in denen 77 gr. Eiweiss, 32 gr. Fett und 183 gr. Kohlehydrate enthalten sind. Später hob sich der Appetit und es wurden in acht kleinen Mahlzeiten täglich 12 Stück Eier und 375 gr. Gebäcke (Zwieback, Brodrinde, Biskuits, Reis, Nudeln) mit etwa 134 gr. Eiweiss, 63 gr. Fett und 275 gr. Kohlehydraten aufgenommen, wobei das Körpergewicht sich allmählich bis auf 114 Pfund hob. Es gelang nun in 3—4 Mahlzeiten dieses Körpergewicht zu erhalten mit 8 Stück Eiern und 437 gr. Gebäck, also mit 118 gr. Eiweiss, 45 gr. Fett und 321 gr. Kohlehydraten. Man ersieht leicht, dass dabei eine ausreichende Ernährung recht wohl möglich ist.

Im Gegensatze zu einer Kost, welche nur geringe Mengen von Fett enthält, wie die der Trappisten, steht eine an Kohlehydraten arme und an Fett sehr reiche Nahrung. Eine solche wird z. B. von den Indianern Nordamerikas auf ihren Jagdzügen in dem Pemmican gegessen. Zu seiner Herstellung wird das an der Sonne getrocknete Fleisch zu Pulver zerstossen und mit geschmolzenem Fett gemischt. Es wird angegeben, dass auf 50 Pfund Fleisch 40 Pfund Fett genommen werden, und dass ein sehr schwer arbeitender Mann täglich 2 Pfund davon geniesst; er erhält darin etwa 222 gr. Eiweiss und 445 gr. Fett. Es scheint das Gemisch nicht von Allen ertragen zu werden, denn es wird gerathen, in diesem Falle Wasser und Mehl zuzusetzen. Dr. Richardson liess für die erste zur Aufsuchung Franklin's ausgerüstete Expedition Pemmican aus Fleischmehl, Fett, Korinthen und Zucker herstellen, da offenbar Manche die Kohlehydrate ungern entbehren, oder nicht im Stande sind, den ganzen Bedarf an stickstofffreien Stoffen bei anstrengender Arbeit durch Fett zu decken.

Die nicht sehr zahlreichen Angaben anderer Autoren über den Bedarf an Eiweiss, Fett und Kohlehydraten sind grösstentheils aus dem Speiseconsum von Gefangenen und Soldaten entnommen. Nur bei Payen (des substances alimentaires) finden sich Notizen über die Lebensverhältnisse verschiedener Arbeiter. Dieselben stimmen grösstentheils mit dem von mir angegebenen Mittel überein; der deutsche Soldat erhält z. B. in der Garnison nach dem Reglement im Mittel 117 gr. Eiweiss, 26 gr. Fett und 547 gr. Kohlehydrate.

Wir müssen zunächst entscheiden, wieviel ein Arbeiter von dem Kohlenstoff der stickstofffreien Stoffe (265 gr.) in der Form von Fett und wieviel in der Form von Kohlehydraten erhalten soll. Aus den früheren Betrachtungen geht schon hervor, dass es zum mindesten irrationell wäre, einem Arbeiter den gesammten Kohlenstoffbedarf nur in Fett oder nur in Kohlehydraten zu reichen; der Darm kann wohl nur selten soviel von einem dieser Nahrungsstoffe aufnehmen, als nöthig wäre. Ausserdem ist die Rolle des Fettes eine andere als die der Kohlehydrate; das Fett kann für Zeiten der Noth im Körper in grösserer Menge aufgespeichert werden, die Kohlehydrate werden dagegen alsbald zerstört. In ihrer Fett ersparenden Wirkung sind annähernd 175 gr. Kohlehydrate gleich 100 gr. Fett.

Es wäre falsch, wollte man bei einem bestimmten Grade der Thätigkeit stets die gleiche Menge von Kohlenstoff als Bedarf festsetzen. Letzterer wird vielmehr bestimmt durch die Quantität des zersetzten Fettes und der zersetzten Kohlehydrate; bei vorwaltendem Fettconsum reicht man mit weit weniger Kohlenstoff aus als bei einer an Kohlehydraten reichen Kost. Wenn ich sage, ein Arbeiter braucht 328 gr. Kohlenstoff im Tag, so gilt dies nur für eine aus mässigen Mengen Fett und grösseren Mengen von Kohlehydraten gemischten Kost.

Ich habe in meinem Vortrage die Gründe dargelegt, warum man bei Arbeitern nicht über 500 gr. Stärkemehl hinausgehen soll; der Rest des Kohlenstoffs wird dann durch 56 gr. Fett gedeckt. Ich halte es sogar für besser, für gewöhnlich noch weniger Kohlehydrate zu nehmen und etwas mehr Fett zuzusetzen. Die Aufzeichnungen Anderer stimmen mit dem von mir für einen Arbeiter angenommenen Bedarf von mindestens 56 gr. Fett und höchstens 500 gr. Stärkemehl gut überein Ich setze einige Beispiele hierher:

	Fett:	Kohlehydrate:	Autor:
deutscher Soldat, Garnison	26	547	Voit
„ Marsch	36	595	„
„ Krieg	45	523	„
„ ausserordentl. Anstrengung	62	608	„
gut bezahlter Arbeiter a)	56	450	„
„ b)	59	491	„
„ c)	48	497	„
Arbeiter	95	422	Forster
Arbeiter	68	494	„
Erwachsener, gebildete Klasse	89	362	„
„ „	102	292	„

Bei sehr anstrengender Arbeit, bei welcher viel Kohlenstoff in den Zersetzungsprodukten den Körper verlässt, ist es gerathener, die Fettgabe zu vergrössern, da die Kohlehydrate nicht in entsprechender Menge verwerthet werden. Wir nehmen dies namentlich bei der Landbevölkerung während der Ernte wahr, wo fette Schmalznudeln oder Brod mit Butter dick bestrichen gegessen werden. Mit der ungenügenden Nahrung der ärmeren Volksklassen werden immer mehr und mehr der wohlfeileren Kohlehydrate und weniger Fett eingeführt, die bessere Kost zeichnet sich dagegen durch ihren absoluten und relativen Fettreichthum aus.

Wir verlangen demnach für einen mittleren Arbeiter 118 gr. Eiweiss, 56 gr. Fett und 500 gr. Kohlehydrate.

Diese Nahrungsstoffe werden nicht rein genossen, sondern in den verschiedensten Nahrungsmitteln. Es wäre verfehlt, wollte man aus den vorliegenden Analysen der Nahrungsmittel dasjenige Gemisch aussuchen, in welchem sich eben die nöthige Menge obiger Nahrungsstoffe befindet. Man würde dabei wahrscheinlich zu einem in der Ausführung unmöglichen Vorschlage kommen. Die Nahrungsmittel werden nämlich im Darme verschieden ausgelaugt und ihre Bestandtheile in ungleicher Zeit in die Säfte aufgenommen. Das Eiweiss im Fleisch wird vollständiger und rascher verwerthet als das im Mehl; das im Heu befindliche ist für die Ernährung des Menschen ganz unbrauchbar.

Aus diesem Grunde mischen wir gewöhnlich aus vegetabilischen und animalischen Substanzen unsere Nahrung. Es steigt im Allgemeinen mit der Grösse der Arbeit auch der Fleischconsum. Jedoch soll nicht geleugnet werden, dass man auch ausschliesslich mit Vegetabilien leben und starke Arbeit verrichten kann, wie z. B. die oberbayerische Landbevölkerung zeigt, nur ist dabei die Anstrengung des Darmes eine so grosse, dass sie auf die Dauer nur von einem sehr gesunden Verdauungsapparate ertragen wird. Besonders in Fällen, wo aus anderen Ursachen leicht Verdauungsstörungen eintreten, wie z. B. in Gefängnissen, ist man beinahe überall dahin gekommen, Fleisch zu geben und hat die auffälligsten und günstigsten Folgen davon wahrgenommen. Es wird Niemand verantworten wollen, den Soldaten das Fleisch zu entziehen. Alle Völker, welche sich vorzüglich von Vegetabilien ernähren, nehmen noch eine dem Fleisch entsprechende, eiweissreiche Substanz hinzu, aus welcher das Eiweiss rasch resorbirt wird. Diese Substanz entstammt meistentheils dem Thierreiche, wie z. B. Käse, Sauermilch, Fische etc.; aber auch aus dem Pflanzenreiche kann man solche Substanzen herstellen, z. B. einen Käse aus Erbsen, eine Sulze aus Bohnen etc., welche sich in nichts von den animalischen Substanzen unterscheiden. Da es im Allgemeinen am einfachsten ist, zu dem genannten Zwecke einen Theil des Eiweisses in der Form von Fleisch zu verzehren, so wird man gut thun, in der Kost der Volksküchen Fleisch einzuführen, was auch in den meisten Anstalten der Art schon längst geschehen ist.

Die Frage, wieviel man Fleisch geben soll, kann sehr verschieden beantwortet werden, da man es dabei nicht mit einem bestimmten Erforderniss zu thun hat. Es wäre meiner Meinung nach für den vorliegenden Fall ebenso fehlerhaft, wenn man den ganzen Eiweissbedarf in Fleisch verzehren, als wenn man das Fleisch gar nicht verwenden wollte.

Um einen Anhaltspunkt für die einem Arbeiter im Tag zu reichende Fleischquantität zu bekommen, kann man die Erhebungen über den Fleischconsum in grösseren Städten benützen.

Schiefferdecker hat mit grossem Fleisse Aufzeichnungen hierüber zusammengestellt; er berechnet aus der Anzahl von Schlachtthieren: Ochsen, Kühen, Kälbern, Schafen, Schweinen, Wild, Geflügel, Fischen etc. und deren muthmasslichem Gewichte den auf den Kopf der Bevölkerung treffenden Antheil. Er giebt als täglichen Fleischverbrauch an für:

Königsberg[1])	92
Danzig	121

[1]) In Königsberg werden häufig Fische gegessen, die keiner Controle unterliegen und von denen nach Schiefferdecker auf den Kopf täglich etwa 35 gr. treffen Fische mit Kartoffeln bilden mitunter wochenlang die Kost der Arbeiter.

Breslau	124	
Berlin	135	(nach G. Mayr 110)
München	177	(„ „ „ 230)
Paris	186	
London	274	
Wien	238	(„ „ „ 190)
New-York	226	

Nach der Statistik über die Fleischnahrung der Münchener Bevölkerung von Georg Mayr, deren Resultate durch die in der Münchener Gemeindezeitung (Nr. 1) mitgetheilten Zahlen bestätiget werden, stellt sich der Fleischverbrauch in München noch höher, als ihn Schiefferdecker angiebt. Nach Mayr verzehrt ein Münchener täglich an Ochsen-, Kuh-, Kalb-, Schweine- und Schaffleisch 230 gr., welche er für den Erwachsenen nach Ausschluss der Kinder auf 270 Gramm vermehrt. Dazu kommen noch 25 gr. an Nebenfleischnahrung (Geflügel, Fische). Nach der Münchener Gemeindezeitung stellt sich der Verbrauch an Fleisch im Mittel aus den Jahren 1865 bis 1871 auf 246 gr. für den Kopf.

In direktem Gegensatze zu diesem grossen Verbrauche an Fleisch in München steht der Fleischconsum in Sachsen; nach einem in der Zeitschrift des k. sächsischen statistischen Bureau's im Jahrgang 13, 1868 Nr. 9 und 10 enthaltenen Aufsatze „zur Statistik des Fleischconsums im Königreiche Sachsen während der Jahre 1859—66“ berechnen sich für die mehr als 8000 Seelen zählenden Städte nur 79 gr. Fleisch täglich auf den Kopf (über den Fleischconsum hat auch Stohmann in dem Artikel „Nahrungs- und Genussmittel“ in Muspratt's technischer Chemie werthvolle Mittheilungen gemacht).

Alle diese Zahlen müssen jedoch für unsern Zweck mit Vorbehalt aufgenommen werden. Sie vermehren sich für den Arbeiter, wenn man berücksichtigt, dass bei den obigen Berechnungen auch die Kinder mitgezählt sind; sie vermindern sich für den gewöhnlichen Arbeiter, da der Vermögendere meistentheils mehr Fleisch als nöthig verzehrt. Wir wissen ferner nicht sicher, wieviel Menschen sich an der Vertilgung dieser Fleischmasse betheiliget haben; die Durchreisenden sind wahrscheinlich dabei nicht mitgerechnet. Wir kennen endlich nur das Gewicht der ganzen getödteten Thiere, jedoch nur ungenau, wieviel davon der Fleischer als Fleisch verkauft hat und wieviel das Verkaufte Knochen, Fettgewebe und reines Fleisch enthielt. Man kann letzteres annähernd schätzen, wenn man annimmt, dass alles verkaufte Fleisch gleichviel Knochen und Fettgewebe enthält, und wenn man in einer grösseren Portion davon den Antheil an Knochen und Fettgewebe bestimmt.

Der verstorbene Major Paul Friedel hatte auf meine Bitte hin die Güte, die Mengen reinen Fleisches und Fettgewebes, welche in einem von hiesiger Garnison gekauften Mastochsenfleische (15.3 Kilo) enthalten waren, abwiegen zu lassen; 100 Fleisch waren zusammengesetzt aus 8 Knochen, 9 Fettgewebe und 83 reinem Fleisch; in 100 knochenfreiem Fleische waren also 10.5 Fettgewebe mit 8.7 Fett. Später wurden in fünf Fällen noch grössere Quantitäten Fleisch verarbeitet; die Resultate waren in Gramm ausgedrückt folgende:

	Fleisch: (vom Metzger)	Knochen:	Fett:	reines Fleisch:
	63560	4550	5740	53270
	23240	1557	2030	19653
	23520	2870	1120	19530
	18760	1820	1802	15138
	24360	2135	2467	19758
Summa:	153440	12932	13159	127349

d. i. auf 100 Fleisch treffen im Mittel 8.4 Knochen, 8.6 Fett und 83.0 reines Fleisch. Es sind solche Wägungen auch von Liebig, Bischoff, Artmann und mir ausgeführt worden.

Eine Zusammenstellung aller der genannten Wägungen ergiebt in 100 Fleisch vom Metzger:

	Knochen:	Fettgewebe:	reines Fleisch:	Fettgewebe im knochenfreien Fleische:
Liebig	10	13	77	14
Artmann	20	8	72	10
Bischoff	(22)		(78)	—
Voit	23	13	64	20
Voit	21	6	73	8
Friedel (15.3 Kilo)	8	9	83	10
Friedel (153.4 Kilo)	8	9	83	10
	15	10	75	12

Da man bei grösseren Mengen von Fleisch verhältnissmässig weniger Knochen bekömmt als bei kleineren, so erhielt Friedel einen geringeren Antheil an Knochen als ich, der ich immer nur 1 Pfund Fleisch vom Metzger kaufte und untersuchte.

Wenn also in München im Durchschnitt 230 gr. Fleisch auf einen Menschen, aus dem Gewichte der Schlachtthiere berechnet, treffen, so dürfen wir 8 % für Knochen und 9 % für Fettgewebe abrechnen, d. i. als Verbrauch 191 gr. reines Fleisch und 21 gr. Fett annehmen.

Nach den Beobachtungen Anderer werden im Tage folgende Mengen Fleisch verzehrt:

Arbeiter von Pettenkofer und Voit	250	roh ohne Knochen
Gefangene in Pentonville	117	
Portland, strenge Arbeit	255	roh ohne Knochen
deutscher Soldat nach dem Reglement, Garnison	150	roh mit Knochen
deutscher Soldat nach dem Reglement, Manöver	250	„ „ „
deutscher Soldat nach dem Reglement, Krieg	375	„ „ „
deutscher Soldat nach dem Reglement, ausserordentliche Fälle	500	„ „ „
Arbeiter in München, Mechaniker (gut bezahlt)	313	roh ohne Knochen
Arbeiter in München nach Forster	231	„ „ „
Arbeiter in München nach Forster	92	„ „ „
Arzt nach Forster	368	„ „ „
Arzt nach Forster	403	„ „ „
Pfründner nach Forster	94	„ „ „
älterer Mann nach Forster	245	„ „ „

Wenn wir demnach für einen Mann als täglichen Bedarf 230 gr. vom Metzger ausgehauenes Fleisch mit 18 gr. Knochen, 21 gr. Fett und 191 gr. reinem Fleische rechnen, so werden wir wohl nahezu das Mittel für eine gute Kost getroffen haben. Da nun 191 reines Fleisch nur 6.5 Stickstoff enthalten, so müssen noch 11.8 Stickstoff auf andere Weise beigeschafft werden.

Kirchner giebt an, dass man die nöthige Eiweissmenge für den Soldaten im Frieden zu mindestens 33 %, im Kriege zu 50 % als Fleisch geben soll; nach meinem obigen Vorschlage werden 35 % des Eiweisses in Fleisch gereicht.

Der Rest von 11.8 Stickstoff kann in anderen animalischen Nahrungsmitteln z. B. Milch, Eiern, Käse, oder in vegetabilischen z. B. Leguminosen, dem Mehl der Getreidearten gegeben werden. Das nöthige Fett ist theils im Fleische oder der Milch enthalten, theils wird es beim Kochen der Speisen zugesetzt. Das Stärkemehl wird durch obige Vegetabilien und die Gemüse zugeführt.

Es ist in dieser Beziehung von Interesse, den weiteren Verbrauch an den Hauptnahrungsmitteln in grösseren Städten kennen zu lernen, da sich daraus noch einige weitere Schlüsse auf die nöthige Zufuhr ziehen lassen. Nach den Zusammenstellungen von Schiefferdecker und Mayr* wurden im Mittel von 1 Einwohner im Tag consumirt:

		Königsberg	München	Paris	London
	Fleisch	92	177	186	274
	Eier	—	25*	18	10
	Milch	383	562?	228	107
	Schmalz und Butter	—	19*	27	21
	Käse	10	—	9	16
	Getreide[1])	449	423	450	449
	Kartoffeln	411	67 }	470	380
	Gemüse[2])	25	38 }		
	Zucker	20	20	20	20
	Obst	15	26	320	104
in ccm.	Wein	—	—	398	22
in ccm.	Branntwein	—	—	18	30
in ccm.	Bier	297	1295	67	514

Daraus ergiebt sich ein Verbrauch von:

	Eiweiss:	Fett:	Kohlehydrate:	von 100 Stickstoff sind im Brod:	im Fleisch:	in veget. Subst.:	in anim Subst.:
für Königsberg	84	31	414	42	21	50	50
„ München	96	65	492	31	40	37	63
„ Paris	98	64	465	31	38	39	61
„ London	98	60	416	28	42	34	66
mein Vorschlag	118	56	500	—	—	—	—

Da bei den statistischen Erhebungen auch Frauen, Kinder etc. mit inbegriffen sind, so erhält man, wie gesagt, dabei niederere Zahlen, als wir sie für den Arbeiter annahmen. Man ersieht aber, dass in Königsberg gegenüber München sehr wenig Eiweiss oder Stickstoff in Form von Fleisch und animalischen Substanzen gegessen wird, dagegen viel in Brod; Kartoffeln oder vegetabilischen Substanzen, während die Gesammteiweissmenge nicht wesentlich differirt.

Wir könnten nun daran gehen, für einen Arbeiter die Nahrungsmittel zu combiniren, welche seinen Körper erhalten. Wenn man auf die einzelnen Mahlzeiten keine Rücksicht zu nehmen hat, so ist die Auswahl jetzt nicht mehr schwierig.

---

[1]) 100 Pfd. Körner = 114 Pfd. Backwerk,
85 „ Roggenmehl,
83 „ Weizenmehl,
nach der Münchener Gemeindezeitung Nro. 1 aus dem Verbrauch von 1865—71.

[2]) als Gemüse werden gerechnet: Kohl, Möhren, Reis, Hirse, Buchweizen, Erbsen, Bohnen, Linsen.

Wir müssen annähernd bleiben bei:

	Eiweiss:	Fett:	Kohlehydrate:
212 Fleisch (230 vom Metzger)	42	21	—
35 Fett (zum Kochen)	—	35	—
76 Eiweiss und 500 Stärke in animalischen und vegetabilischen Substanzen	76	—	500
	118	56	500

Die Arbeiter verzehren stets eine gewisse Menge Mehl, zu Brod oder Nudeln gebacken, und darin die Hauptmenge der nöthigen Kohlehydrate.

1000 gr. Brod für den Tag sind auf die Dauer zu viel, auch 840 gr. wie sie früher für einen bayerischen Soldaten im Felde angesetzt waren.

Man wird vernünftiger Weise über 750 gr. Brod im Tag nicht hinaus gehen dürfen; diese entsprechen 470 gr. Roggenmehl (mit 14.4% Wasser).

Wir hätten dann z. B. zu geben:

	Eiweiss:	Fett:	Stärke:
750 Brod oder 470 Mehl	62	—	331
212 Fleisch (230 vom Metzger)	42	23	—
23 Fett zum Kochen	—	33	—
200 Reis oder entsprechend Gemüse	15	—	154
	119	56	485

Nach Kirchner kann man bei Soldaten 75% des nöthigen Stärkemehls in Brod reichen, 25% in Gemüsen; in meinem Beispiel befinden sich 68% der Stärke im Brode.

Die Betrachtung der vielfachen Mittheilungen über die Ernährungsverhältnisse der Soldaten und Gefangenen lehrt uns, dass meine Aufstellung für die Nahrung eines Arbeiters gerechtfertiget ist. Ich lasse die näheren Angaben hierüber an diesem Orte weg, da ich theilweise in meinem Vortrage darauf eingegangen bin, und da andererseits diese Gegenstände ihre eigene Auseinandersetzung finden werden.

Die Untersuchung der von armen Leuten und in Armenhäusern verzehrten Kost auf die Menge von Nahrungsstoffen thut überzeugend dar, welches die geringste Menge von Eiweiss, Fett und Kohlehydraten ist, die ein erwachsener Mensch zu seiner Existenz nöthig hat, und zugleich dass die von mir geforderte Menge gewiss nicht zu hoch gegriffen ist, sondern ein Mittel darstellt.

In dieser Beziehung sind die Ernährungsverhältnisse armer Familien wahrhaft erschreckend und betrübend. Hildesheim giebt (S. 67) an, dass ein armer Arbeiter, welcher Frau und Kind hatte, und sich die Woche über von

Brod, Kartoffeln, etwas Milch, Fett und Mehl, Sonntags von wenig Fleisch und Erbsen ernährte, darin im Tag 86 Eiweiss, 13 Fett und 610 Stärke verzehrte. Nach Böhm enthielt die Kost einer aus Mann, Frau und einem Kind von 5 Jahren bestehenden Familie der untersten ärmsten Volksklasse in der Woche nur 895 gr. Eiweiss; es fielen auf den Mann, wenn man annimmt, er habe die Hälfte davon für sich in Anspruch genommen, täglich nur 64 gr., während abermals über 600 gr. Stärkemehl auf ihn trafen.

Nachdem wir durch unsere bisherigen Betrachtungen festgestellt haben, was ein Arbeiter im Mittel für den Tag nöthig hat, können wir erst mit Aussicht auf Erfolg an unsere eigentliche Aufgabe gehen, nämlich an die Aufstellung der Kost in Volksküchen.

In den Volksküchen soll nicht eine für den ganzen Tag zureichende Nahrung gegeben werden, sondern nur ein guter Mittagstisch, und es wird dabei vorausgesetzt, dass die Leute Morgens und Abends sich selbst mit dem noch zu einer Nahrung nöthigen Antheil von Speisen versorgen.

Es frägt sich also, der wievielste Theil des für den Tag nothwendigen Eiweisses, Fettes und Stärkemehls soll in der Mittagskost gegessen werden. Es ist im höchsten Grade auffallend, dass wir über diese wichtige Sache so gut wie gar keine Angaben haben; es wäre noch in manchen anderen Beziehungen von Interesse zu wissen, was und wieviel von den verschiedenen Volksklassen in verschiedenen Ländern zu den einzelnen Tageszeiten verzehrt wird.

In der Schrift des Grafen Lippe über die rationelle Ernährung des Volkes findet sich ein Versuch einer solchen Ausscheidung. Ich berichte darüber, obwohl die angegebenen Zahlen nicht auf direkter Beobachtung beruhen.

Er nimmt an, dass ein Taglöhner 140 gr. Eiweiss und 662 gr. Stärkemehlaequivalente (1 Fett = 2.4 Stärkemehl, bei 56 Fett also 528 Stärkemehl) für den Tag in der Nahrung braucht (s. d'Alinge „zur Ernährungsfrage", in von Schömberg's sächsischer Armengesetzgebung, Leipzig, Rossberg-sche Buchhandlung 1864, S. 282); für schwere Arbeit 221 gr. Eiweiss und 940 gr. Stärkemehlaequivalente.

Verzehrt nun der Arbeiter Morgens Kaffee mit Milch und Brod, Abends eine Suppe aus Milch und Mehl mit Brod, und hat er den Tag über zur Verfügung 1000 Brod, 33 Butter, 1924 Milch, 33 Mehl und Kaffee, so erhält er darin 127 Eiweiss, 38 Fett und 508 Kohlehydrate.

Dazu kommt nun noch das Mittagessen, welches in einer allgemeinen Speiseanstalt verzehrt werden soll, für das er im Mittel berechnet:

	90 Eiweiss,	16 Fett,	207 Kohlehydrate
Dazu Morgens und Abends	127 „	38 „	508 „
	217 „	54 „	715 „

Das Mittagessen enthält demnach von der Gesammtmenge des im Tage verzehrten Eiweisses, Fettes und Stärkemehls, wenn man annimmt, dass zu Mittag 100 Brod mit 8 Eiweiss und 44 Kohlehydraten gegessen werden:

von Eiweiss 45%
„ Fett 29%
„ Stärkemehl 35%

Ich habe, um eine grössere Sicherheit über diesen entscheidenden Punkt zu bekommen, besondere hierauf gerichtete Versuche angestellt. Drei Arbeiter, gut bezahlte Mechaniker, von denen zwei ausser Hause assen, schrieben die während 10 Tagen aufgenommenen Speisen sorgfältig auf. Ich habe mir nun aus dem gleichen Wirthshause um den gleichen Preis mehrmals die nämlichen Speisen verschafft und dieselben dann untersucht; namentlich wurden Bestimmungen des Wassergehaltes und der Fettmenge gemacht.

Es würde zu weit führen, alle die Angaben der 30 Beobachtungstage und die Ausrechnungen der in den Speisen befindlichen Nahrungsstoffe hier aufzuzählen, ich werde nur die Summen angeben; ich bewahre aber das ganze Material auf, damit jederzeit davon Einsicht genommen werden kann.

Mittel der 3 Reihen:

	im Tag:			zu Mittag:			im Tag:		
Nr.	Eiweiss.	Fett	Kohlehydrate	Eiweiss	Fett	Kohlehydrate	Bier	Brod	Fleisch rein
A.	146	56	450	78	40	127	1981	557	333
B.	164	59	491	78	31	168	2590	578	375
C.	142	48	497	67	27	184	1785	648	231
Mittel:	151	54	479	74	33	160	2119	594	313

Nimmt man nun die einzelnen während des ganzen Tages gegessenen Nahrungsstoffe zu 100 an, so erhält man für die in der Mittagsmahlzeit davon verzehrten folgende Prozente:

	Eiweiss:	Fett:	Kohlehydrate:
A.	53%	71%	28%
B.	47%	52%	34%
C.	49%	61%	33%
Mittel:	50%	61%	32%.

Diese Zahlen sind von grossem Interesse; die 3 Arbeiter nehmen im Mittel im Tag auf: 151 Eiweiss, 54 Fett und 479 Kohlehydrate. Ich habe nach meinen früheren Beobachtungen als Bedarf angenommen: 118 Eiweiss, 56 Fett und 500 Kohlehydrate.

Bis auf das Eiweiss ist die Uebereinstimmung eine merkwürdige; sie zeigt uns, dass unsere Annahmen richtig sind. Je besser eine Kost, desto mehr enthält sie im Allgemeinen an Eiweiss; die beobachteten Arbeiter haben nun einen reichlichen Verdienst und essen so gut als ich für gewöhnlich in meiner Familie; daher rührt die hohe Eiweisszahl, die wenn man will einen gewissen Luxus bezeugt, welcher bei einer Volksküche nicht mitgemacht werden soll; ich sagte schon, dass unsere Zahl 118 für den täglichen Eiweissbedarf das Minimum darstellt. An Brod wurden im Mittel täglich 594 gr. verzehrt, an Fleisch dagegen (Würste, Lungen etc. auf frisches reines fettfreies Fleisch reduzirt) 313 gr.; die grosse Menge des letzteren gegenüber den von mir vorausgesetzten 191 gr. und die geringe Menge des ersteren zeigt, wie gut unsere besseren Arbeiter essen, noch mehr aber geht dies hervor aus der Quantität des getrunkenen Bieres (etwas über 2 Liter im Tage), welche bei der Ausgabe von 14 Kreuzern nicht entsprechend Nahrstoff in den Körper bringt, und daher als ein Luxus angesehen werden muss. An Muskelfleisch (ohne Würste, Lunge etc.) verzehrte der Arbeiter A zu Hause etwa 280 gr. mit Knochen oder 224 gr. ohne Knochen mit Fett; der Arbeiter B im Wirthshause 300 gr. ohne Knochen mit 39 gr. Fett; der Arbeiter C im Auskochgeschäfte (im Mittel) etwa 270 gr. Fleisch ohne Knochen und mit Fett.

Die Prozentzahl der bei der Mittagsmahlzeit gegessenen Nahrungsstoffe nach den Angaben des Grafen Lippe stimmt für das Eiweiss und die Kohlehydrate gut mit meinen Beobachtungen überein, nur das Fett differirt bedeutend, da er dasselbe vorzüglich Früh und Abends in Milch und Butter nehmen lässt [1]).

Bleiben wir bei unseren Zahlen, nämlich bei einem Gesammt-Consum von 118 Eiweiss, 56 Fett und 500 Kohlehydraten, und bei einem Verbrauch von 50% Eiweiss, 61% Fett und 32% Kohlehydraten für den Mittag, so muss also in einer Mittagskost durchschnittlich in Grammen enthalten sein:

		die 3 Arbeiter im Mittel:
Eiweiss	59	74
Fett	34	33
Kohlehydrate	160	160

[1]) Herr Dr. J. Forster hat später für 2 Arbeiter und 2 junge Aerzte die Vertheilung der Nahrungsstoffe auf die einzelnen Mahlzeiten ebenfalls ermittelt und dabei gefunden, dass im Mittel in der Hauptmahlzeit am Mittag von den für den Tag nöthigen Nahrungsstoffen

Es frägt sich nun, ob in den Suppenanstalten und Volksküchen diese Quantitäten von Nahrungsstoffen gegeben werden. Würde eine Uebereinstimmung der nothwendigen und der wirklich dargereichten Nahrungsmittel bestehen, so wäre dies sowohl ein Triumph der Wissenschaft als auch der Praxis, die durch langes Hin- und Herprobiren schliesslich doch das Richtige zu finden weiss. Es ist bis jetzt noch niemals untersucht worden, ob die in den Volksküchen verabreichten Speisen den Anforderungen an eine Mittagsmahlzeit entsprechen, ob genügend gegeben wird und ob die Nahrungsstoffe in dem richtigen Verhältnisse sich darin befinden, und wie es dabei mit der Ausnützung, der Abwechslung und den Genussmitteln steht. Man kann an diesem Beispiele ganz gut zeigen, welche Dienste die Wissenschaft schon jetzt der Praxis zu leisten vermag.

Zu den ersten öffentlichen Speiseanstalten gehörten die von dem Grafen Rumford in München eingerichteten, in denen die berühmte Rumford'sche Suppe vertheilt wurde, welche ihn zu einem Wohlthäter des Menschengeschlechtes machte. Es wurden zu der Suppe genommen:

zu 900 Portionen à $1^3/_4$ Pfd., zusammen 1575 Pfd. für 1200 Personen:

		in Kilo:	Eiweiss:	Fett:	Kohlehydrate:
1400 Pfd.	Wasser	784.0	—	—	—
80 „	Gerstengraupen	44.8	4.48	0.90	32.26
80 „	Erbsen oder Bohnen	44.8	10.08	1.12	21.95
48 „	Brod	26.9	2.29	0.35	14.31
12 „	Fleisch	6.7	1.21	0.23	—
34 „	Bieressig	19.0	—	—	0.57
14 „	Kochsalz	7.8	—	—	—
	Summa in Kilo		18.06	2.60	69.09
	auf 1 Menschen in Gramm		15	2	57

Man erschrickt in der That, wie weit es hier bis zu einer ausreichenden Mittagsmahlzeit fehlt, und wie primitiv und einförmig diese ersten Anfänge der Volksverköstigung noch waren.

In Hannover hatte der Besitzer grosser industrieller Etablissements und ein edler Menschenfreund, Egestorff, eine Speiseanstalt errichtet. Das Fleisch wurde von den Knochen losgelöst gekocht und die Knochen fein zerhackt für sich in der Hitze ausgelaugt; Kartoffeln und Gemüse wurden zuerst gedämpft und dann mit der aus dem Fleisch und den Knochen ge-

45% des Eiweisses, 57% des Fettes und 39% der Kohlehydrate verzehrt werden, was nur wenig von den von mir erhaltenen Zahlen abweicht. (Zeitschrift für Biologie 1873. Bd. 9. S. 381)

wonnenen Brühe und mit Gewürzen nochmals zusammengebracht; das gekochte Fleisch wurde hierauf in Stücke zerschnitten, welche im ungekochten Zustande im Mittel 90 gr. gewogen haben würden, und auf das Gemüse gelegt; die Portion kostete 4½ Kreuzer. Ich gebe 6 Kochrezepte der Egestorff'schen Anstalt mit der Berechnung der Menge der Nahrungsstoffe an:

1) Reis mit Kartoffeln und Rindfleisch:

		Eiweiss:	Fett:	Kohlehydrate
Reis	50	4	—	39
Mehl	4	—	—	3
Rindfleisch	83	15	3	—
Kartoffeln	650	13	2	143
		32	5	185

2) Kartoffeln mit Petersilie und Rindfleisch:

Kartoffeln	1300	26	4	286
Rindfleisch	83	15	3	—
Mehl	4	—	—	3
		41	7	289

3) weisse Bohnen mit Rindfleisch:

weisse Bohnen	70	17	1	39
Kartoffeln	650	13	2	143
Rindfleisch	83	15	3	—
Mehl	10	1	—	7
		46	6	189

4) weisser Kohl mit Kartoffeln und Hammelfleisch:

Kohl	525	8	2	37
Kartoffeln	650	13	2	143
Hammelfleisch	83	12	8	—
Mehl	10	1	—	7
		34	12	187

5) Graupen mit Kartoffeln und Rindfleisch:

Graupen	50	5	1	37
Rindfleisch	83	15	3	—
Kartoffeln	650	13	2	143
		33	6	180

6) Aepfel mit Kartoffeln und Schweinefleisch:

		Eiweiss:	Fett:	Kohlehydrate:
Aepfel	325	1	—	48
Speck	3	—	2	—
Schweinefleisch	50	7	8	—
Syrup	3	—	—	3
Mehl	15	2	—	11
Kartoffeln	780	16	2	170
		26	12	232

Im Mittel wurden also im Tage verabreicht:

Eiweiss	35
Fett	8
Kohlehydrate	210

Obwohl hier für den Preis von 4½ Kreuzern alles Mögliche geleistet war, so ist doch die Menge und die Qualität nicht genügend. Die Kohlehydrate sind in hinreichender, ja sogar in überschüssiger Menge vorhanden, hingegen Eiweiss und namentlich Fett in zu geringer, so dass die Leute dadurch genöthiget waren, Morgens und Abends um so mehr zu nehmen.

In München bestehen seit längerer Zeit Suppenanstalten, welche nur eine gute Suppe und nicht eine vollständige Mittagsmahlzeit gewähren wollen; es möchte aber doch von Interesse sein, den Werth derselben kennen zu lernen. Die Portion dieser Suppe wird für 2 Kreuzer abgegeben; in jeder befinden sich etwa 46 gr. Fleisch ohne Knochen, die für die Suppe eine gute Fleischbrühe abgeben sollen.

Es werden zu 100 Portionen genommen:

		Eiweiss:	Fett:	Kohlehydrate:
1)	5000 Fleisch (4570 ohne Knochen)	822	160	—
	2500 Rollgerste	250	50	1800
		1072	210	1800
2)	5000 Fleisch	822	160	—
	4000 Linsen	1040	80	1884
	840 Mehl	92	13	591
	250 Schmalz	—	250	—
		1954	503	2475
3)	5000 Fleisch	822	160	—
	2268 Semmel	217	23	1363
		1039	183	1363

		Eiweiss:	Fett:	Kohlehydrate:
4)	5000 Fleisch	822	160	—
	21600 Kartoffeln	432	65	4471
	504 Semmel	48	5	303
		1302	230	4774
5)	8370 Erbsen	1883	209	4101
	7200 Kartoffeln	144	22	1490
	500 Butter	—	500	—
	504 Semmel	48	5	303
		2075	736	5894
6)	5000 Fleisch	822	160	—
	3500 Weizengries	413	42	2551
		1235	202	2551
7)	3500 Fleisch	576	112	—
	250 Leber	45	9	—
	4242 Semmel	407	42	2549
	1120 Mundmehl	132	13	816
	6643 abgeblasene Milch	266	33	286
		1426	209	3651

Im Mittel kommen auf die Portion:

Eiweiss	14
Fett	3
Kohlehydrate	32

Es wird hier also höchstens ¼ der Mittagskost eines Arbeiters gegeben; es versteht sich auch von selbst, dass für 2 Kreuzer nicht mehr geleistet werden kann. Suppenanstalten dienen nur gewissen Zwecken und sind ungenügende Aushilfsmittel für die Speiseanstalten oder Volksküchen.

In Köln ist für Arbeiter eine Suppenanstalt errichtet worden, welche Suppen vorzüglich aus Leguminosen herstellt und statt der aus Fleisch bereiteten Fleischbrühe Fleischextrakt hinzufügt, um der Suppe den Wohlgeschmack einer guten Fleischsuppe zu geben. Für 100 Portionen werden verwendet:

			in Pfund Eiweiss:	Kohlehydrate:
1) zur Erbsensuppe:				
30	Pfd.	Erbsen	6.92	16.50
100	„	Kartoffeln	1.97	19.43
4	„	Reis	0.30	3.10
5	„	Zwiebeln	0.023	0.256
$2^3/_4$	„	Salz	—	—
50	gr.	Soda	—	—
30	„	Pfeffer	—	—
250	„	Extrakt [1]	—	—
			9.213	39.286
2) zur Bohnensuppe:				
30	Pfd.	Bohnen	8.41	17.32
100	„	Kartoffeln	1.97	19.43
5	„	Zwiebeln	0.023	0.256
$2^1/_2$	„	Salz	—	—
895	ccm	Essig	—	—
30	gr.	Pfeffer	—	—
50	„	Soda	—	—
250	„	Extrakt	—	—
			10.403	37.006
3) zur Linsensuppe:				
30	Pfd.	Linsen	7.95	16.98
100	„	Kartoffeln	1.97	19.43
8	„	Zwiebel	0.023	0.256
$2^1/_2$	„	Salz	—	—
30	gr.	Pfeffer	—	—
50	„	Soda	—	—
250	„	Extrakt	—	—
			9.943	36.666

in 1 Portion sind nun:

	Eiweiss:	Kohlehydrate:
in der Erbsensuppe	46	196
„ „ Bohnensuppe	52	185
„ „ Linsensuppe	50	183
Mittel:	49	188

[1]) aus 8500 gr Fleisch bereitet, aus 100 gr Fleisch werden 2.94 Extrakt gewonnen.

Die Kohlehydrate werden demnach in der Kölner Suppenanstalt in der für ein Mittagsmahl hinreichenden Quantität gegeben; von dem Eiweiss wird etwas zu wenig dargeboten und die ganze Menge desselben nur in Vegetabilien gereicht, während es besser wäre, einen Theil davon in der Form von Fleisch zuzuführen; ausserdem findet sich in der Suppe kein Fett, welches für die Ernährung des Menschen gewiss eine grosse Bedeutung hat. Man muss aber berücksichtigen, dass man nur eine Suppe und nicht eine vollständige Mittagsmahlzeit zu liefern beabsichtigt.

In anderen Städten existiren nun wirkliche Volksküchen, welche also eine ausreichende Mittagskost dem Arbeiter um den Selbstkostenpreis geben wollen.

Eine solche Anstalt findet sich in Leipzig. Es ist eine städtische Speiseanstalt, in welcher eine Portion aus (circa 83 gr. rohem) Fleisch [1]) und aus in der Fleischbrühe gekochtem Gemüse (934 ccm.) besteht, die für 4 Kreuzer 1 Pfennig abgegeben wird.

Hülsenfrüchte und Kartoffeln bilden die Hauptspeisen, es wird aber auch je nach der Jahreszeit grünes Gemüse z. B. Grünkohl, Weisskraut, Kohlrabi, Spinat, Sauerkraut, Möhren etc. gekocht.

Für eine Portion kommen von den folgenden Nahrungsmitteln zur Verwendung:

von	Rindfleisch	84	gr.
,,	Schweinefleisch	52	,,
,,	Schöpsenfleisch	83	,,
,,	Kalbfleisch	80	,,
,,	Rauchfleisch	48	,,
,,	Kaldaunen	86	,,
,,	Wurst	45	,,
,,	Reis	105	,,
,,	Graupen	98	,,
,,	Hirse	112	,,
,,	weissen Bohnen	221	,,
,,	Linsen	232	,,
,,	Erbsen	197	,,
,,	Nudeln	97	,,
,,	Rosinen	134	,,
,,	Kartoffeln	1284	,,

[1]) aus 100 rohem Fleisch vom Metzger erhielten sie:

	Rind:	Schwein:	Schöps:	Rauch:
Knochen und Sehnen gekocht	14	5	11	3
in die Brühe übergehend (Wasser und Extrakt)	28	19	31	12
geniessbares Fleisch	58	76	58	84
100 Fleisch ohne Knochen geben an gekochtem:	67	80	65	87

In dem Berichte der städtischen Speiseanstalt in Leipzig von Jul. Haeckel (Leipzig 1869) ist mitgetheilt, wieviel Pfund von den einzelnen Nahrungsmitteln und Nahrungsstoffen bei einer Verabreichung von 157760 ganzen Portionen verbraucht wurden. Ich habe dies auf 1 Portion reduzirt und die darin enthaltenen Quantitäten von Eiweiss, Fett und Kohlehydraten berechnet, um den Werth des Essens annähernd beurtheilen zu können.

Darnach finden sich in einer Portion: 24 gr. Eiweiss, 8 gr. Fett und 71 gr. Kohlehydrate.

Man erkennt, dass die von der städtischen Speiseanstalt zu Leipzig für 4 Kreuzer 1 Pfennig abgegebene Portion nicht zur Hälfte die für einen Arbeiter in der Mittagskost nöthigen Nahrungsstoffe enthält. Es ist zu wenig Eiweiss und Kohlehydrat, vor Allem aber zu wenig Fett vorhanden. Man sieht dies auch von vorneherein ein, denn Niemand wird glauben, dass man heut zu Tage für 4 Kreuzer 1 Pfennig eine ausreichende Mittagsmahlzeit herstellen kann. —

Eine ähnliche öffentliche Speiseanstalt existirt zu Dresden in der Altstadt, welche ebenfalls für 4 Kreuzer 1 Pfennig eine Portion (934 ccm.) Speise abgiebt, aus ohngefähr 67 gr. gekochtem (= 115 gr. rohem knochenhaltigem oder 99 gr. knochenfreiem) Fleische und Gemüse bestehend; zu letzterem werden meist trockene und nur im Spätsommer auch grüne Pflanzentheile genommen.

Es liegen mir für eine bestimmte Anzahl Portionen 13 Küchenrezepte aus dem Jahre 1871 vor, bei denen das Gewicht des verbrauchten Materials angegeben ist, woraus ich die darin enthaltenen Nahrungsstoffe berechnen konnte. Es finden sich in einer Portion der folgenden Speisen:

	Eiweiss:	Fett:	Kohlehydrate:	frisches Fleisch ohne Knochen:
1) Rindfleisch mit Reis	21.5	3.1	72.1	80
2) „ „ Nudeln	24.4	3.7	63.2	78
3) „ „ Bohnen	55.3	6.2	84.9	77
4) „ „ Hirse und Kartoffeln	30.4	8.3	100.1	73
5) „ „ Graupen	21.9	4.3	62.8	73
6) „ „ Weisskraut	43.1	8 5	142.0	75
7) „ „ Kartoffelstücken	27.5	7.3	143.9	75
8) Schweinefleisch mit Erbsen	54.0	20.2	98.5	65
9) „ „ Hirse	31.3	16.1	95.5	69
10) „ „ Sauerkraut	16.1	15.8	57.9	62
11) Blutwurst mit Linsen	65.8	9.6	107.8	47
12) „ „ Bohnen	64.3	9.6	106.2	48
13) saure Flecke (Rindsmagen) mit Kartoffeln	31.7	12.4	170.9	88
Mittel:	37	10	100	70

Die von der Dresdener Küche abgegebene Portion enthält daher im Mittel etwas mehr als die der Leipziger Speiseanstalt, und zwar an Eiweiss und an Kohlehydraten; es fehlt aber doch noch eine nicht unbedeutende Menge, vor Allem von Fett, um für eine Mittagmahlzeit auszureichen.

Das Fett ist auch bei der grössten Menge (20 gr.) in zu geringer Quantität vorhanden. In einigen Fällen, nämlich bei der Darreichung von Leguminosen (Bohnen, Erbsen und Linsen) ist hinreichend Eiweiss vorhanden; es frägt sich aber, ob dasselbe nicht in zu grosser Menge aus dem Pflanzenreiche genommen wird. Bei Herstellung des Gemüses aus Kartoffeln oder Weisskraut sind auch die Kohlehydrate in nahezu genügender Menge vertreten. Der Werth der einzelnen Speisen ist darnach ein ausserordentlich ungleicher. —

In Berlin befindet sich eine grössere Anzahl von Volksküchen, welche den Zweck haben, eine gute, schmackhafte, nährende und für eine Mahlzeit ausreichende Speise, nämlich einen Napf voll Gemüse mit Fleisch zum Selbstkostenpreise für 6 Kreuzer auszugeben. Es wird der Ersparniss halber täglich für Jeden nur ein einziges Gericht bereitet, indem die beim Kochen des Fleisches gewonnene Fleischbrühe zum Kochen des Gemüses benützt und Gemüse und Fleisch in dem nämlichen Geschirre angerichtet werden. Es ist die Anordnung getroffen, dass Fleisch, ferner Fett, verbunden mit etwas Mehl, und endlich frische Gemüse oder Kartoffeln oder Hülsenfrüchte, mit Zusatz der nothwendigen Suppenkräuter und Gewürze, die Bestandtheile der jede für sich gekochten und dann gut gemischten Speisen bilden.

Im Allgemeinen kommen auf eine Portion 90 gr. Rindfleisch oder 55 gr. Schweinefleisch, oder 50 gr. geräucherter Speck oder Pöckelfleisch, und 1000 gr. Gemüse.

Es sind in dem von Frau Lina Morgenstern ausgegebenen Berichte über die Berliner Volksküchen 37 Kochrezepte mit den für 100 Portionen nöthigen Gewichtsmengen der einzelnen Nahrungsmittel und Nahrungsstoffe zusammengestellt. Ich habe nun daraus den Gehalt einer Portion an Eiweiss, Fett und Kohlehydraten berechnet und dabei Folgendes gefunden:

	Eiweiss:	Fett:	Kohlehydrate:
1) weisse Bohnen, Kartoffeln und Rindfleisch	70	13	183
2) weisse Bohnen (süss und sauer) mit Schweinefleisch	80	20	184
3) gelbe Erbsen mit geräuchertem Speck und Kartoffeln	59	62	201
4) grüne Erbsen mit Mohrrüben und Rindfleisch	20	8	45
5) Weisskohl, Kartoffeln, Schwein- und Rindfleisch	34	13	205
6) Schmorkohl, Kartoffeln und Schweinefleisch	26	17	133
7) Sauerkohl, Kartoffeln und Schweinefleisch	30	16	201
8) Hirse mit Schweinefleisch	40	25	147

	Eiweiss:	Fett:	Kohlehydrate:
9) Reis mit Rindfleisch	24	8	96
10) Milchreis mit Schmorfleisch	31	9	112
11) Mohrrüben, Kartoffeln und Rindfleisch	35	11	210
12) Kohlrüben, Kartoffeln, Schwein- und Rindfleisch	26	13	165
13) saure Kartoffeln mit Schwein- und Rindfleisch	32	14	234
14) Brühkartoffeln mit Rindfleisch	36	11	225
15) Wirsing, Kartoffeln, Schwein- und Rindfleisch	33	9	203
16) Kohlrabi, Kartoffeln und Rindfleisch	39	18	299
17) Linsen, Kartoffeln und Rindfleisch	72	13	183
18) saure und süsse Linsen, Schwein- und Rindfleisch	66	15	165
19) Rührkartoffeln und Bouletten mit saurer Sauce	33	20	257
20) Graupe, Kartoffeln und Rindfleisch	31	11	139
21) Kartoffelklösse mit Backobst und Speck	17	59	249
22) Mehlklösse mit Gries und Rindfleisch	30	15	116
23) Frische Birnen mit Klössen und geräuchertem Speck	11	58	144
24) Apfelreis mit Schmorfleisch	20	7	102
25) Reis mit frischen Pflaumen	9	51	103
26) kalter Reis mit holländ. Sauce und Pöckelfleisch	22	7	113
27) Reis mit getrockneten Pflaumen und Würstchen	—	—	—
28) Kartoffeln mit Pflaumen, Schwein- und Rindfleisch	30	14	259
29) Kartoffeln mit Aepfeln, Schwein- und Rindfleisch	29	19	221
30) Blaukohl mit Schweinefleisch	28	18	204
31) Grüne Bohnen, Hammelfett, Kartoffeln und Rindfleisch	38	11	197
32) geschmorte Gurken mit Speck und Kartoffeln	18	58	194
33) Spinat mit Kartoffeln, Schwein- und Rindfleisch	38	18	230
34) Klops aus Fleisch und Semmel	11	2	3
35) Bohnen mit Pflaumen	61	10	130
36) Seefische, Mostrichsauce und Kartoffeln	68	7	278
37) Kartoffelsalat mit Klops	31	7	274
Mittel:	35	19	178

Da die Volksküchen in Berlin eine Portion um 6 Kreuzer abgeben, die Leipziger und Dresdener Speiseanstalten dagegen nur für 4 Kreuzer 1 Pfennig, so können erstere natürlich mehr liefern als letztere. Es ist daher auch in der That die mittlere Berliner Kost entschieden besser; der Unterschied betrifft nicht das Eiweiss, das auch hier ebenso ungenügend vertreten ist, und von dem in der Form von Fleisch vor Allem zu wenig gegeben wird, aber es ist in der Speise mehr Fett, wenn auch noch nicht ausreichend vorhanden und es ist namentlich die Quantität der Kohlehydrate eine vollkommen genügende.

Betrachten wir die Zahlen der vorstehenden Tabelle, so fallen die grossen Differenzen in dem Werthe der einzelnen Rationen sofort in die Augen. Es finden sich Schwankungen der im Tag gereichten Eiweissmenge von 9 — 80 gr.; befinden sich trockene Leguminosen mit Fleisch in der Mahlzeit, so ist die Menge des Eiweisses eine ausreichende; stehen andere grüne oder frische Gemüse auf dem Küchenzettel, so wird ansehnlich zu wenig Eiweiss gegeben. Die grünen frischen Gemüse mit 75—90% Wasser werden im Verhältniss zu den Hülsenfrüchten zu niedrig taxirt. Diese enorme Ungleichheit muss und kann bei einer rationellen Einrichtung vermieden werden.

Auch das Fett ist in einzelnen Fällen, wenn Speck zum Gemüse zugemischt wird, in genügender, ja in überschüssiger Quantität vorhanden; es mangelt aber dabei meist ganz ausserordentlich an Eiweiss, da man sich, wie es scheint, dem Irrthum hingiebt, dass Speck, welcher bekanntlich neben Fett nur Spuren von Eiweiss enthält, gleichwerthig sei einer grossen Menge von geräuchertem Fleisch. In den meisten Rezepten jedoch ist zu wenig Fett enthalten.

Ebenso schwankend ist der Gehalt an Kohlehydraten. Manchmal ist er äusserst gering, manchmal bis zur Verschwendung hoch. Namentlich ist von den Kartoffeln ein ganz übermässiger Gebrauch gemacht. Es ist, wie ich schon früher auseinander setzte, kein Vortheil, sondern ein verhängnissvolles Vorurtheil und eine Vergeudung von Nahrungsmaterial, wenn man so grosse Massen von Kartoffeln einführt. Wenn auch die arme Bevölkerung Berlins an die beständige Anfüllung des Magens mit Kartoffeln gewöhnt ist, so dürfen doch Volksküchen nicht dem Schlechten fröhnen und auf einen herabgekommenen Körper rechnen, sondern sie sollen dasjenige geben, was für einen gesunden Körper ausreichend ist. Es ist eine der Aufgaben der Volksküchen, einen leistungskräftigen Organismus zu schaffen und die niederen Volksklassen an eine richtige Beköstigung zu gewöhnen.

Da in den Berliner Volksküchen die einzelnen Portionen einen so ungleichen Werth haben, so kommt es sehr darauf an, nach welchen Rezepten öfters gekocht wird; es wird sich die Sache natürlich günstiger gestalten, wenn häufiger diejenigen Speisen verzehrt werden, in welchen z. B. mehr Eiweiss enthalten ist, als die, in welchen es nur in geringer Menge vorkömmt. Es findet sich nun auch in dem Berichte über die Berliner Küchen aufgezeichnet, wieviel von den Hauptnahrungsmitteln in einer gewissen Zeit verbraucht und wieviel dabei ganze Portionen abgegeben worden sind; man kann also daraus entnehmen, wieviel im Mittel einem Besucher der Anstalt in einem grösserem Zeitraume täglich zu Mittag an Nahrungsstoffen zugeführt worden ist. Es ist bekannt, wieviel Kilo Rindfleisch, Schweinefleisch, Kartoffeln, Bohnen, Erbsen und Linsen vom 1. November 1867 bis 31. Oktober 1868 in 1,218622 ganzen Portionen verzehrt worden sind; da dabei nur die Hauptnahrungsmittel sich befinden und die übrigen, allerdings viel weniger ins Gewicht fallenden, wie z. B. Mehl, Graupe, Reis, Hirse, grünes Gemüse, Backobst, frisches Obst, und die zur Bereitung schmackhafter Speisen nöthigen Ingredienzien nicht aufgeführt sind, so wird die Mittelzahl zu niedrig ausfallen müssen. Vom 1. November 1867 bis zum 31. Oktober 1868 wurden nun für 1,218622 ganze Portionen verbraucht:

			Eiweiss:	Fett:	Kohlehydrate:
ohne Knochen	31936 Kilo	Rindfleisch	5748	1118	—
	35338 „	Schweinefleisch	4947	6007	—
	609874 „	Kartoffeln	12197	1930	126244
	27759 „	Bohnen	6801	555	13074
	39085 „	Erbsen	8794	977	19152
	30730 „	Linsen	7990	615	14474
		Summa in Kilo:	46477	11202	172944
		in 1 Portion in Gramm:	38	9	142

Vom November und Dezember 1868 und vom ganzen Jahre 1869 ist ferner, bis auf wenige ganz zu vernachlässigende Nahrungsmittel, die Gesammt-Consumption verzeichnet; nicht in Anschlag gebracht sind die folgenden Speisezuthaten: Eier, alte Semmel, Gries, Kartoffelmehl, grüne Bohnen, Kohlrüben, Kohlrabi, Mohrrüben, Spinat, Sauerkraut, frisches Obst, Backobst, Syrup, Zucker, Essig, Gurken, Zwiebeln, Suppengrünes, Pfeffer, Zimmet, Lorbeerblätter, Nelken, Majoran, Kümmel, Muskatnüsse etc.

Es wurden in 1,655138 Portionen folgende Quantitäten von Nahrungsmitteln verkocht:

			Eiweiss:	Fett:	Kohlehydrate
ohne Knochen	34654 Kilo	Rindfleisch	6238	1213	—
	31010 „	Schweinefleisch	4341	5272	—
	21593 „	geräucherten Speck	1080	17274	—
	5508 „	Fett	—	5508	—
	36137 „	Bohnen	8854	723	17020
	68845 „	gelbe Erbsen	15490	1721	33734
	15271 „	grüne Erbsen	931	61	1802
	35065 „	Linsen	9117	701	16516
	835783 „	Kartoffeln	16716	2507	173007
	13079 „	Mehl	1439	209	9208
	10531 „	Reis	790	32	8119
	88577 „	Hirse	12844	2657	56778
	2199 „	Graupe	220	44	1583
	31720 „	Weisskohl	476	95	1776
	21363 „	Kochsalz	—	—	—
		Summa in Kilo:	78526	38017	319543
		in 1 Portion in Gramm:	47	23	193

Da also hier die Mittelzahlen höher sind als die der einzelnen Rationen, so werden die besseren und reichlicheren Speisen häufiger gegeben als die, welche einen geringeren Werth besitzen. Es stellt sich heraus, dass die in den Berliner Volksküchen abgegebene Kost unter den bis jetzt betrachteten die beste ist, wenn sie auch immer noch im Mittel zu wenig Eiweiss und Fett enthält und namentlich an den einzelnen Tagen ausserordentlich ungleich ist.

Wir haben nun schliesslich noch die Anstalten in Hamburg näher ins Auge zu fassen, welche ein grosses Interesse haben.

Man giebt dort drei Gerichte, Suppe, Fleisch und Gemüse, jedes für sich getrennt, und fordert demgemäss auch einen höheren Preis.

Es existiren in Hamburg zweierlei Anstalten, welche wohl von einander getrennt werden müssen, nämlich die mit der allgemeinen Armenanstalt verbundene öffentliche Speiseanstalt und dann die durch einen Privatverein errichtete Volksküche. Erstere ist eine Wohlthätigkeitsanstalt und giebt den der Unterstützung bedürftigen Armen die Speise unter dem Selbstkostenpreise; letztere Anstalt dagegen, um welche sich Frau Dr. M. G. Salomon ganz hervorragende Verdienste erworben hat, verkauft dem erwerbenden Arbeiterstande ein Mittagessen um den Selbstkostenpreis.

Die erstere Speiseanstalt hat den Zweck, durch Verabreichung billiger, aber nahrhafter und zur Sättigung und Nahrung hinreichender Speise dem Armen eine Wohlthat zu erweisen. Es wird jedoch nur eine mit Fleischbrühe aus trockenen und frischen Gemüsen hergestellte Suppe abgegeben und die Einrichtung getroffen, dass auf 3—4 Portionen Suppe ein Stückchen Fleisch kommt (entweder $^1/_3$ Pfd. = 167 gr. Ochsenfleisch oder $^1/_4$ Pfd. = 125 gr. Schweinefleisch); ein in der Anstalt Essender erhält also in der Woche nur 2—3 Mal ein solches Stückchen Fleisch. Dasselbe reduzirt sich bei zu grosser Theuerung des Fleisches noch mehr, da dann statt 5000 Fleisch 1500 Speck oder Ochsentalg eingesetzt werden dürfen. Es handelt sich also hier um eine Suppenanstalt nach Art der Rumford'schen oder Egestorff'schen. Eine Portion wird um 2 Kreuzer $2^1/_2$ Pfennig verkauft, die Herstellungskosten belaufen sich dagegen auf 4 Kreuzer 2 Pfennige. Aus den sieben näher angegebenen Rezepten berechnen sich folgende Mengen der einzelnen Nahrungsstoffe:

in 1 Portion		Eiweiss:	Fett:	Kohlehydrate:
48	5000 Ochsen- oder Schweinefleisch (ohne Knochen)	900	175	—
96	10000 Graupen	1000	200	7350
190	19700 Kartoffeln	394	59	4295
	in 104 Portionen:	2294	434	11645
	in 1 Portion:	22	4	112

in 1 Portion		Eiweiss:	Fett:	Kohlehydrate:
48	5000 Ochsen- oder Schweinefleisch (ohne Knochen)	900	175	—
154	16000 gelbe Erbsen	3600	400	9312
38	4000 Mehl	440	64	2876
190	19700 Kartoffeln	394	59	4295
	in 104 Portionen:	5334	698	16483
	in 1 Portion:	51	7	158
48	5000 Ochsen- oder Schweinefleisch	900	175	—
192	20000 gelbe Erbsen	4500	500	11640
48	5000 Mehl	550	80	3595
	in 104 Portionen:	5950	755	15235
	in 1 Portion:	57	7	146
48	5000 Ochsen- oder Schweinefleisch	900	175	—
154	16000 grüne Erbsen	976	64	1984
38	4000 Mehl	440	64	2876
190	19700 Kartoffeln	394	59	4295
	in 104 Portionen:	2710	362	9155
	in 1 Portion:	26	3	88
48	5000 Ochsen- oder Schweinefleisch	900	175	—
154	16000 Linsen	4160	320	8800
38	4000 Mehl	440	64	2876
190	19700 Kartoffeln	394	59	4295
	in 104 Portionen:	5894	618	15971
	in 1 Portion:	57	6	154
48	5000 Ochsen- oder Schweinefleisch	900	175	—
96	10000 Reis	750	30	7810
190	19700 Kartoffeln	394	59	4295
	in 104 Portionen:	2044	264	12105
	in 1 Portion:	20	2	116
48	5000 Ochsen- oder Schweinefleisch	900	175	—
154	16000 weisse Bohnen	3920	320	8896
38	4000 Mehl	440	64	2876
190	19700 Kartoffeln	394	59	4295
	in 104 Portionen:	5654	618	16067
	in 1 Portion:	54	6	154

Darnach treffen im Mittel auf eine Portion Suppe: 41 gr. Eiweiss, 5 gr. Fett und 133 gr. Kohlehydrate.

Durch den reichlichen Verbrauch von Hülsenfrüchten wird hier für eine Suppe das Mögliche geleistet; es ist in ihr zwar keiner der Nahrungsstoffe in genügender Menge vorhanden, jedoch der Bedarf an Eiweiss und an Kohlehydraten nahezu erreicht.

Für einen rüstigen Arbeiter ist die Quantität des Fleisches zu gering und der Verbrauch von Vegetabilien zu vorherrschend; von dem Fett ist viel zu wenig Gebrauch gemacht. Die arme Bevölkerung erhält aber sicherlich eine für den niedrigen Preis recht gute Suppe.

Unseren Verhältnissen mehr entsprechend ist die Kost der Hamburger Volksküche. Es besteht in ihr jede Speiseportion aus 1 Pfd. Suppe, 1¼ Pfd. Gemüse und ¼ Pfd. Ochsen- oder ⅙ Pfd. Schweinefleisch, die mit 10 Kreuzern 5 Pfennigen bezahlt wird.

Es ist schwer nach dieser Angabe zu ermitteln, welche Menge von Nahrungsstoffen in einer Portion verzehrt wird. Nimmt man nach den Erfahrungen der Berliner Volksküchen in dem vom Metzger bezogenen Ochsenfleische 14% Knochen und Sehnen an, im Schweinefleisch 5%, so befinden sich in einer Portion 107 gr. knochenfreies Ochsenfleisch oder 79 gr. knochenfreies Schweinefleisch. Wieviel aber in 1 Pfd. Suppe und 1¼ Pfd. Gemüse enthalten ist, das lässt sich nicht sagen.

Nun findet sich in dem Berichte des Vereines der Hamburger Volksküchen vom Geschäftsjahre 1869—1870 ein Verzeichniss der im Monat April 1870 in einer Volksküche verbrauchten Nahrungsmittel bei einer durchschnittlichen Abgabe von 400 Portionen, woraus sich der Werth einer Portion wohl annähernd zusammenstellen lässt. Es wurden verwendet in Kilo:

		Eiweiss:	Fett:	Kohlehydrate:
1377	Fleisch (bei 8% 1276.8 Kilo ohne Knochen)	229.8	44.7	—
3.8	Fleischextrakt	—	—	—
4630	Kartoffeln	92.6	13.9	1009.3
840	Erbsen, Bohnen, Linsen	189.0	21.0	488.9
331	Mehl	39.1	4.0	243.6
414	Reis, Graupe	31.0	1.2	323.3
53.5	Talg	—	40.9	—
57	Zwiebeln, Kräuter	0.8	0.2	4.0
340	Suppenwurzeln	5.1	0.7	41.8
150	Rüben	1.2	0.1	10.2

		Eiweiss:	Fett:	Kohle-hydrate:
6.8	Rosinen, Korinthen, Birnen, Pflaumen	0.1	—	5.1
50.5	Zucker	—	—	50.5
46.7	Semmel	4.5	0.5	28.1
40.0	Brod	3.4	—	21.0
122.0	Milch	5.0	4.8	5.1
184.5	Bier	—	—	9.5
21	Salz, Essig, Senf	—	—	—
	in 30 Tagen in Kilo:	601.6	132.0	2240.4
	in 1 Portion in Gramm:	50	11	187

d. h. in der Hamburger Volksküche wird eine zureichende Menge von Kohlehydraten gegeben, aber die Eiweissmenge ist, obwohl sie dem Bedarf viel näher kömmt als die der gleichen Anstalten in Leipzig, Dresden oder Berlin, noch nicht ganz genügend; das Fett wird wie überall in zu geringer Quantität verwendet.

Ich habe mit Frau Dr. Salomon über die Verhältnisse der Hamburger Volksküchen correspondirt und zu meiner Ueberraschung gefunden, dass man durch Erfahrungen im Grossen, wenn man nur offene Augen hat, sehr wohl zu richtigen Folgerungen gelangt. So z. B. wurde stets bei Verabreichung von grünem Gemüse, dessen geringen Nährwerth man erkannte, eine Suppe aus Hülsenfrüchten gewählt; die Kartoffeln wurden trotz des anfänglichen Murrens der Gäste in ihrer Menge reduzirt. Da es nach meinen Berechnungen vorzüglich an Fett mangelte, so hat Frau Dr. Salomon zu jeder täglichen Mahlzeit 2 Pfd. Fett mehr hinzufügen lassen.

Frau Dr. Salomon hat nun auch im Januar und Februar 1876 an 14 Tagen genaue Wägungen der zu den Speisen verwendeten Nahrungsmittel, nach Abzug des Abfalles, vorgenommen, deren Resultate und Berechnungen ich hier nachfolgen lasse. In 1 Portion befanden sich:

Aepfelsuppe, weisser Kohl, Kartoffeln und Ochsenwurst:

		Eiweiss:	Fett:	Kohlehydrate:
200	Kohl	4.0	0.6	12.0
310	Kartoffeln	6.2	0.9	67.6
124	Ochsenwurst	22.7	18.0	—
67	Aepfel	0.2	—	10.0
24	Sago	—	—	20.8
32	Mehl	3.8	0.4	23.5
19	Zucker	—	—	19.0
5	Fett	—	5.0	—
		36.9	24.9	152.9

Griessuppe, weisse Bohnen, Kartoffeln und Ochsenfleisch:

	Eiweiss:	Fett:	Kohlehydrate:
111 Fleisch, rein	24.3	4.0	—
22 Gries	2.5	—	15.4
121 Bohnen	29.6	2.4	67.3
204 Kartoffeln	4.1	0.6	44.5
10 Mehl	1.2	0.1	7.4
5 Fett	—	5.0	—
	61.7	12.1	134.6

gelbe Erbsensuppe, Steckrüben, Kartoffeln und Schweinefleisch:

88 Schweinefleisch, rein	12.3	5.0	—
204 Steckrüben	1.6	—	12.4
255 Kartoffeln	5.1	0.8	55.6
19 Mehl	2.2	0.2	14.0
5 Fett	—	5.0	—
50 gelbe Erbsen	11.2	1.2	29.1
5 Zucker	—	—	5.0
	32.4	12.2	116.1

Graupensuppe, grüne Erbsen, Wurzeln, Kartoffeln und Ochsenfleisch:

110 Fleisch, rein	24.1	8.0	—
25 Graupen	1.8	0.3	19.0
117 grüne Erbsen	7.1	0.5	14.5
44 Wurzeln	0.7	0.1	4.5
220 Kartoffeln	4.4	0.7	48.0
11 Mehl	1.3	0.1	8.1
5 Fett	—	5.0	—
	39.4	14.7	94.1

Bohnensuppe, geräucherter Speck, Kartoffeln, Mehlpudding mit Birnen:

102 Speck	1.7	96.4	—
54 Bohnen	13.2	1.1	30.0
11 Mehlsuppe	1.3	0.1	8.1
110 Mehlpudding	13.0	1.0	81.0
14 Nierentalg	—	14.0	—
11 Rosinen	—	—	2.1
17 Birnen	—	—	3.3
7 Zucker	—	—	7.0
3 Kartoffelmehl	—	—	—
261 Kartoffeln	5.2	0.8	56.9
7 Mehl (Birnen)	1.2	0.1	7.4
	35.6	113.5	195.8

Griessuppe, weisser Kohl, Kartoffeln und Ochsenfleisch:

	Eiweiss:	Fett:	Kohlehydrate:
108 Fleisch. rein	23.6	6.0	—
21 Gries	2.4	—	15.3
187 Kohl	3.7	0.6	11.2
279 Kartoffeln	5.6	0.8	60.8
15 Mehl	1.8	0.2	11.0
5 Fett	—	5.0	—
	37.1	12.6	98.3

Reissuppe, gelbe Erbsen, Kartoffeln und Ochsenfleisch:

	Eiweiss	Fett	Kohlehydrate
93 Fleisch, rein	20.4	12.0	—
24 Reis	1.8	—	18.7
120 gelbe Erbsen	27.0	3.0	69.8
211 Kartoffeln	4.2	0.6	46.0
10 Mehl	1.2	0.1	7.4
5 Fett	—	5.0	—
	54.6	20.7	141.9

saure Suppe, gestobte Kartoffeln, Brod und Schweinefleisch:

	Eiweiss	Fett	Kohlehydrate
89 Schweinefleisch	12.5	15.1	—
51 grüne Erbsen	3.1	0.2	6.3
33 Wurzeln	0.5	—	3.4
28 Mehl	3.3	0.3	20.6
13 Pflaumen	0.1	—	2.3
13 Zucker	—	—	13.0
5 Fett	—	5.0	—
387 Kartoffeln	7.7	1.2	84.4
50 Brod	4.2	0.6	26.2
	31.4	22.4	156.2

Nudelsuppe, Klösse mit Pflaumen, Kartoffeln und Ochsenfleisch:

	Eiweiss	Fett	Kohlehydrate
107 Fleisch, rein	23.4	1.0	—
24 Nudeln	2.0	—	18.0
122 Mehl	14.4	1.5	89.8
12 Pflaumen	0.1	—	2.1
6 Zucker	—	—	6.0
234 Kartoffeln	4.7	0.7	51.0
	44.6	3.2	166.9

Graupensuppe, grüne Erbsen, Wurzeln, Kartoffeln und Ochsenfleisch:

	Eiweiss:	Fett:	Kohlehydrate:
115 Fleisch, rein	25.2	1.0	—
28 Graupen	2.0	0.3	21.3
115 grüne Erbsen	7.0	0.5	14.4
38 Wurzeln	0.6	—	3.9
10 Mehl	1.2	0.1	7.4
204 Kartoffeln	4.1	0.6	44.5
5 Fett	—	5.0	—
	40.1	7.5	91.5

Bohnensuppe, Wurzeln, Kartoffeln und Schweinefleisch:

172 Schweinefleisch	24.1	29.2	—
45 Bohnen	11.0	0.9	25.0
172 Wurzeln	2.7	0.3	17.5
292 Kartoffeln	5.8	0.9	63.6
18 Mehl	2.1	0.2	13.2
5 Fett	—	5.0	—
7 Zucker	—	—	7.0
	45.7	36.5	126.3

Weinsuppe, Ochsenbraten, gestobte Kartoffeln und Gurken:

242 Fleisch, rein	53.0	2.2	—
— Wein	—	—	—
30 Sago	—	—	25.9
20 Zucker	—	—	20.0
15 Mehl	1.8	0.2	11.0
469 Kartoffeln	9.4	1.4	102.2
6 Fett	—	6.0	—
— Gurken	—	—	—
	64.2	9.8	159.1

Graupensuppe, weisse Bohnen, Kartoffeln und Ochsenfleisch:

232 Fleisch, rein	50.8	2.1	—
127 Bohnen	31.1	2.5	70.6
28 Graupen	2.0	0.3	21.3
224 Kartoffeln	4.5	0.7	48.8
11 Mehl	1.3	0.1	8.1
6 Fett	—	6.0	—
	89.7	11.7	148.8

gelbe Erbsensuppe, Steckrüben, Kartoffeln und Schweinefleisch:

	Eiweiss:	Fett:	Kohlehydrate:
196 Schweinefleisch	27.4	33.3	—
51 Erbsen	11.3	1.2	29.2
201 Steckrüben	1.6	—	12.2
224 Kartoffeln	4.5	0.7	48.8
25 Mehl	3.0	0.3	18.4
5 Fett	—	5.0	—
5 Zucker	—	—	5.0
	47.8	40.5	113.6

Zusammenstellung:

	Eiweiss:	Fett:	Kohlehydrate:
	36.9	24.9	152.9
	61.7	12.1	134.6
	32.4	12.2	116.1
	39.4	14.7	94.1
	35.6	113.5	195.8
	37.1	12.6	98.3
	54.6	20.7	141.9
	31.4	22.4	156.2
	44.6	3.2	166.9
	40.1	7.5	91.5
	45.7	36.5	126.3
	64.2	9.8	159.1
	89.7	11.7	148.8
	47.8	40.5	113.6
	661.2	342.3	1896.1
Mittel:	47.2	24.4	135.4

Ich habe durch die Güte des Herrn Prof. Dr. Birnbaum den Rechenschaftsbericht über die Thätigkeit des Karlsruher Männerhilfsvereins vom Jahre 1873 erhalten. Derselbe hatte auf Grund meines Gutachtens berechnet, wieviel an Nahrungsstoffen in dem in der Speiseanstalt verabreichten Mittagessen, aus Suppe, Fleisch und Gemüse bestehend, enthalten ist.

Es wurden im Monat März 1872 verwendet:

			Eiweiss:	Fett:	Kohlehydrate:
163	Kilogr.	Ochsenfleisch (knochenfrei)	34	6	—
48.75	„	Leber	8	1.5	—
6	„	Dürrfleisch (knochenfrei)	1.8	1.9	—
1.25	„	Würste	0.175	0.31	—
70	„	Erbsen	15.75	1.75	41.3
6	„	Bohnen	1.47	0.12	3.33
75	„	Weizenmehl	8.85	0.90	55.12
46	„	Reis und Gerste	3.68	0.46	36.8
12.5	„	Suppennudeln (Mehl)	1.47	0.15	9.12
80	„	Brod	7.68	0.80	48.0
192	„	Kartoffeln	3.84	0.57	42.24
5	„	Eier (100 Stück)	0.70	0.60	—
3	„	Milch (3 Liter)	0.13	0.10	0.13
12.5	„	Schmalz	—	12.50	—
			87.545	27.660	236.040

Diese Nahrungsmittel vertheilen sich auf 1774 Portionen zu 10 Kreuzer oder auf 2534 Portionen zu 7 Kreuzer.

Die Portion zu 10 Kreuzer enthält demnach: 49 Eiweiss, 16 Fett und 133 Kohlehydrate; die Portion zu 7 Kreuzer: 35 Eiweiss, 11 Fett und 93 Kohlehydrate.

Da die Arbeiter gewöhnlich ein mitgebrachtes Stück Brod verzehrten (für 1 Kreuzer 80 gr. mit 9 Eiweiss und 47 Kohlehydraten), so giebt dies

für 11 Kreuzer: 58 Eiweiss, 16 Fett, 180 Kohlehydrate
„ 8 „ 44 „ 11 „ 140 „

In den Monaten August und September 1872 wurden verwendet:

			Eiweiss:	Fett:	Kohlehydrate:
380.4	Kilogr.	Ochsenfleisch (knochenfrei)	76.080	13.314	—
126.75	„	Leber	20.660	4.056	—
8	„	Schweinefleisch (knochenfrei)	1.120	1.920	—
0.75	„	Würste	0.105	0.180	—
150	„	Erbsen	33.750	4.250	89
250	„	Mehl	30	0.300	183.750
100	„	Reis und Gerste	7	0.500	80
25	„	Nudeln	3	0.030	18.375
101.5	„	Brod	9.744	1.015	60.900
51	„	Wecken	4.896	0.510	30.600
			186.355	26.075	462.625

			Eiweiss:	Fett:	Kohlehydrate:
			186.355	26.075	462.625
14	Kilogr.	Schmalz	—	14	—
6.75	„	Salatöl	—	6.750	—
2.6	„	Eier	0.364	0.312	—
776	„	Kartoffeln	15.520	2.328	170.720
25	„	Bohnen	0.500	0.050	1.550
94	„	Salat	1.880	0.282	5.640
70	„	Kohl	1.050	0.210	4.970
46	„	Mohrrüben	0.782	—	4.876
			206.451	50.007	650.381

Die obigen Nahrungsmittel vertheilen sich auf 4779 Portionen zu 10 Kreuzer oder auf 6824 Portionen zu 7 Kreuzer. Man erhält nach Einrechnung eines Stückes Brod zu 1 Kreuzer in:

1 Portion zu 11 Kreuzer: 52 Eiweiss 11 Fett 183 Kohlehydrate.
1 „ „ 8 „ 39 „ 7 „ 142 „

Der Verein zu Karlsruhe hat sich unterdessen aufgelöst; er unterscheidet sich von dem Hamburger wesentlich dadurch, dass er nicht zum Selbstkostenpreise abgab, sondern auch von Unterstützungen lebte; daher kommt es auch, dass er im Stande war, um den gleichen Preis mehr zu leisten als die anderen Volksküchen.

Ich stelle zur leichteren Uebersicht die Zusammensetzung der Mittagsmahlzeit in den verschiedenen Fällen nochmals zusammen:

	Eiweiss:	Fett:	Kohlehydrate:	Fleisch mit Fett:	Kreuzer:
die 3 Arbeiter im Mittel	74	33	160	265	17¼
meine Forderung	59	34	160	—	—
Rumford's Suppe	15	2	57	56	—
Egestorff'sche Anstalt	35	8	210	83	4½
Münchener Suppenanstalten	14	3	30	46	2
Kölner Suppenanstalt	49	0	188	0	3½
Leipziger Volksküche	24	8	71	83	4¼
Dresdner „	37	10	100	70	4¼
Berliner „	35	19	178	90	6
Karlsruher „	55	13	181	85	11
Hamburger Speiseanstalt	41	5	133	48	4½
Hamburger Volksküche	50	11	187	107	10½
Hamburger Volksküche	47	24	135	137	10½

Es ist keinem Zweifel unterworfen, dass das richtige Prinzip für die Volksküchen das der Selbsterhaltung ist; das Ganze muss eine rein geschäftliche Basis haben und es soll, ausser etwa der freiwilligen Oberleitung, absolut nichts geschenkt werden. Dieses Prinzip ist unstreitig am vollkommensten in der Hamburger Volksküche durchgeführt, welche auch nahezu ein richtiges Mittagessen liefert; es ist durch die Hamburger Bestrebungen bewiesen worden, dass es möglich ist, um sehr geringen Preis ein vortreffliches Mittagessen zu besorgen. Ich halte diesen Erfolg für ausserordentlich werthvoll auch für andere Verhältnisse. Wenn man z. B. der Beschaffung und Bereitung der Kost für die Soldaten in der Garnison eine ähnliche Aufmerksamkeit schenken wird, so wird es gewiss gelingen, für die jetzt zur Verfügung stehenden Geldmittel ungleich Besseres zu bieten. Es wäre auch namentlich zu wünschen, dass in ärmeren Familien die Volksküche benützt würde, um den Kindern ein gutes Mittagessen zukommen zu lassen.

Ich bemerke, um kein Missverständniss aufkommen zu lassen, nochmals, dass meine Forderung sich nur auf einen mittleren kräftigen Arbeiter bezieht; wollte man für Greise, Frauen, Kinder etc. das Mittagessen bestimmen, so müssten ganz andere, niedrigere Werthe eingesetzt werden. Meine Absicht ist ja nur, an irgend einem gewählten Beispiele zu zeigen, wie man bei Feststellung der Kost für Volksküchen verfahren müsse, so dass von nun an Jeder ohne meine weitere Beihülfe im Stande ist, sich in einem anderen Falle zurecht zu finden. Es ist nicht unmöglich, dass bei gewissen Arten der Arbeit oder in gewissen Gegenden die Arbeiter zu Mittag einen anderen Bruchtheil der für den Tag nöthigen Nahrungsstoffe geniessen. Es wäre daher nicht unwichtig, noch weitere Untersuchungen in dieser Richtung anzustellen.

Indem ich den Fall des mittleren rüstigen Arbeiters beibehalte, frägt es sich jetzt, wie man am besten die zum Mittagessen verlangten 59 gr. Eiweiss, 34 gr. Fett und 160 gr. Kohlehydrate in den verschiedenen Nahrungsmitteln zuführt.

Nach meinen früheren Betrachtungen ist es gut, auch in der Volksküche einen Theil des Eiweisses in Fleisch zu geben. Die Menge desselben kann verschieden gewählt werden.

In einer Familie, aus 6 Personen bestehend, welche nicht viel Fleisch essen, kamen täglich zu Mittag auf die Person 133 gr. frisches Ochsenfleisch mit Fett ohne Knochen (bei 20 % Knochen), oder 266 gr. Kalbfleisch ohne Knochen oder ebensoviel Hammelfleisch.

Die oben erwähnten drei Arbeiter verzehrten folgende Mengen von Fleisch mit Fett ohne Knochen:

	im Tag:	zu Mittag:	zu Mittag in %:
A	385	290	75
B	426	283	67
C	269	189	70
Mittel:	360	254	72

d. h. 72 % des während des ganzen Tages aufgenommenen fetthaltigen Fleisches werden im Mittagessen verspeist. Bleiben wir bei dieser Zahl, so treffen auf die Mittagmahlzeit an Fleisch:

	im Tag		
	Fleisch mit Knochen:	Fleisch ohne Knochen mit Fett:	Fleisch zu Mittag:
mittlerer Münchener nach Schiefferdecker	177	163	116
„ „ „ Mayr	230	212	150
mein Vorschlag	230	212	150

Ich bin durch die früheren Betrachtungen zu einem täglichen Consum von 212 gr. Fleisch ohne Knochen mit 21 gr. Fett gekommen, von denen also nach obigem Prozentsatz 150 gr. auf das Mittagessen fallen; dies entspricht 163 gr. Fleisch mit 13 gr. Knochen und 15 gr. Fett.

Ich halte diese Grösse der Fleischconsumption als die richtige fest, obwohl die anderen Werthe in zweifacher Beziehung davon abweichen.

In keiner der mir näher bekannten Volksküchen wird so viel Fleisch gereicht, das Maximum ist 107 bis 137 gr. in Hamburg, in Dresden, Leipzig und Berlin wird noch ansehnlich weniger gegeben. — Die drei von mir beobachteten Münchener Arbeiter nehmen dagegen viel mehr zu sich als 150 gr. Fleisch.

Die ersteren Mengen sind etwas zu klein; es ist jedoch nicht unmöglich, dass ein Arbeiter, wenn die übrige Kost richtig gewählt ist, damit auskommen kann.

Es giebt aber auch einen Luxus in der Fleischconsumption, den eine Volksküche nicht mitmachen darf, und einen solchen treiben die gut gezahlten Arbeiter, die sich bei den günstigen Verhältnissen in München an eine zu reichliche Fleischkost gewöhnt haben; ich fürchte, oder ich bin überzeugt, dass dieser Luxus bald verschwunden sein wird.

Ziehen wir von den im Mittagessen verlangten Nahrungsstoffen die Eiweiss und Fettmenge von 150 gr. knochenfreiem oder 163 gr. knochenhaltigem Ochsenfleisch mit 15 gr. Fett ab, so bleiben als Rest:

Eiweiss	29	Rest bei 150 Ochsenfleisch mit 15 Fett,
Fett	19	
Kohlehydrate	160	

welche durch die Bestandtheile der Suppe und des Gemüses gedeckt werden müssen. Bei anderen Fleischsorten ergeben sich etwas andere Zahlen. Das Kalbfleisch enthält viel weniger Fett und etwas mehr Wasser (78 %) als das Ochsenfleisch (76 %); wenn man dem entsprechend 148 gr. Kalbfleisch ohne Knochen oder 161 gr. mit Knochen nimmt, so muss man noch zusetzen:

Eiweiss	29	Rest bei 148 Kalbfleisch mit 2 Fett.
Fett	32	
Kohlehydrate	160	

Schweinefleisch verhält sich ähnlich wie Mastochsenfleisch. 182 gr. geselchte Wurst mit 23 gr. Fett entsprechen dem Eiweissgehalte von 150 gr. Ochsenfleisch mit 15 gr. Fett; bei ersterer verbleiben demnach als Rest:

Eiweiss	29	Rest bei 182 Wurst mit 23 Fett.
Fett	9	
Kohlehydrate	160	

Steht einmal die Gesammtsumme von Eiweiss, Fett und Kohlehydraten fest, und die Menge des Fleisches, so ist es nicht mehr schwierig, für die Suppe und das Gemüse die übrigen Substanzen so auszusuchen, dass sie den durch das Fleisch nicht gedeckten Rest liefern.

Die Suppe, wie sie bei uns gewöhnlich gegessen wird, dient dazu, das dem Fleische beim Sieden Entzogene dem Körper wieder zukommen zu lassen und den Magen auf eine treffliche Weise zu der nachfolgenden Mahlzeit vorzubereiten. Sie braucht daher, wenn noch ein Gemüse gegeben wird, nicht so viel Nahrungsstoffe zu bieten als letzteres, und sie erfüllt den Zweck der Vorbereitung besser, wenn sie nicht zu sehr eingedickt ist.

Ich habe von 2 Haushaltungen erfahren, wieviel im Mittel an Nahrungsmitteln für die Bereitung einer Portion dünner Suppe genommen wird; ich kenne ferner die in den Münchener Suppenanstalten für eine Portion verbrauchten Substanzen, und ich habe endlich aus dem trockenen Rückstand von vier um je 3 Kreuzer im Wirthshause gekauften Suppen das dafür verwendete Material berechnet. Dabei ergab sich:

	Haushaltung 1:	Haushaltung 2:	Suppenanstalt:	Wirthshaus:
Gerste	28	37	25	57
Reis	42	50	—	—
Grünkern	28	37	—	—
Sago	—	25	—	—
Gries	17	25	35	32
Fadennudeln	28	25	—	—
Kartoffeln	83	100	216	—
Erbsen	42	50	83	42
Linsen	42	50	40	—
Semmel für Semmelsuppe	28	25	23	—
„ „ 2 Knödel	—	—	42	72
Eiersuppe aus Ei und Mehl	—	18 / 25	—	—

Ich nehme in runden Zahlen an:

		Eiweiss	Fett	Kohlehydrate:
in 50 Gerste		5	1	37
„ 50 Reis		4	—	39
„ 40 Grünkern		5	1	27
„ 30 Sago		—	—	26
„ 40 Gries		5	—	29
„ 40 Fadennudeln		5	—	29
„ 180 Kartoffeln		4	—	39
„ 50 Erbsen		11	1	29
„ 50 Linsen		13	1	27
„ 50 Semmel		5	—	30
„ 65 „	für Knödel	6	1	39
20 Ei	Eiersuppe	3	2	—
„ 40 Mehl		5 } 8	— } 2	29 } 29
30 Mehl	Brennsuppe	3	—	22
„ 10 Fett		— } 3	10 } 10	— } 22
„ 60 Schwarzbrod		5	1	32

Hat man also Ochsenfleisch gegeben und als Rest 29 gr. Eiweiss, 19 gr. Fett und 160 gr. Kohlehydrate behalten, so bleiben nach Verzehrung obiger Suppen für das Gemüse noch übrig bei:

		Rest für das Gemüse:		
		Eiweiss:	Fett:	Kohlehydrate:
1.	Gerstensuppe	24	18	123
1.	Reissuppe	25	19	121
2.[a]	Grünkernsuppe	24	18	133
	Sagosuppe	29	19	134
2.[a]	Griessuppe	24	19	131
2.[a]	Nudelsuppe	24	19	131
1.	Kartoffelsuppe	25	19	121
2.[b]	Erbsensuppe	18	18	131
2.[b]	Linsensuppe	16	18	133
2.[a]	Semmelsuppe	24	19	130
1.	Knödelsuppe	22	18	121
2.[a]	Eiersuppe	21	17	131

Bei Anwendung anderer Fleischsorten bleibt für Eiweiss und Kohlehydrate der gleiche Rest, nur ist der des Fettes ein anderer, z. B. bei Kalbfleisch 32 gr., bei Wurst nur 9 gr.

Ehe wir darnach die Quantität der Gemüse bestimmen, müssen wir zuerst die Bestandtheile des Brodes, welches beim Mittagessen verzehrt wird, in Abzug bringen.

Wir können die Suppen in 2 Abtheilungen trennen: in einen Abschnitt 1, welcher einen Rest von 121—123 Kohlehydraten und 22—25 Eiweiss hat, und in einen solchen 2, dessen Kohlehydratrest 130 bis 133 beträgt; in dem Abschnitt 2 beträgt der Eiweissrest 21—24 gr. (a) mit Ausnahme derjenigen Reihen, bei denen Hülsenfrüchte verzehrt werden, wo er nur 16 bis 18 gr. ausmacht (b).

Ein Stück Roggenhausbrod mit Rinde für 1 Kreuzer wiegt im Mittel 81 gr. und repräsentirt 106 gr. frische Brodkrume, welche 8.8 gr. Eiweiss und 46.8 gr. Kohlehydrate enthält. Es sind daher für das Gemüse noch übrig:

	Eiweiss:	Fett:	Kohlehydrate:
bei 1.	13	18	74
„ 2.[a]	12	19	83
„ 2.[b]	7	18	83

Da in den Gemüsen die Kohlehydrate den Hauptbestandtheil ausmachen, so sehen wir zu, wieviel wir von den einzelnen frischen Gemüsen geben müssen, um 74 oder 83 gr. Kohlehydrate zu liefern und wieviel Eiweiss in dieser Gemüseportion sich befindet.

74 Kohlehydrate sind in:		Statt 13 Eiweiss sind darin:	83 Kohlehydrate sind in:	Statt 7—12 Eiweiss sind darin:
Erbsen	127	29	143	32
Linsen	134	35	151	39
Bohnen	133	33	149	36
Mehl (zu Spätzeln)	100	12	113	17
Semmel (zu Knödeln)	117	11	138	13
Reis	95	7	106	8
Mais	109	12	122	13
Kartoffeln	339	7	380	8
Sauerkraut	937	16	1050	18
Weisskraut	1042	11	1169	17
Erddotschen	685	8	769	9
gelbe Rüben	601	9	674	10
weisse Rüben	1088	9	1220	10
grüne Bohnen	1193	24	1339	27
Wirsing, Kohl	1233	25	1383	28

Betrachten wir zuerst die so häufig als Gemüse gegebenen Leguminosen (Erbsen, Linsen, Bohnen), so ist die Quantität, welche man darreichen muss, um den Rest von 74 oder 83 Kohlehydraten zuzuführen, nicht übermässig gross, aber es ist die Menge des darin enthaltenen Eiweisses eine zu hohe und man begeht daher eine Verschwendung, welche man jedoch durch Zusatz einer an Kohlehydraten reichen und an Eiweiss armen Substanz vermeiden kann. Wir wissen nun auch, dass man bei der Zubereitung der Hülsenfrüchte stets ausser Fett eine gewisse Quantität Mehl zufügt, oder dass man zu Erbsen Reis oder Semmelbröckchen, zu Linsen und weissen Bohnen Kartoffeln hinzufügt; es wird uns aus Obigem die Bedeutung dieses Gebrauches klar. Wir könnten also dann nehmen:

	Eiweiss	Kohlehydrate	Eiweiss	Kohlehydrate
Erbsen	74 = 16	43	79 = 18	46
Mehl	20 = 2	15	25 = 3	18
Reis od. Semmel	20 = 1	16	25 = 2	19
	19	74	23	83
Linsen	107 = 28	59	118 = 31	65
Mehl	20 = 2	15	25 = 3	18
—	— —	—	— —	—
	30	74	34	83
Bohnen	106 = 26	59	117 = 29	65
Mehl	20 = 2	15	25 = 3	18
	— —	—	— —	—
	28	74	32	83

	Eiweiss	Kohlehydrate	Eiweiss	Kohlehydrate
Erbsen	60 = 13	35	60 = 13	35
Mehl	10 = 1	7	10 = 1	7
Kartoffeln	146 = 13	32	188 = 4	41
	17	74	18	83
Linsen	80 = 21	44	80 = 21	44
Mehl	10 = 1	7	10 = 1	7
Kartoffeln	105 = 2	23	146 = 3	32
	24	74	25	83
Bohnen	80 = 20	44	80 = 20	44
Mehl	10 = 1	7	10 = 1	7
Kartoffeln	105 = 2	23	146 = 3	32
	23	74	24	83

Mit Zusatz von Fett, von dem noch 19 gr. zur Verfügung stehen, können wir uns auf diese Weise eine ausreichende Portion Gemüse aus Leguminosen herstellen. Allerdings ist dabei noch etwas zu viel Eiweiss; es wäre zwar leicht möglich gewesen, durch einen grösseren Zusatz von Mehl oder von Kartoffeln genau die richtige Mischung zu erhalten, aber die Speise würde uns dann nicht recht munden.

Durch Ersatz eines Theils der Erbsen durch Spätzeln oder noc besser durch Sauerkraut, wie es so häufig geschieht, könnte ebenfalls geholfen werden.

Wir können auch den an Nahrungsstoffen bleibenden Rest durch aus Mehl oder Brod bereitete Speisen zuführen, indem wir das Mehl zu Spätzeln, Rohrnudeln, Pfannenkuchen, Schmarren etc. verarbeiten, das weisse Brod (Semmel) zu Knödeln (mit Mehl) oder Semmelschmarren etc. Man hätte dann ausser Fett und geringen anderen Zusätzen (Milch, Eier) zu nehmen:

	Eiweiss:	Kohlehydrate:	Eiweiss:	Kohlehydrate:
Mehl (zu Spätzeln)	100 = 12	74	113 = 13	83
Semmel und Mehl (zu Knödeln)	80 } 35 } = 12	74	85 } 43 } = 13	83
Semmel (zu Schmarren)	117 = 11	74	138 = 13	83

Von Reis und Mais werden die oben angegebenen Mengen verwendet. Da in 95 gr. Reis etwas zu wenig Eiweiss vorhanden ist, so thut man gut, eine Suppe aus Linsen oder Erbsen vorausgehen zu lassen oder den Gerichten, wie es in der That auch häufig geschieht, etwas geriebenen Käse zuzusetzen.

Von den Kartoffeln vermag man sehr wohl 339—380 gr. zu verzehren; bei der ersteren Portion befindet sich etwas zu wenig Eiweiss, welches jedoch bei Kartoffeln in der Sauce durch Zumischen von etwas Mehl, bei Kartoffelschnitzen durch geröstete Semmelbröckchen, bei Kartoffelbrei durch etwas Milch geliefert werden kann; giebt man Kartoffelsalat oder Kartoffeln in der Schale oder geröstete Kartoffeln, so nimmt man eine Suppe von Leguminosen und erhält so die nöthige Eiweissmenge. Zu Kartoffeln in einer Brühe braucht man z. B. an Kartoffeln und Mehl:

		Eiweiss:	Kohlehydrate:		Eiweiss:	Kohlehydrate
Kartoffeln:	239 =	5	52	280 =	6	61
Mehl:	30 =	4	22	30 =	4	22
		9	74		10	83

In einer Portion Kartoffelsalat, welche für 3 Kreuzer aus einem Wirthshause geholt worden war, fanden sich 307 gr. Kartoffeln, in einer Portion Kartoffelgemüse mit Brühe 368 gr., was mit den von mir geforderten Mengen sehr gut übereinstimmt.

Uebersieht man die noch übrigen Gemüse (Sauerkraut, Weisskraut, Erddotschen, gelbe oder weisse Rüben, grüne Bohnen, Wirsing und Kohl), so erkennt man, dass davon viel zu viel gegeben werden müsste, um die noch nöthige Menge Kohlehydrate zu liefern. In reichlichen Gemüseportionen, welche in einem Wirthshause für je 3 Kreuzer gekauft waren, fanden sich 343 gr. Sauerkraut, 321 gr. Erddotschen und 456 gr. Wirsing; darnach wäre es kaum möglich, die erforderlichen Mengen dieser Gemüse zu verzehren. Es ist also nöthig, entweder einen Theil der Kohlehydrate durch ein anderes Gemüse beizubringen oder viel Mehl bei der Bereitung zuzumischen. Man ist nun auch beinahe durchgängig gewöhnt, mit den genannten Gemüsen Kartoffeln (in der Schale) zu essen, und ich erachte es für einen grossen Triumph, dass dieser Gebrauch aus der wissenschaftlichen Betrachtung als nothwendig abgeleitet werden kann; wir wären nicht leicht im Stande mit einem aus Suppe, Fleisch und jenen Gemüsen bestehenden Mittagessen auszureichen, wenn wir nicht übermässig grosse Mengen der letzteren verzehren.

Zu Sauerkraut können wir zugeben:

		Eiweiss:	Kohlehydrate:		Eiweiss:	Kohlehydrate:
Sauerkraut	350 =	6	28	350 =	6	28
Mehl	30 =	3	22	30 =	3	22
Kartoffeln	110 =	2	24	151 =	3	33
		11	74		12	83
Sauerkraut	350 =	6	28	350 =	6	28
Mehl	30 =	3	22	30 =	3	22
Mehl (zu Spätzeln)	33 =	4	24	45 =	5	33
		13	74		14	83

Ziemlich passend ist es, wie schon vorher gesagt, Erbsen zu Sauerkraut zu geben, und zwar etwa in folgenden Mengen:

		Eiweiss:	Kohlehydrate:
Sauerkraut	300 =	5	24
Mehl	25 =	3	18
Erbsen	55 =	12	32
		20	74

Man könnte auch ohne Kartoffeln mit Sauerkraut allein auskommen, wenn man dasselbe mit Mehl stärker versetzt, so z. B.:

		Eiweiss:	Kohlehydrate:
Sauerkraut	400 =	7	32
Mehl	57 =	7	42
		14	74
oder:			
Sauerkraut	400 =	7	32
Mehl	69 =	8	51
		15	84

Aehnlich wie bei dem Sauerkraut verhält es sich bei den noch übrigen Gemüsen, man setzt entweder Kartoffeln zu oder staubt sie stärker mit Mehl ein, welches letztere namentlich die grünen Bohnen vertragen, die häufig in einer Einbrennsauce gegessen werden. Ich füge die für jedes der Gemüse nöthigen Zusätze hier an:

		Eiweiss:	Kohlehydrate:			Eiweiss:	Kohlehydrate:
Weisskraut	350 =	5	25	Weisskraut	400 =	6	28
Mehl	30 =	3	22	Mehl	62 =	7	46
Kartoffeln	124 =	2	27	—	—	—	—
		10	74			13	74

		Eiweiss:	Kohlehydrate:			Eiweiss:	Kohlehydrate:
Erddotschen	300 =	4	32	Erddotschen	300 =	4	32
Mehl	30 =	3	22	Mehl	55 =	7	42
Kartoffeln	92 =	2	20	—	—	—	—
		9	74			11	74
gelbe Rüben	200 =	3	25	gelbe Rüben	300 =	5	37
Mehl	30 =	3	22	Mehl	50 =	6	37
Kartoffeln	124 =	2	27	—	—	—	—
		8	74			11	74
weisse Rüben	250 =	2	17	weisse Rüben	300 =	2	20
Mehl	30 =	3	22	Mehl	73 =	9	54
Kartoffeln	161 =	3	35	—	—	—	—
		8	74			11	74
grüne Bohnen	300 =	6	19	grüne Bohnen	300 =	6	19
Mehl	30 =	3	22	Mehl	75 =	9	55
Kartoffeln	151 =	3	33	—	—	—	—
		12	74			15	74
Wirsing, Kohl	300 =	6	18	Wirsing, Kohl	300 =	6	18
Mehl	30 =	3	22	Mehl	76 =	9	56
Kartoffeln	156 =	3	34	—	—	—	—
		12	74			15	74

Die noch übrig bleibenden 18 — 19 gr. Fett werden für die Herstellung der Suppe und des Gemüses verwendet.

Man muss nun noch die Gewürze etc. hinzufügen, die ich wegen ihrer zu geringen Menge ganz vernachlässige.

Wir haben mit diesen Betrachtungen unsere Aufgabe erfüllt und die Qualität und Quantität der Nahrungsstoffe angegeben, welche man zu einem aus Suppe, Fleisch und Gemüse bestehenden Mittagessen, das für einen mittelmässig arbeitenden Erwachsenen ausreichend ist, nöthig hat. Es ist nicht meine Sache, noch auszurechnen, wieviel man für ein solches Mittagessen zum Selbstkostenpreise verlangen soll, da mir die Preise der Lebensmittel, wenn sie im Grossen eingekauft werden, nicht hinlänglich bekannt sind, und da ich nicht veranschlagen kann, wie die übrigen Bedürfnisse, wie z. B. die Köche, die Kücheneinrichtungen etc. berechnet werden müssen. Ich dächte aber, dass die Portion für 10 — 12 Kreuzer abgegeben werden könnte. Da nun manche Leute nicht so viel verzehren, z. B. Reconvalescenten, Greise oder Kinder, so möchte ich vorschlagen, nach dem Vorgange der Berliner Volksküchen auch halbe Portionen abzugeben.

Um zu zeigen, wie man nach meinen obigen Angaben genügende Mittagmahlzeiten zusammenstellen kann, füge ich noch einige Beispiele bei, die sich leicht noch vermehren liessen.

1) Semmelsuppe, Rindfleisch und Gemüse aus weissen Bohnen und Kartoffeln.

			Eiweiss:	Fett:	Kohlehydrate:
Semmel (1 Semmel = 42 gr.)	50	=	5	—	30
Fett	5	=	—	5	—
Rindfleisch (163 m. Knochen)	150	=	30	15	—
weisse Bohnen	80	=	20	—	44
Mehl	10	=	1	—	7
Kartoffeln	146	=	3	—	32
Fett	14	=	—	14	—
Schwarzbrod	81	=	9	—	47
			65	34	160

2) Erbsensuppe, Rindfleisch und Weisskraut mit Kartoffeln:

				Eiweiss	Fett	Kohlehydrate
(bei Zusatz von Mehl lässt man ebensoviel an Erbsen weg.)	Erbsen	50	=	11	1	29
	Fett	9	=	—	9	—
Rindfleisch		150	=	30	15	—
Weisskraut		350	=	5	—	25
Mehl		30	=	3	—	22
Fett		10	=	—	10	—
Kartoffeln		124	=	2	—	2
Schwarzbrod		81	=	9	—	47
				60	35	150

3) Reissuppe mit Käse, Rindfleisch, Gemüse aus saueren Kartoffeln:

			Eiweiss	Fett	Kohlehydrate
Reis	50	=	4	—	39
Käse	14	=	6	1	—
Fett	5	=	—	5	—
Rindfleisch	150	=	30	15	—
Kartoffeln	280	=	6	—	61
Mehl	30	=	4	—	22
Fett	14	=	—	14	—
Schwarzbrod	81	=	9	—	47
			59	35	169

4) Erbsensuppe, Kalbsbraten und Kartoffelsalat:

			Eiweiss:	Fett:	Kohle-hydrate:
{ Erbsen	50	=	11	1	29
{ Fett	19	=	—	19	—
Kalbfleisch (161 mit Knochen)	148	=	30	2	—
{ Kartoffeln	380	=	8	—	83
{ Oel	12	=	—	12	—
Schwarzbrod	81	=	9	—	47
			58	34	159

5) Griessuppe, Rindfleisch und Linsengemüse

{ Gries	40	=	5	—	29
{ Fett	5	=	—	5	—
Rindfleisch	150	=	30	15	—
{ Linsen	80	=	21	—	44
{ Mehl	10	=	1	—	7
{ Fett	14	=	—	14	—
Kartoffeln	105	=	2	—	23
Schwarzbrod	81	=	9	—	47
			68	34	150

6) Brennsuppe, Boeuf à la mode und Knödel:

{ Mehl	30	=	3	—	22
{ Fett	10	=	—	10	—
{ Rindfleisch	150	=	30	15	—
{ Mehl	23	=	3	—	17
{ Fett	10	=	—	10	—
{ Semmel	80	= }	12	—	74
{ Mehl	35	= }			
Schwarzbrod	81	=	9	—	47
			57	35	160

7) schwarze Brodsuppe, Rindfleisch und Sauerkraut mit Kartoffeln:

{ Schwarzbrod	60	=	5	1	32
{ Fett	5	=	—	5	—
Rindfleisch	150	=	30	15	—
{ Sauerkraut	350	=	6	—	28
{ Mehl	30	=	3	—	22
{ Fett	14	=	—	14	—
Kartoffeln	151	=	3	—	33
Schwarzbrod	81	=	9	—	47
			56	35	162

8) Kartoffelsuppe, Schweinefleisch und Sauerkraut mit Spätzeln:

			Eiweiss:	Fett	Kohle-hydrate
{ Kartoffeln	180	=	4	—	39
{ Fett	9	=	—	9	—
Schweinefleisch	150	=	30	15	—
{ Sauerkraut	350	=	6	—	28
{ Mehl	30	=	3	—	22
{ Fett	10	=	—	10	—
Mehl	45	=	5	—	33
Schwarzbrod	81	=	9	—	47
			57	34	169

9) Nudelsuppe, eingemachtes Kalbfleisch und Semmeleierhaber:

			Eiweiss	Fett	Kohlehydrate
{ Nudeln	40	=	5	—	29
{ Fett	10	=	—	10	—
{ Kalbfleisch	148	=	30	2	—
{ Mehl	20	=	3	—	15
{ Fett	12	=	—	12	—
{ Semmel	117	=	11	—	74
{ Fett	10	=	—	10	—
Schwarzbrod	81	=	9	—	47
			58	34	165

10) Linsensuppe, Rohrnudeln mit gedörrtem Obst (Fastenessen):

			Eiweiss	Fett	Kohlehydrate
{ Linsen	100	=	26	2	54
{ Fett	12	=	—	12	—
{ Mehl	100	=	12	—	74
{ Fett	21	—	—	21	—
gedörrte Birnen	20	=	—	—	15
Schwarzbrod	81	=	9	—	47
			47	35	190

11) Nudelsuppê, Rindfleisch und gelbe Rüben mit Kartoffeln:

			Eiweiss	Fett	Kohlehydrate
{ Nudeln	40	=	5	—	29
{ Fett	5	=	—	5	—
Rindfleisch	150	=	30	15	—
{ gelbe Rüben	200	=	3	—	25
{ Mehl	30	=	3	—	22
{ Fett	14	=	—	14	—
Kartoffeln	169	=	3	—	37
Schwarzbrod	81	=	9	—	47
			53	34	160

12) Erbsensuppe, Hammelsbraten und Spätzeln:

			Eiweiss:	Fett.	Kohle-hydrate:
{ Erbsen	50	=	11	1	29
{ Fett	12	=	—	12	—
Hammelfleisch	155	=	30	9	—
{ Mehl	113	=	13	—	83
{ Fett	12	=	—	12	—
Schwarzbrod	81	=	9	—	47
			63	34	159

13) Reissuppe, Rindfleisch und Kohl mit Kartoffeln.

{ Reis	50	=	4	—	39
{ Fett	5	=	—	5	—
{ Käse	9	=	4	1	—
Rindfleisch	150	=	30	15	—
{ Kohl	300	=	6	—	18
{ Mehl	30	=	3	—	22
{ Fett	13	=	—	13	—
Kartoffeln	156	=	3	—	34
Schwarzbrod	81	=	9	—	47
			59	34	160

14) Gerstensuppe, Rindfleisch und Kartoffelgemüse in Buttersauce.

{ Gerste	50	=	5	1	37
{ Fett	5	=	—	5	—
Rindfleisch	150	=	30	15	—
{ Kartoffeln	239	=	5	—	52
{ Mehl	30	=	4	—	22
{ Fett	13	=	—	13	—
Schwarzbrod	81	=	9	—	47
			53	34	158

15) Brennsuppe, Blut- und Leberwürste, Sauerkraut:

{ Mehl	30	=	3	—	22
{ Fett	10	=	—	10	—
Leberwurst	200	=	34	27	—
{ Sauerkraut	350	=	6	—	28
{ Mehl	30	=	3	—	22
Kartoffeln	190	=	4	—	41
Schwarzbrod	81	=	9	—	47
			59	37	160

16) Knödelsuppe, Rindfleisch und geröstete Kartoffeln.

		Eiweiss:	Fett:	Kohle-hydrate:
{ Semmel	80 =	8	1	48
{ Fett	5 =	—	5	—
Rindfleisch	150 =	30	15	—
{ Kartoffeln	280 =	6	—	61
{ Fett	13 =	—	13	—
Schwarzbrod	81 =	9	—	47
		53	34	156

17) Kartoffelsuppe, geräucherte Würste und Erbsengemüse mit Reis:

{ Kartoffeln	180 =	4	—	39
{ Fett	5 =	—	5	—
Würste	182 =	30	23	—
{ Erbsen	74 =	16	—	43
{ Mehl	20 =	2	—	15
{ Fett	6 =	—	6	—
Reis	20 =	1	—	16
Schwarzbrod	81 =	9	—	47
		62	34	160

18) Reissuppe, Fleischknödel mit Kohl:

{ Reis	50 =	4	—	39
{ Fett	5 =	—	5	—
Rindfleisch	150 =	30	15	—
Semmel	60 =	6	—	36
{ Kohl	300 =	6	—	18
{ Fett	14 =	—	14	—
{ Mehl	30 =	3	—	22
Schwarzbrod	81 =	9	—	47
		58	34	162

19) Erbsensuppe, Semmelschmarren mit gedörrtem Obst (Fastenessen):

{ Erbsen	50 =	11	1	29
{ Fett	12 =	—	12	—
{ Semmel	130 =	12	—	78
{ Fett	21 =	—	21	—
gedörrte Birnen	20 =	—	—	15
Schwarzbrod	81 =	9	—	47
		32	34	169

20) Gerstensuppe, Boeuf à la mode und Spätzeln:

		Eiweiss:	Fett:	Kohlehydrate:
{ Gerste	50 =	5	1	37
{ Fett	5 =	—	5	—
{ Rindfleisch	150 =	30	15	—
{ Mehl	23 =	3	—	17
{ Mehl	80 =	9	—	59
{ Fett	13 =	—	13	—
Schwarzbrod	81 =	9	—	47
		56	34	160

Diese zwanzig Rezepte, die in ihrem Gehalte nur wenig schwanken, sollen, wie ich nochmals hervorhebe, nur Beispiele sein, wie Einsichtige bei Aufstellung einer Mittagskost unter den angenommenen Bedingungen zu verfahren haben; sie sind nicht gemacht, um einfach für alle Fälle copirt zu werden, denn sie gelten nur für eine bestimmte Voraussetzung, nämlich für einen mittleren rüstigen Arbeiter und für unsere oberbayerischen Verhältnisse. Viele haben sich schon an mich um diese Rezepte gewendet, ich habe aber immer erwiedert, dass dieselben ohne Commentar gar keine Bedeutung haben. Diejenigen, welche meinen, man brauche nur nach den Rezepten kochen zu lassen, um für alle Fälle eine genügende und wohlfeile Mittagskost zu erhalten, werden enttäuscht sein; ein solcher Wunsch kann nicht erfüllt werden.

III.

Die Kost im städt. Krankenhause zu München

untersucht und besprochen

von

Dr. **Friedr. Renk,**

II. Assistent am hygienischen Institute.

Die Nahrung soll bekanntlich den thierischen und menschlichen Organismus auf seinem stofflichen Bestande erhalten oder in einen gewünschten stofflichen Zustand versetzen.

Dieses Ziel kann auf die mannigfaltigste Weise erreicht werden; wir sehen bei der Aufnahme der verschiedensten Nahrungsmittel den gleichen Erfolg eintreten. Aber nur bei einer bestimmten Qualität und Quantität der Nahrung und ihrer Bestandtheile geschieht die Ernährung ohne ein Uebermaass eines der Nahrungsstoffe, ohne zu grosse Belästigung des Darmkanales, und auf die wohlfeilste Weise. Eine solche Nahrung ist dann das Ideal der Nahrung für einen bestimmten Fall. Trotz vielfältiger Versuche ist man noch weit davon entfernt, für den Menschen, selbst für einen mittleren Fall, die ideale Nahrung angeben zu können. Es bedarf zu dem Zwecke noch einer grossen Zahl von Versuchen in mancherlei Richtung, welche viel Zeit und Arbeitskraft in Anspruch nehmen, und nicht unbedeutende Geldmittel erfordern. Aber wir wissen jetzt, wie man solche Versuche einrichten muss, um die Antwort auf die gestellten Fragen zu erhalten, wenigstens so weit als es vorläufig nothwendig ist, und wir können ferner aus den bis jetzt gemachten Erfahrungen schon allerlei Anwendungen machen, namentlich für diejenigen Fälle, wobei es sich um Ernährung einer Anzahl von Menschen handelt, welche die Nahrung nicht frei auswählen können, sondern das ihnen von Anderen Gegebene verzehren müssen.

Einen ganz ausserordentlich complizirten Fall der Art stellt die Ernährung kranker Menschen in Spitälern dar.

Zunächst tritt hier die Verschiedenheit der zu Ernährenden hindernd in den Weg. Während es sich bei der Ernährung von Arbeitern, Soldaten, Gefangenen, Pfründnern etc. um ziemlich gleichartige Individuen handelt, finden sich unter den Kranken möglichst ungleichartige, d. h. unter den verschiedensten Ernährungsverhältnissen und Körperzuständen stehende Menschen. Man weiss, dass für die Grösse des Eiweiss- und Fettverbrauchs nicht nur die Masse des in den Organen abgelagerten Eiweisses und deren Fettgehalt maassgebend ist, sondern auch die Beschaffenheit der Zellen und die Bedingungen, unter denen sie sich befinden. welche in Krankheiten häufig verändert sind. Man ist genöthiget, diesen Umständen gehörig Rechnung zu tragen, und also bei der Ernährung Kranker zu individualisiren. Es hat mich dies im Späteren veranlasst, die Kranken wenigstens in zwei Gruppen zu scheiden, von denen jede ihre bestimmten Ansprüche an die Ernährung erhebt.

Ferner ist es in vielen Fällen nicht möglich, einem kranken Organismus eine Nahrung beizubringen, d. h. so viel, dass er dadurch auf seinem normalen Eiweiss- oder Fettgehalte bleibt, und zwar aus mehreren Gründen. Es kann entweder durch eine Aenderung der Bedingungen der Zersetzung in den Zellen so viel in Zerfall gerathen, dass der sonst normale Darm nicht entsprechend nachzuliefern vermag. Oder es wird im Darmkanale durch Erkrankungen desselben nicht genügend verdaut, resorbirt und ertragen, oder es sind anderweite Störungen im Körper, welche durch Nerveneinflüsse den Appetit rauben und so die gehörige Aufnahme von Speisen und die normale Ausnützung derselben im Darme unmöglich machen. Während ein normaler Darm, wie Versuche, welche in Prof. Voit's Laboratorium angestellt worden sind, die verschiedensten Nahrungsmittel in nahezu gleicher Weise ausnützt, treten bei dem kranken Darm erst die Verschiedenheiten hervor, über die wir aber noch keine messenden Versuche besitzen und die häufig individueller Natur sind.

Bei den abgemagerten Reconvalescenten handelt es sich um eine Wiedergewinnung des Appetits, eine allmähliche Gewöhnung des Darmes und des übrigen Körpers an die theilweise unterbrochenen Funktionen, um eine Wiederherstellung des zu Verlust gegangenen Eiweisses und Fettes. Alles dies erfordert eine bestimmte Art der Ernährung.

Es ist daher unzweifelhaft, dass die Erkennung der richtigen Kost für einen bestimmten Kranken ungleich grösseren Schwierigkeiten begegnet als der für den Gesunden. Es sind kaum Anfänge vorhanden, diese Verhältnisse für den kranken Menschen zu eruiren; einige Versuche von Pettenkofer und Voit über den Gesammtumsatz an einem Diabetiker und einem Leukämischen; die Versuche von Schultzen, Huppert und Riesell über den Eiweissumsatz bei Fiebernden, das ist so ziemlich Alles, was wir Sicheres über die Grösse des Verbrauchs Kranker bei bekannter Zufuhr wissen.

Allerdings hat schon Hippokrates eingehende diätetische Vorschriften gegeben, und haben die Aerzte stets auf die Ernährung der Kranken grosses Gewicht gelegt. Aber man hatte früher nur ganz vage Vorstellungen von der Aufgabe und den Unterschieden der Nahrungsmittel; erst seit man die Bedeutung der einzelnen Nahrungsstoffe für die stofflichen Vorgänge im Thierkörper, und den Gehalt der verschiedenen Nahrungsmittel an diesen Nahrungsstoffen besser kennt, ist eine Auswahl derselben für die Erreichung bestimmter Zwecke am Krankenbette möglich gemacht. Seit diesen Fortschritten in der Physiologie schreiben die Aerzte der richtigen Ernährung der Kranken einen ganz besonderen Werth zu; sie wagen es wieder, den Kranken reichlicher Speisen zuzuführen, nachdem sie eine Zeit lang, von falschen theoretischen Vorstellungen ausgehend, den akut Kranken beinahe jegliche Speise entzogen und denselben dadurch vielleicht mehr geschadet, als durch ihre Arzneien genützt haben. Trotz dieser Erkenntniss und obwohl eine Periode in der Entwicklung der Medizin kam, in welcher man mit übertriebenem Skepticismus alle Arzneien entbehren zu können glaubte und einzig und allein für die Ernährung der Kranken Sorge trug, weiss man doch noch recht wenig Sicheres darüber, was man einem Kranken in den Speisen zu geben hat. Es rührt dies zum grossen Theile daher, dass nur spärliche Versuche am kranken Menschen vorliegen und man bisher beinahe ausschliesslich nur die Qualität der Zufuhr und nicht die nöthige Quantität derselben berücksichtigte. Hier liegt ein weites Feld für die folgenreichsten Untersuchungen vor.

Man gebraucht jedoch vielfach, aus Unbekanntschaft mit der heutigen Lehre von der Ernährung, dasjenige nicht, was man mit Nutzen schon anwenden könnte. In dieser Beziehung sind es besonders die unklaren und unbestimmten Ausdrücke, welche grossen Schaden anrichten. Man identifizirt einen Nahrungsstoff mit der Nahrung, nennt ersteren fälschlich nährend und meint, seine Schuldigkeit gethan zu haben, wenn man etwas „Nährendes" zugeführt hat, während man doch nur einen Theil des Nährenden oder der täglichen Nahrung gegeben hat. Es würden viele Missverständnisse unmöglich gemacht und viel Unheil vermieden werden, wenn man sich an die Definitionen, welche Prof. Voit von Nahrung und Nahrungsstoff, nährend und nahrhaft aufgestellt hat, immer strengstens halten würde. In den Lehr- und Handbüchern der Pathologie finden sich leider noch vielfach Ausdrücke einer längst vergangenen Zeit, welche heutzutage gar keinen Sinn oder einen ganz anderen als den früher damit verbundenen haben. Man entschliesst sich schwer, dieselben zu verbannen, da man daran gewöhnt ist; den Schaden hat vor Allem derjenige, der nicht nach dem Sinne solcher Worte fragt und dennoch meint, etwas damit zu wissen. Da heisst es z. B., der Fieberkranke muss „kräftig" ernährt werden, aber man macht sich nicht klar, was das Wort kräftig bedeutet, unter dem man allerlei Verschiedenes verstehen kann: nämlich einen Stoff, welcher bei seinem Zerfalle lebendige Kraft, also Wärme oder mechanische Leistung erzeugt, oder einen Stoff, welcher nur die Nerven- und Nervencentralorgane in die Verfassung setzt, leichter die Widerstände zu überwinden, oder auch einen Stoff, welcher zum Ansatz gelangt und den vorher abgemagerten Körper dadurch wieder leistungsfähig macht. Also man sagt, man solle kräftige, roborirende Diät reichen, nämlich: „kräftige" Fleischbrühen, Eier, Milch etc., wobei Substanzen von der ungleichartigsten Bedeutung zusammengeworfen werden und das Wort „kräftig" in ganz verschiedener Weise aufgefasst wird. Man spricht andererseits von entziehender Diät, welche antifebril und antiphlogistisch wirken soll; und worin besteht diese Diät: in der Darreichung von Amylaceen. Man kann sich wohl keinen grösseren Unsinn denken; Phrasen der Art wirken auf denjenigen, der mit einigen Kenntnissen versehen, sich Rechenschaft über die gebrauchten Worte zu geben sucht, in demselben Grade verletzend ein, wie eine schrille Dissonanz auf ein musikalisch gebildetes Ohr. Es wäre wirklich recht viel gewonnen, wenn man sich endlich entschlösse, solche Worte nicht mehr zu gebrauchen.

Ehe man mit Aussicht auf Erfolg an die Lösung der Aufgabe der richtigen Ernährung der Kranken gehen kann, ist es vor Allem nöthig, für den Anfang möglichst einfache Fragen zu stellen. Sowie die einfache Untersuchung der gewöhnlichen Kost des gesunden Menschen auf eine Anzahl von früher wenig beachteten Punkten aufmerksam gemacht und etwas Licht in dies vorher dunkle Gebiet gebracht hat, so dass es jetzt leichter gelingt, Anhaltspunkte für weitere Untersuchungen zu gewinnen, so scheint es auch bei der Ernährung des Kranken am natürlichsten zu sein, zunächst einmal die jetzt gereichte und der Erfahrung nach als gut befundene Kost in einem wohl dotirten Krankenhause einer näheren Betrachtung zu unterziehen. Man kennt vorzüglich die Verhältnisse der Reconvalescentenkost in einer Anzahl von Fällen, von den anderen Kostarten ist nur wenig bekannt; man kann wohl sagen, dass kein Arzt sich klar bewusst ist, was er bei einem bestimmten Regime reicht und den wievielsten Theil der für einen Gesunden nöthigen Nahrungsstoffe er darin giebt. Man sollte denken, dass schon ein solcher Vergleich zu allerlei interessanten Betrachtungen Veranlassung geben muss.

Es sind einige Angaben über den Gehalt von Kostsätzen für Kranke an den hauptsächlichsten organischen Nahrungsstoffen vorhanden.

Beneke[1]) hat im Jahre 1853 eine werthvolle „statistische Uebersicht

[1]) Beneke, Archiv f. physiolog. Heilkunde 1853. 12. Jahrg. S. 409.

der in den Hauptverpflegungsanstalten Londons vorschriftsmässig eingehaltenen Diäten mit einer Berechnung des Verhältnisses der genossenen stickstoffhaltigen und stickstofffreien Substanzen" gegeben. Darunter findet sich auch die Diät in Hospitälern, aber nur die für die Reconvalescenten. Es war ihm vorzüglich darum zu thun, das Verhältniss der stickstoffhaltigen zu den stickstofffreien Substanzen der Nahrung zu berechnen.

Man hat sich früher gewöhnlich nicht klar gemacht, warum denn diese Stoffe in einem gewissen Verhältnisse in unserer Nahrung genommen werden; man brachte es meist in Zusammenhang mit der nöthigen Arbeitsleistung und Wärmeerzeugung. Wir beurtheilen jetzt die Bedeutung der richtigen Mischung der Nahrungsstoffe anders, seitdem wir zur Bemessung ihres Werthes für die Ernährung nur ihre stoffliche Wirkung ins Auge fassen. Darnach ist es bekannt, dass man unter Zusatz von stickstofffreien Substanzen die geringste Menge von Eiweiss in der Kost bieten kann, welche einen Organismus unter gewissen Verhältnissen auf seinem Eiweissbestande erhält, und dass dazu eine gewisse Menge von Fett und Kohlehydraten gegeben werden muss, um die Fettabgabe zu verhüten. Man kann aber auch mit einer grösseren Quantität von Eiweiss und unter Abzug von Fett und Kohlehydraten stofflich das Gleiche erreichen, ohne dass dabei die Gesundheit geschädiget wird. Das Verhältniss von Fett und Kohlehydraten ist ebenfalls sehr wechselnd; es ist kaum möglich, nur mit Fett oder nur mit Kohlehydraten den Körper vor Fettverlust zu schützen; eine gewisse Mischung der beiden Substanzen ist wohl die beste, aber je nach Gewohnheit, je nach den Mitteln etc. ist sie bei den verschiedenen Menschen höchst ungleich. Die Fette spielen in mancher Beziehung eine ganz andere Rolle in der Nahrung als die Kohlehydrate; es ist desshalb die beliebte Berechnung des Fettes auf sein Aequivalent Kohlehydrat eine fehlerhafte, ganz abgesehen davon, dass die beiden sich nicht in dem meist angenommenen Verhältnisse von 100 : 240 in ihrer Wirkung auf die Erhaltung des Fettbestandes ergänzen. Nur desshalb, weil in den meisten Fällen die Kohlehydrate in so überwiegend grosser Menge genossen werden, hat sich annähernd das gleiche Verhältniss der stickstoffhaltigen Stoffe herausgerechnet. Um eine Einsicht in die Art der Ernährung zu erhalten, muss man die Menge von Eiweiss, Fett und Kohlehydraten kennen, aber auch wissen, in welchen Nahrungsmitteln dieselben gereicht werden.

Beneke hat nun Folgendes über die Diät männlicher und weiblicher Reconvalescenten in den Hospitälern Londons bei ruhiger Beschäftigung angegeben. Die Mengen der Nahrungsmittel sind dabei in Gramm ausgedrückt.

Ort		Alter	Fleisch zubereitet	Brod	Kartoffeln	Zucker	Mehl	Fett	Milch	Cakao	Bier	Reis
16. Middlesex Hospital		—	117	351	234	—	44	—	292	—	—	—
17. Bartholomews Hospital		—	117	351	234	—	29	22	292	—	585	—
18. Hospital for Consumption Brompton		—	117	351	154	—	4	—	401	29	—	—
19. St. George s Hospital		—	175	351	234	—	44	29	292	—	585	—
20. Westminster Hospital		—	224	409	351	—	88	—	292	—	—	—
21. German Hospital Dalston		—	117	351	234	—	44	29	585	—	—	—
22. Woolwich-Hospital		—	159	351	468	15	—	—	292	—	—	22
23. R. Sea-bathing Infirmary Margate	a.	10—40	217	501	217	—	—	12	334	8	1169	37
(scrophulöse Kinder)	b.	4—10	159	401	217	—	—	8	334	8	585	37
24. Metropolit. Establishment Margate	a.	5—10	83	264	167	—	—	17	292	—	104	50
(scrophulöse Kinder)	b.	10—16	125	409	334	29	—	25	146	—	209	—
25. Chateau Bellevue (scrophulöse Erwachsene)		16—40	171	409	334	15	—	25	292	—	585	12

Daraus berechnen sich folgende Mengen von Eiweiss, Fett und Kohlehydraten[1]).

		Eiweiss:	Fett:	Kohlehydrate:
16.		85	28	297
17.		83	50	291
18.		83	32	254
19.		100	65	308
20.		125	43	388
21.		97	68	309
22.		87	34	347
23.	a.	123	55	438
	b.	89	43	340
24.	a.	65	40	245
	b.	83	48	359
25.		102	60	364

Lässt man die Kostsätze 23. b. und 24. a. und b., als für Kinder bis zu 16 Jahren bestimmt, weg, so ergiebt sich im Mittel für die Reconvalescenten-Diät Erwachsener 96 gr. Eiweiss, 47 gr. Fett und 338 gr. Kohlehydrate.

Hildesheim hat im Jahre 1856 in seiner Normaldiät versucht, die Nahrung des Menschen für verschiedene Verhältnisse nach den damals bekannten Stoffwechselgleichungen von Barral, den Bestimmungen der im Athem ausgeschiedenen Kohlensäure, und des im Harn und Koth enthaltenen Stickstoffs zu construiren. Er stellte 12 Abstufungen der Diät für Kranke auf, welche in den Mengen der Nahrungsstoffe allmählich abfallen, Eiweiss und Fett rascher als die Kohlehydrate, ohne dass ein Grund

[1]) 110 gr gebratenes Fleisch = 133 gr. rohes mit 26 1 gr Eiweiss und 14 gr. Fett. Im Brod sind 9.2%o Eiweiss und 57.3% Stärkemehl.

dafür angegeben ist. Es mag dem Arzte schwer fallen, sich für die eine oder die andere dieser vielen Stufen zu entscheiden, da wir bis jetzt viel zu wenig die wirklichen Bedürfnisse der Kranken in dieser Beziehung kennen.

Es soll die Normal-Diät-Verpflegung nach Hildesheim in Gramm berechnet, enthalten:

		Diätstufe:	Eiweiss:	Fett:	Kohlehydrate:
I.	Reconvalescenten- oder ganze Kost	1.	146	44	499
		2.	131	39	473
		3.	117	35	447
		4.	102	31	420
II.	¾ Kost	5.	88	26	394
		6.	73	22	368
	½ Kost	7.	58	17	342
		8.	44	13	315
III.	¼ Kost	9.	29	9	289
		10.	15	4	263
IV.	leere Kost	11.	—	—	236
		12.	—	—	118

Diese Nahrungsstoffe sollen nun für die 12 Diätstufen in folgenden Nahrungsmitteln gegeben werden:

Diätstufe	Brod	Fleisch	Butter	Mehl	nach Wahl: Hülsenfrüchte	nach Wahl: Nudeln	nach Wahl: Hirse	nach Wahl: Kartoffeln	Zucker
1.	702	234	42	117	234	117	175	701	—
2.	643	195	38	117	234	117	175	701	—
3.	585	156	35	117	234	117	175	701	—
4.	526	117	31	117	234	117	175	701	—
				Grütze	Graupe	Reis	Grütze		
5.	466	156	23	117	117	117	117	—	—
6.	408	117	19	117	117	117	117	—	—
7	350	78	15	117	117	117	117	—	—
8.	292	39	11	117	117	117	117	—	—
	Semmel								
9.	176	—	7	176	88	88	88	—	—
10.	88	—	5	88	88	88	88	—	88
11.	—	—	—	— } 176 }	—	—	—	—	234 } 117 }
12.	—	—	—	—	—	—	—	—	117

Nach Aufstellung dieser Kostsätze erscheint ihm die in Wirklichkeit verabreichte Kost in den preussischen Lazarethen ungenügend. Dieselbe ist combinirt aus gewöhnlicher Kost mit Extraverordnungen. Die gewöhnliche Kost hat 4 Diätstufen, welche in der Menge der darin enthaltenen Nahrungsstoffe folgende Werthe haben:

	Eiweiss:	Fett:	Kohlehydrate:
1.	125	19	507
2.	84	19	401
3.	56	18	146
4.	18	18	110

Diese Nahrungsstoffe werden in einer Anzahl von Nahrungsmitteln verabreicht, welche in dem gleich zu erwähnenden Buche von Kirchner ebenfalls ausführlich aufgezählt sind.

Die in den 4 Diätformen angegebenen Speisen können aber durch eine grosse Anzahl von Extraverordnungen erhöht und verändert werden, was Hildesheim in 46 Combinationen berechnet, welche sich zwischen dem Gehalte von 158 gr. Eiweiss, 26 gr. Fett und 507 gr. Kohlehydraten einerseits und 18 gr. Eiweiss, 18 gr. Fett und 110 gr. Kohlehydraten andererseits bewegen. Gerade in der Möglichkeit, so viele Extraspeisen nach Belieben zu geben, liegt der Vorzug dieser Art der Krankenverpflegung, während es geradezu entsetzlich ist, einem Reconvalescenten täglich den Consum von 702 gr. Brod zuzumuthen, die er sicherlich nicht verzehrt. —

Kirchner hat in seiner Militärhygiene vom Jahre 1869 eine Berechnung mehrerer Kostsätze in Militärspitälern gegeben, von denen wir einige nur wenig differirend bei Roth und Lex wiederfinden. Er giebt die 4 Formen der Krankendiät in preussischen Lazarethen an, wobei aber einige andere Zahlen als bei Hildesheim sich finden:

		1. Diätform:	2. Diätform:	3. Diätform:	4. Diätform:
im ganzen Tag	Brod	585	292	—	—
	Semmel	—	—	146	73
	Fleisch	146	146	146	—
Frühsuppe	Mehl	51	36	29	29
	Hafergrütze	51	36	29	29
	Gerstengrütze	51	36	29	29
	Butter	—	—	—	—
Mittag	Reis	88	58	44	—
	Graupen	95	66	44	—
	Erbsen	205	146	—	—
	Bohnen	205	146	—	—
	Linsen	205	146	—	—
	Hirse	127	88	63	—

		1. Diätform:	2 Diätform:	3. Diätform:	4 Diätform:
Mittag	Nudeln	102	73	44	—
	Reis	58	44	29	—
	Kartoffeln	127	73	44	—
	Graupen	58	44	29	—
	Kartoffeln	127	73	44	—
	Erbsen	146	102	—	—
	Kartoffeln	219	146	—	—
	Bohnen	146	102	—	—
	Kartoffeln	219	146	—	—
	Linsen	146	102	—	—
	Kartoffeln	219	146	—	—
	Kartoffeln	731	585	—	—
	Mohrrüben	585	439	—	—
	Kartoffeln	219	146	—	—
	weisse Rüben	585	439	—	—
	Kartoffeln	219	146	—	—
	Kohlrüben	439	292	—	—
	Kartoffeln	219	146	—	—
	Kohlrabi	439	292	—	—
	Kartoffeln	219	146	—	—
	Weisskohl	439	292	—	—
	Kartoffeln	219	146	—	—
	Wirsing	439	292	—	—
	Kartoffeln	219	146	—	—
	grüne Bohnen	439	292	—	—
	Kartoffeln	219	146	—	—
	grüne Erbsen	219	219	146	—
	Mohrrüben	585	439	292	—
	Spinat	—	—	?	?
Abendsuppe	Buchweizengrütze	73	58	43	43
	Gerstengrütze	51	36	29	29
	Hafergrütze	51	36	29	29
	Weizengries	51	36	29	29
	Kartoffeln	585	439	292	—
	Hirse	73	58	43	43
	Brod	146	102	—	—
	Semmel	102	73	58	43
	Mehl	51	36	29	29
	Butter	11	7	5	5

Darin sind nach Kirchner an Eiweiss, Fett und Kohlehydraten im Mittel:

		Eiweiss:	Fett:	Kohlehydrate:
1)	Frühsuppe	6.9	11.2	30.9
	Mittag	43.0	15.9	114.4
	Abendsuppe	6.9	13.0	56.7
	Brod	46.8	8.8	287.7
	Summe [1]):	112	53	553
2)	Frühsuppe	4.6	7.5	25 4
	Mittag	38.3	14 7	79.5
	Abendsuppe	5.6	8.9	42.0
	Brod	23.4	4.4	143.8
	Summe:	76	38	330
3)	Frühsuppe	3.4	5.2	15.1
	Mittag	25.7	13.5	28.8
	Abendsuppe	3.5	6.8	30.5
	Brod	11.7	2.2	71.9
	Summe:	45	29	172
4)	Frühsuppe	3.4	5.2	15.1
	Mittag	0.8	2.0	23.7
	Abendsuppe	3.2	6.1	24.1
	Brod	11.4	0.9	53.6
	Summe:	21	15	137

Zu dieser gewöhnlichen Kost können ebenfalls noch Extraspeisen mannigfacher Art gegeben werden.

In dem Buche von Esse (die Krankenhäuser, Berlin 1857) findet sich auf Seite 261 das Speiseregulativ für das Charitékrankenhaus angegeben, ebenso in den Charitéannalen (1875 S. 760). Das ältere Regulativ ist nach der letzteren Mittheilung vielfach abgeändert worden; ich war trotz mehrmaliger Bemühungen, namentlich wegen der vielfachen Extraspeisen, nicht im Stande, eine übersichtliche Berechnung der im Regulativ gereichten Menge der Nahrungsstoffe zu machen.

Die von Kirchner mitgetheilte Beköstigung in französischen Militärhospitälern umfasst 7 Stufen mit folgenden Werthen:

---

[1]) Nach Abzug von 1/5 des Fleisches für Knochen.

	Eiweiss:	Fett:	Kohlehydrate:
ganze Kost	119	57	448
⅔ Kost	91	47	357
½ Kost	70	39	225
¼ Kost	35	25	134
⅛ Kost	19	17	89
Brodkost	14	36	89

Es liegen ausführliche Tabellen bei Kirchner vor, in welchen Nahrungsmitteln diese Nahrungsstoffe gegeben werden.

In englischen Militärlazarethen sind nach Kirchner 10 Koststufen eingeführt mit folgenden Nahrungsmitteln:

	Theediät	Suppendiät	Bouillondiät	Milchdiät	Schmale Diät	Hühnerdiät	Halbe Diät	Fischdiät	Bratendiät	Ganze Diät
Brod	227	227	340	396	396	509	453	509	509	453
Thee	14	7	7	—	7	7	7	7	7	7
Zucker	71	42	42	28	42	42	42	42	42	42
Milch	170	170	170	1704	170	170	170	170	170	170
Rindfleisch	—	—	226	—	—	—	—	—	—	—
Fleisch	—	—	—	—	227	—	227	—	227	340
Hühner	—	—	—	—	—	227	—	—	—	—
Fisch	—	—	—	—	—	—	—	227	—	—
Salz	—	—	14	—	14	14	21	21	21	21
Butter	—	—	—	—	28	28	28	56	28	28
Kartoffeln	—	—	—	—	—	—	227	227	227	454
Gemüse	—	—	—	—	—	—	113	—	113	113
Reis	—	—	—	57	—	—	—	—	—	—
Graupe	—	—	—	—	—	—	42	—	—	42
Mehl	—	—	—	—	—	—	7	—	—	7

Darin sind enthalten:

	Eiweiss:	Fett:	Kohlehydrate:
Theediät	25	10	188
Suppendiät	27	10	234
Bouillondiät	68	30	216
Milchdiät	102	69	354
Schmale Diät	99	27	328
Hühnerdiät	96	44	300
Halbe Diät	87	59	367
Fischdiät	89	91	353
Bratendiät	102	29	359
Ganze Diät	107	69	533

Heusner (Correspond.-Blatt d. Niederrhein. Vereins f. öffentl. Gesundheitspflege Bd. 4. Nr. 4, 5 und 6) hat die Diättafel aus dem Homerton Fever Hospital zu London mitgetheilt, aus der sich für Kinder von 10 Jahren und darunter bei ganzer Form für den Tag: 122 gr. Eiweiss, 104 gr. Fett und 216 gr. Kohlehydrate berechnen; für Männer und Frauen bei halber Form: 109 gr. Eiweiss, 77 gr. Fett und 274 gr. Kohlehydrate; bei ganzer Form: 111 gr. Eiweiss, 58 gr. Fett und 325 gr. Kohlehydrate. Ich gestehe, dass ich die Gründe für diese eigenthümliche Ausscheidung der Kost, in welcher Kinder mehr als Erwachsene erhalten und bei halber Form ebensoviel Eiweiss und mehr Fett gegeben wird als bei ganzer Form, nicht erkennen kann.

Dies sind so ziemlich die einigermassen vollständigen und brauchbaren Nachrichten über die Zusammensetzung der in Spitälern eingeführten Kostsätze. Aber auch diese Angaben sind wenig genau, da sie nur auf die Vorschriften, wieviel zu dieser oder jener Speise an Material genommen werden soll, gegründet sind und man sich nicht überzeugt hat, ob wirklich so viel gegeben worden ist. Bei der Beschreibung der von mir befolgten Methoden werden noch weitere erhebliche Fehler, welche der einfachen Berechnung der Kost nach dem vorgeschriebenen Speisezettel ankleben, sich ergeben.

Ich habe die in dem grossen städtischen Krankenhause zu München links der Isar gebrauchte Kost einer näheren Prüfung unterzogen, wozu ich als damaliger Assistent am Spitale die beste Gelegenheit hatte.

Bevor ich zu meinem Thema übergehe, möchte ich noch meinen Dank aussprechen, vor Allem dem Herrn Prof. Voit, welcher mich zu dieser Arbeit aufforderte und in dessen Laboratorium ich die nöthigen Analysen ausführte, sodann dem Magistrate, der mir alle zu den Untersuchungen nöthigen Speisen zur Verfügung stellte, und endlich dem Orden der barmherzigen Schwestern, dessen Mitglieder mich aufs Bereitwilligste bei meinen Arbeiten in der Küche unterstützten.

Erster Theil.

Ermittlung der Zusammensetzung der Kostsätze.

Die Kost der Kranken wird in den beiden städtischen Krankenanstalten Münchens nach einer im Jahre 1872 abgeschlossenen Uebereinkunft von dem die Pflege der Kranken besorgenden Orden der barmherzigen Schwestern geliefert, welcher die Nahrungsmittel anzuschaffen und vollkommen zuzubereiten hat, und dafür dem Magistrate die Zahl der abgelieferten Tagesportionen verrechnet. Diese Uebereinkunft ist in der Beilage zu Nr. 17

der Münchener Gemeindezeitung 1872 abgedruckt. Die Kost zerfällt nach der Verordnung in Diät, 1/4 Kost, 1/2 Kost, 3/4 Kost und ganze Kost, von denen jede wieder durch bestimmte Veränderungen in mehrere Arten abgetheilt ist. In Folge dessen kann täglich verordnet werden:

Diät, Milchdiät;

1/4 Kost, entweder mit Milch oder Auflauf oder Eier oder Obst oder Mus;

1/2 Kost, entweder mit Milch Morgens oder Hachée, oder Zulage Abends, oder Mehlspeise oder Milchspeise;

3/4 Kost mit Rindfleisch oder Kalbfleisch;

ganze Kost, ganze Kost mit Mehlspeise oder Milchspeise.

Alle diese Kostarten unterliegen einer täglichen Abwechslung in den Suppen, Gemüsen, Mehlspeisen und Milchspeisen, und auch in der Zubereitung des Kalbfleisches.

Zu den Speisen können noch Getränke ordinirt werden von 1/4 — 1 Liter Bier, 1/4 — 1/5 Liter Milch, und eine Anzahl Extraspeisen z. B. Nachmittags Kaffee, Thee, Schinken, Butter, Käse, Häringe, Eier und Brod, deren Ordination jedoch der Bestätigung der Oberärzte bedarf.

Die Kostordnung ist nun folgendermassen festgesetzt:

Zeit	Diät	Viertelkost	Halbe Kost	Dreiviertelkost	Ganze Kost
Morgens	Kaffee 1/8 L. mit 15 Zucker oder Fleischsuppe mit Schnittchen oder Schleimsuppe od Milch je 1/4 L.	Kaffee 1/4 L. mit 15 Zucker und Semmel oder Milch 1/4 L. mit Semmel oder Fleischsuppe 1/4 L.	Kaffee 1/4 L. mit 15 Zucker und Semmel oder Milch 1/4 L. und Semmel oder Fleischsuppe 1/4 L.	Kaffee 1/4 L. mit 15 Zucker und Semmel oder Milch 1/4 L. und Semmel oder Fleischsuppe 1/4 L.	Kaffee 1/4 L. mit 15 Zucker und Semmel oder Milch 1/4 L. und Semmel oder Fleischsuppe 1/4 L.
Mittag	leere Fleischsuppe 1/4 L. od. mit Schnittchen oder leere Schleimsuppe oder Pflaum-, Eigelb-, Panadelsuppe je 1/4 L. oder Milch 1/4 L.	eingek. Suppe oder Sauce oder Obstspeise od. Milch je 1/4 L. mit Semmel	eingek. Suppe 1/4 L. 100 Kalbfleisch gedünstet, in Sauce, gebraten od Mehlspeise od. Milchspeise mit Semmel	eingek Suppe 1/4 L. 96 Rindfleisch mit 1/4 L. Gemüse oder 100 Kalbfleisch gedünstet, in Sauce, gebraten mit Semmel	eingek. Suppe 1/4 L. 150 Rindfleisch mit 1/4 L. Gemüse od. Mehlspeise od. Milchspeise mit Semmel

Zeit	Diät	Viertelkost	Halbe Kost	Dreiviertelkost	Ganze Kost
Abends	leere Fleischbrühe ¼ L. od. mit Schnittchen oder Schleimsuppe oder Pflaum-, Eigelb-, Panadelsuppe je ¼ L. oder Milch ¼ L.	Fleischsuppe od. Milchsuppe ¼ L. mit Semmel	eingek. Suppe ¼ L. oder mit: 2 mal 70 Kalbsbraten 3 mal ¼ L. Kalbfleischsauce 2 mal Milchspeise mit Semmel	eingek. Suppe ¼ L. mit: 2 mal 70 Kalbsbraten 3 mal Kalbfleischsauce 2 mal Milchspeise mit Semmel	eingek. Suppe ¼ L. mit: 2 mal 100 Kalbsbraten 3 mal 100 eingemachtes oder gedünstetes Kalbfleisch 2 mal Milchspeise mit Semmel

Der Speisezettel lautet für die verschiedenen Kostarten und für jeden Tag wie folgt:

Viertelskost:

	Sonntag	Montag	Dienstag	Mittwoch	Donnerstag	Freitag	Samstag
Morgens	Kaffee und Semmel od. Milch u. Semmel od. Panadelsuppe	Kaffee und Semmel od. Milch u. Semmel od. Reissuppe	Kaffee und Semmel od. Milch u. Semmel od. Panadelsuppe	Kaffee und Semmel od. Milch u. Semmel oder Pflaumsuppe	Kaffee und Semmel od. Milch u. Semmel od. Panadelsuppe	Kaffee und Semmel od. Milch u. Semmel od. Reissuppe	Kaffee und Semmel od. Milch u. Semmel od. Eiergerste
Mittag	Nudelsuppe Sauce od. Obst od. Milch mit Semmel	Reissuppe Sauce od. Obst od. Milch mit Semmel	Eiergerste Sauce od. Obst od. Milch mit Semmel	Rollgerste Sauce od. Obst od. Milch mit Semmel	Wirsingsuppe od. Kräutersuppe Sauce od. Obst od. Milch mit Semmel	Griessuppe Sauce od. Obst od. Milch mit Semmel	Panadelsuppe Sauce od. Obst od. Milch mit Semmel
Abends	Sagosuppe od. Milch mit Semmel	Griessuppe od. Milch mit Semmel	Rollgerste od. Milch mit Semmel	Reissuppe od. Milch mit Semmel	Rollgerste od. Milch mit Semmel	Panadelsuppe od. Milch mit Semmel	Gries od. Milch mit Semmel

Halbe Kost:

	Sonntag	Montag	Dienstag	Mittwoch	Donnerstag	Freitag	Samstag
Morgens	Kaffee und Semmel od. Milch u. Semmel od. Panadelsuppe	Kaffee und Semmel od. Milch u. Semmel od. Reissuppe	Kaffee und Semmel od. Milch u. Semmel od. Panadelsuppe	Kaffee und Semmel od. Milch u. Semmel od. Pflaumsuppe	Kaffee und Semmel od. Milch u. Semmel od. Panadelsuppe	Kaffee und Semmel od. Milch u. Semmel od. Reissuppe	Kaffee und Semmel od. Milch u. Semmel oder Eiergerstensuppe
Mittag	Nudelsuppe Kalbfleisch gebraten od. abgetrocknete Nudel od. Semmelmus mit Semmel	Reissuppe Kalbfleisch eingemacht od. Mehlschmarrn od. Reisbrei mit Semmel	Eiergerstensuppe Kalbfleisch gedünstet od. Semmelnudel od. Semmelmus mit Semmel	Rollgerstensuppe Kalbfleisch eingemacht od. Griesschmarrn od. Griesbrei mit Semmel	Wirsingsuppe (Nov.—April) Kräutersuppe (Mai—Oct.) Kalbfleisch gebraten od. abgetrocknete Nudel od. Mehlbrei mit Semmel	Griessuppe Kalbfleisch gedünstet od. Dampfnudel od. geschnitt. Nudel mit Semmel	Panadelsuppe Kalbfleisch eingemacht od. Mehlschmarrn od. Reisbrei mit Semmel
Abends	Sagosuppe od. mit Kalbsbraten mit Semmel	Griessuppe od. mit Sauce mit Semmel	Rollgerstensuppe od. mit Reisbrei mit Semmel	Reissuppe od. mit Sauce mit Semmel	Rollgerstensuppe od. mit Kalbsbraten mit Semmel	Panadelsuppe od. mit Griesbrei mit Semmel	Griessuppe od. mit Sauce mit Semmel

Dreiviertelskost:

	Sonntag	Montag	Dienstag	Mittwoch	Donnerstag	Freitag	Samstag
Morgens	Kaffee und Semmel od. Milch u. Semmel od. Panadelsuppe	Kaffee und Semmel od. Milch u. Semmel od. Reissuppe	Kaffee und Semmel od. Milch u. Semmel od. Panadelsuppe	Kaffee und Semmel od. Milch u. Semmel od. Pflaumsuppe	Kaffee und Semmel od. Milch u. Semmel od. Panadelsuppe	Kaffee und Semmel od. Milch u. Semmel od. Reissuppe	Kaffee und Semmel od. Milch u. Semmel od. Eiergerstensuppe

	Sonntag	Montag	Dienstag	Mittwoch	Donnerstag	Freitag	Samstag
Mittag	Nudelsuppe Rindfleisch Blaukraut Jan. — März Oct. — Dez. gelbe Rüben Apr. — Juni Wirsing Juli -- Sept. od. Kalbfleisch gebraten mit Semmel	Reissuppe Rindfleisch Kohlrüben Jan. — Mai Juli — Dez. Linsen Juni od. Kalbfleisch eingemacht mit Semmel	Eiergerstensuppe Rindfleisch Wirsing Jan. — März Jul. — Dez. Erbsen Apr. — Jun. od. Kalbfleisch gedünstet mit Semmel	Rollgerstensuppe Rindfleisch Weisskraut Jan. — Febr. Sept. — Dez. gelbe Rüben März Spinat Apr. — Aug. od. Kalbfleisch eingemacht mit Semmel	Wirsingsuppe Nov. — April Kräutersuppe Mai — Oct. Rindfleisch gelbe Rüben Juli — Oct. Erdkohlraben Jan. — Mai Nov. — Dez. Bohnen Juni od. Kalbfleisch gebraten mit Semmel	Griessuppe Rindfleisch Erbsen Jan. — März Spinat Apr. — Sept. weisse Rüben Oct. — Dez. od. Kalbfleisch gedünstet mit Semmel	Panadelsuppe Rindfleisch Kartoffel in Sauce Jan. — März Oct. — Dez. dürre Bohnen Apr. — Juni grüne Bohnen Juli — Sept. od. Kalbfleisch eingemacht mit Semmel
Abends	Sagosuppe Kalbsbraten mit Semmel	Griessuppe Sauce mit Semmel	Rollgerstensuppe Reisbrei mit Semmel	Reissuppe Sauce mit Semmel	Rollgerstensuppe Kalbsbraten mit Semmel	Panadelsuppe Griesbrei mit Semmel	Griessuppe Sauce mit Semmel

Ganze Kost:

	Sonntag	Montag	Dienstag	Mittwoch	Donnerstag	Freitag	Samstag
Morgens	Kaffee und Semmel od. Milch u. Semmel od. Panadelsuppe	Kaffee und Semmel od. Milch u. Semmel od. Reissuppe	Kaffee und Semmel od. Milch u. Semmel od. Panadelsuppe	Kaffee und Semmel od. Milch u. Semmel od. Pflaumsuppe	Kaffee und Semmel od. Milch u. Semmel od. Panadelsuppe	Kaffee und Semmel od. Milch u. Semmel od. Reissuppe	Kaffee und Semmel od. Milch u. Semmel od. Eiergerstensuppe

	Sonntag	Montag	Dienstag	Mittwoch	Donnerstag	Freitag	Samstag
Mittag	Nudelsuppe Rindfleisch Blaukraut Jan. — März Oct. — Dez. gelbe Rüben Apr. - Juni Wirsing Juli — Sept. od. abgetrocknete Nudel od. Semmelmus mit Semmel	Reissuppe Rindfleisch Kohlrüben Jan. — Mai Juli — Dez. Linsen Juni od. Mehlschmarrn od. Reisbrei mit Semmel	Eiergerstensuppe Rindfleisch Wirsing Jan. — März Juli — Dez. Erbsen Apr. — Juni od. Semmelnudel od. Semmelmus mit Semmel	Rollgerstensuppe Rindfleisch Weisskraut Jan. — Febr. Sept. — Dez. gelbe Rüben März Spinat Apr. — Aug. od. Griesschmarrn od Griesbrei mit Semmel	Wirsingsuppe Nov. — Apr. Kräutersuppe Mai — Oct. Rindfleisch gelbe Rüben Juli — Oct. Erdkohlraben Jan. — Mai Nov. — Dez. Bohnen Juni od. abgetrocknete Nudel od. Mehlbrei mit Semmel	Griessuppe Rindfleisch Erbsen Jan. — März Spinat Apr. — Sept. weisse Rüben Oct. — Dez. od. Dampfnudel od. geschnitt. Nudel mit Semmel	Panadelsuppe Rindfleisch Kartoffel in Sauce Jan. — März Oct. — Dez. dürre Bohnen Apr. — Juni grüne Bohnen Juli — Sept. od. Mehlschmarrn od. Reisbrei mit Semmel
Abends	Sagosuppe Kalbsbraten mit Semmel	Griessuppe Kalbfleisch in Sauce mit Semmel	Rollgerstensuppe Reisbrei mit Semmel	Reissuppe Kalbfleisch in Sauce mit Semmel	Rollgerstensuppe Kalbsbraten mit Semmel	Panadelsuppe Griesbrei mit Semmel	Griessuppe Kalbfleisch in Sauce mit Semmel

Obwohl in dieser Uebereinkunft fast für alle Speisen das Maass oder Gewicht aufgezeichnet ist, in welchem sie abgegeben werden sollen, so ist es doch unmöglich, darauf eine Berechnung des Werthes der Kost zu gründen, da man nicht weiss, wieviel an Nahrungsstoffen in $^1/_4$ Liter Suppe oder Gemüse enthalten ist. Bei einer richtigen Uebereinkunft, müsste festgesetzt werden, wieviel Rohmaterial zur Herstellung einer Portion Suppe oder Gemüse genommen werden soll.

Ich habe zunächst die den Kranken wirklich vorgesetzten Speisen gewogen, um eine Ungenauigkeit auszuschliessen, welche allen den früher erwähnten Angaben über die Krankenkost anhaftet. Ich begab mich zur Essenszeit in die Krankensäle, wohin die Speisen in grösseren Quantitäten gebracht werden, um dort erst in die Portionen getheilt zu werden; nur das Fleisch kommt gleich in Portionen zerlegt aus der Küche. Ich nahm zu verschiedenen Zeiten und unerwartet einige Portionen zum Wiegen weg und bekam aus mehreren Wägungen ein Mittel, was mir als das wirkliche Gewicht der einzelnen Portionen gilt.

Ich stelle die Ergebnisse meiner Wägungen (in Gramm ausgedrückt) in folgender Tabelle zusammen:

	Mittel	Maximum	Minimum	Zahl der Wägungen
ein Semmel	50	63	33	45
leere Suppe	264	313	229	13
Panadelsuppe	315	339	271	13
Eiergerstensuppe	322	349	293	8
Gerstensuppe	315	347	244	9
Reissuppe	281	345	166	8
Kräutersuppe	288	349	228	7
Griessuppe	308	360	221	13
Pflaumsuppe	304	339	264	10
Sagosuppe	326	370	300	3
Semmelschnitten zur Suppe	22	85	6	11
Kartoffelgemüse	280	—	—	1
gelbe Rüben	290	307	276	4
Erddotschen	266	284	241	6
Wirsing	256	—	—	1
Spinat	268	375	226	9
dürre Bohnen	277	320	250	4
Erbsengemüse	298	330	270	4
Kohlrabi	241	243	239	2
Auflauf	139	196	108	3
1 Knödel zur Sauce	39	35	30	5
abgetrock. Nudel	164	184	140	3
Semmelnudel	248	—	—	1
Griesschmarrn	246	249	244	2
Mehlschmarrn	269	315	224	2
Nudel in Milch	218	230	206	2
Reismus	291	332	230	7
Griesmus	299	368	239	7
Kalbsbraten (Mittag)	146	180	107	5
Bratensauce	60	62	58	3
Kalbsbraten (Abends)	74	95	62	3
eingemacht. Kalbfleisch	106	141	79	10
Hirn	152	255	97	3
Sauce zu Hirn u. eingemacht. Kalbfleisch	135	190	61	12

	Mittel	Maximum	Minimum	Zahl der Wägungen
Sauce allein	263	313	225	7
Rindfleisch 3/4 Kost	100	113	84	12
Rindfleisch 4/4 Kost	136	160	114	19
Fett von eingemachtem Kalbfleisch	29	48	10	2
Fett von Rindfleisch	23	46	11	4

Kaffee und Milch werden in geaichten Gefässen gereicht; ich habe mich überzeugt, dass die Maasse richtig waren. Der Zucker zum Kaffee wiegt stets genau 15 gr., da er mit der Maschine zerkleinert wird. Bier wird ebenfalls in geaichten Gläsern gegeben.

Es erhellt aus der Tabelle, dass alle Speisen in der vorgeschriebenen Quantität geliefert werden; nur das Rindfleisch der ganzen Kost fällt im Durchschnitt etwas zu klein aus.

Ich war nun anfangs der Meinung, ich könnte aus dem Gewichte der einzelnen Speisen mit Hilfe einer Trocken- und Fettbestimmung die Menge der darin enthaltenen Nahrungsstoffe annähernd berechnen; ich dachte, es handle sich hier um eine einfache Zusammensetzung der Speisen z. B. des Kartoffelgemüses nur aus Kartoffeln, Fleischbrühe und Fett, so dass also der Trockenrückstand nach Abzug des Fettes im Wesentlichen als aus Kartoffeln bestehend anzusehen wäre.

Die ganze Portion der Speise wurde nach dem Abwiegen in gut verschliessbaren Blechbüchsen in das Laboratorium gebracht, und dort in Porzellanschalen zum Trocknen umgeleert. Vorher nahm ich noch einige Trennungen vor. So wurde vom Fleisch die Brühe, das Fettgewebe und die Knochen abgetrennt und für sich behandelt; vom Hirn wurde ebenfalls die Brühe abgegossen; befanden sich in der Brühe oder im Hachee kleine Knödel, so wurden diese herausgenommen, ebenso die Semmelschnitten aus der Suppe.

Die Speisen kamen dann nach einiger Zerkleinerung mit der Scheere in ein grosses Wasserbad, bis keine Gewichtsabnahme mehr stattfand. Der ganze Rückstand wurde dann fein pulverisirt und von dem Pulver ½ — 1 gr. nach abermaligem Trocknen bei 100° zur Fettbestimmung weggenommen. In der folgenden Tabelle findet sich der Trockengehalt der Speisen und der prozentige Fettgehalt in der trockenen Substanz:

	Trockengehalt				Mittel	Fettgehalt				Mittel
	1.	2.	3.	4.		1.	2.	3.	4.	
Semmel	74.0	—	—	—	74.0	—	—	—	—	—
gebähte Schnitten	90.0	—	—	—	90.0	—	—	—	—	—
Nudelsuppe	7.0	9.4	—	—	8.2	16.6	15.1	—	—	15.8
Reissuppe	6.9	7.8	8.9	—	7.8	4.6	4.6	4.9	—	4.7
Panadelsuppe	10.0	11 4	9.5	10.2	10.3	15.4	6.4	18.8	8.6	12.3
Griessuppe	6 6	7 9	8.3	6.9	7.4	12.6	28.4	9.3	12.7	15.8
Eiergerstensuppe	9.7	10.4	8.8	—	9.6	16.4	11.8	12.6	—	13.6
Sagosuppe	9.6	—	—	—	9.6	15 3	—	—	—	15.3
Pflaumsuppe	8.2	—	—	—	8.2	23.2	—	—	—	23.2
Gerstensuppe	9.0	9 0	8.3	—	8.8	12.9	7 1	10.8	—	10.3
Wirsingsuppe										
ohne Schnitten	7.2	8.0	—	—	7.6	26 7	—	—	—	26.7
mit „	9.9	—	—	—	9.9	14.7	—	—	—	14.7
Kräutersuppe	6.6	7.0	—	—	6.8	22 8	—	—	—	22.8
Fleischsuppe leer	2.2	2.3	—	—	2.3	3.5	—	—	—	3.5
Spinat	16.6	16.6	15.2	—	16.1	33.5	30.6	34.9	—	33.0
Blaukraut	16.8	—	—	—	16.8	31.3	—	—	—	31.3
Weisskraut	14.3	—	—	—	14.3	29.7	—	—	—	29.7
Kohlrabi	14.6	10.4	—	—	12.5	43.6	—	—	—	43.6
Wirsing	13.5	15.0	—	—	14.2	39.9	30 0	—	—	34.9
Erddotschen	17.3	15.6	—	—	16.4	33.2	33.3	—	—	33.2
gelbe Rüben	18.0	—	—	—	18.0	34.7	—	—	—	34.7
weisse „	15.5	—	—	—	15.5	40.0	—	—	—	40.0
Kartoffelgemüse	20.0	18.8	—	—	19.4	12.3	20.1	—	—	16.2
Erbsengemüse	31.7	29 3	—	—	30.5	11.9	17.8	—	—	14.8
dürre Bohnen	27.5	28.9	—	—	28.2	18.5	20.0	—	—	19.2
Rindfleisch ohne Fett	42.5	40.0	38.2	34.5	38.0	19.5	7.7	11.6	—	12.9
Fettgewebe davon	52.5	65.0	56.6	54.1	54.1	—	—	—	—	—
Rindfleisch mit Fett	40.4	40.0	41 1	37.3	39.7	22.1	23.7	17.0	23.9	22.3
Einmachsauce	14.2	12.3	14.0	11.1	13.1	45.6	38.4	40.9	33.5	34.5
	13.8	15.0	10.9	13.5		35.3	13.2	—	—	
Kalbfleisch ohne Fett	33.1	31.6	—	—	32.3	12.3	—	—	—	12.3
Fettgewebe davon	28.1	25.4	—	—	26.7	—	—	—	—	—
Kalbfleisch mit Fett	33.2	29.4	38.2	—	33.6	21.1	15.0	27.5	—	21.2
Kalbsbraten mager	30.6	30.7	—	—	30.6	12.5	5.5	—	—	9.0
Sauce dazu	7.5	—	—	—	7.5	—	—	—	—	—
Hachee	28.0	—	—	—	28.0	20.1	—	—	—	20.1

	Trockengehalt				Mittel	Fettgehalt				Mittel
Auflauf	43.3	—	—	—	43.3	14.5	—	—	—	14.5
abgetrocknete Nudel	54.4	42.8	—	—	48.6	19.1	17 1	—	—	18.1
Semmelnudel	42.9	—	—	—	42.9	—	—	—	—	—
Griesschmarrn	57.0	58.0	—	—	57.5	25.7	29.0	—	—	27.3
Mehlschmarrn	54.6	—	—	—	54.6	—	—	—	—	—
Knödel zu Hachee	32.8	34.1	—	—	33.4	26.1	27.2	—	—	26 6
Nudelmus	22.8	—	—	—	22.8	9.4	—	—	—	9.4
Reismus	32.3	18.2	—	—	25.2	17.6	9.2	—	—	13.4
Griesmus	14.8	14.5	21.2	—	16.8	16.4	14.5	14.1	—	15.0
Mehlmus	20.0	—	—	—	20.0	—	—	—	—	—

Man ist aber nicht immer im Stande, aus dem Trockenrückstande einer Speise den Gehalt an Eiweiss und Kohlehydraten zu berechnen, da dieselben grösstentheils eine complizirtere Zusammensetzung haben; es wird z. B. Mehl, Milch, Zucker, Eier etc. zugesetzt, um die Gerichte angenehm schmeckend zu machen oder ihnen eine bestimmte Consistenz zu geben. Es bleibt also nichts anderes übrig, als sämmtliche zu den verschiedenen Speisen verwendeten Rohstoffe abzuwiegen. Man kann nun aus der Anzahl der abgegebenen Portionen den Gehalt einer Portion an Eiweiss, Fett und Kohlehydrat berechnen. So ist es bei den Suppen und Gemüsen geschehen.

Bei den Suppen erhält man gewöhnlich durch die direkte Bestimmung eine etwas grössere Menge von Trockensubstanz und Fett, als aus dem Rohmaterial gerechnet wird, da bei letzterem das zugesetzte Kochsalz nicht berücksichtiget worden ist und zur Bereitung der Suppe meist Fleischbrühe angewendet wird, welche namentlich Fett enthält.

Bei den Mehlspeisen wurden viel weniger Portionen gekocht; ich habe daher hier einige Male die zur Bereitung genommenen Rohmaterialien nur benützt, um das Verhältniss der in der Speise enthaltenen Nahrungsstoffe zu erfahren, und dann daraus nach meinen Bestimmungen des Gewichtes einer Portion und deren festen Bestandtheilen die Menge der darin vorhandenen Nahrungsstoffe berechnet. Für die Fettmenge ist stets das Resultat meiner direkten Fettbestimmung eingesetzt, da in dem Kochtopfe mehr oder weniger Fett zurückbleibt.

Ich stelle zunächst zusammen, aus welchen Rohmaterialien die Speisen bereitet worden sind.

Frühstück: Frühkaffee aus 200 ccm. Kaffeeabsud, 100 ccm. Milch und 15 gr. Zucker mit oder ohne Semmel.
250 ccm. Milch mit od. ohne Semmel.

Suppen: geschnittene Nudelsuppe für 300 Portionen 5380 gr Mehl, 36 Stück Eier.

Reissuppe für 373 Portionen 7550 gr. Reis, 12 Stück Eier und 3 Liter Milch.

Panadelsuppe für 293 Portionen aus 9125 gr. Semmel, 24 Stück Eier und 3 Liter Milch.

Griessuppe für 303 Portionen 4875 gr. Gries, 12 Stück Eier und 3 Lit. Milch.

Eiergerste für 368 Portionen 8800 gr. Mehl und 30 Stück Eier.

Sagosuppe für 360 Portionen 6700 gr. Sago, 24 Stück Eier und 4 Lit. Milch.

Pflaumsuppe für 30 Portionen 175 gr. Mehl und 13 Eier.

Rollgerstensuppe für 384 Portionen 6000 gr. Gerste, 3050 gr. Mehl und 4 Lit. Milch.

Wirsingsuppe für 580 Portionen 3500 gr geputzter Wirsing, 7500 gr Mehl, 5500 gr. Fett, 5 Lit. Milch, 30 Stück Eier und 22 gr. gebähte Schnitten.

Kräutersuppe wie Wirsingsuppe.

Gemüse: Spinat für 160 Portionen 24000 gr. geputzter Spinat, 3250 gr Fett, 2400 gr. Mehl.

Blaukraut für 132 Portionen 50 Köpfe = 25750 gr. = 16250 gr. geputztes Blaukraut, 2231 gr. Mehl und 1888 gr. Fett.

Weisskraut: zu 142 Portionen 55 Köpfe = 32500 gr. = 23250 gr geputzt, 1619 gr Mehl und 1576 gr. Fett.

Wirsing: zu 130 Portionen 50 Köpfe = 27000 gr. = 20500 gr geputzt, 1326 gr. Mehl und 1573 gr. Fett.

Kohlrabi. zu 166 Portionen 24000 gr geputzt, 1900 gr. Mehl und 2150 gr. Fett.

Erddotschen: zu 220 Portionen 43400 gr. geputzt (zu 130 Portionen 33500 gr. = 22500 gr. geputzt), 2950 gr. Mehl und 3500 gr. Fett.

gelbe Rüben: zu 215 Portionen 27500 gr geputzt, 2450 gr. Mehl und 3000 gr. Fett.

weisse Rüben: zu 130 Portionen 30750 gr geputzt, 1469 gr. Mehl und 2197 gr. Fett.

Kartoffelgemüse: zu 140 Portionen 29250 gr. geputzt, 1232 gr. Mehl und 1232 gr. Fett.

Erbsengemüse: zu 157 Portionen 8750 gr., 760 Mehl und 2100 gr. Fett.

Bohnengemüse: zu 170 Portionen 9000 gr. dürre Bohnen, 1000 gr. Gerste, 1500 gr. Mehl und 3600 gr. Fett.

Linsengemüse: zu 157 Portionen 8750 gr., 760 gr. Mehl und 2100 gr. Fett.

Mehlspeisen: Dampfnudeln: zu 40 Portionen 4150 gr Mehl, 5 Eier, 10 Lit. Milch und 900 gr. Schmalz. 1 Portion = 3 Nudeln; ½ Portion = 2 Nudeln.

Auflauf: zu 5 Portionen 70 gr. Gries, 40 gr. Zucker, 500 gr. Milch und 5 Eier.

Semmelschmarrn: zu 45 Portionen 90 Stück Semmel, 10 Stück Eier, 5 Lit. Milch und 1500 gr. Schmalz.

Mehlschmarrn: im Ganzen 3300 gr. Mehl, 1150 gr. Schmalz, 20 Stück Eier und 10 Lit. Milch.

Griesschmarrn: im Ganzen 4800 gr. Gries, 12 Stück Eier, 9500 gr Milch und 1450 gr. Fett.

Semmelnudel: im Ganzen 1750 gr. Semmel, 8500 gr. Milch, 12 Stück Eier, 620 gr. Mehl und 1050 gr. Fett.

abgetrocknete Nudel: im Ganzen 3500 gr. Mehl, 12 Stück Eier, 10 Lit. Milch und 1350 gr. Schmalz.

Apfelcompot: zu 2 Portionen 150 gr. Aepfel und 30 gr. Zucker.

Zwetschgencompot: zu 1 Portion 50 gr. gedörrte Zwetschgen ohne Kern und 20 gr Zucker.

Milchspeisen: Reismus: im Ganzen 6000 gr. Reis, 40 Lit. Milch und 850 gr. Fett.

Griesmus: zu 237 Portionen 4875 gr. Gries, 40 Lit. Milch, 850 gr. Schmalz.

Mehlmus: zu 8 Portionen 180 gr. Mehl, 2.5 Lit. Milch und 8 gr. Zucker

Nudel in Milch: zu 10 Portionen 3 Lit. Milch, 2 Stück Eier, 250 gr. Milch.

Fleischspeisen: Rindfleisch zur $^3/_4$ Kost: 1 Portion wiegt (im Mittel aus 12 Portionen) im gesottenen Zustande 100 gr. mit 23.2 gr. Fettgewebe und 76.8 gr. gesottenem Fleisch.

Rindfleisch zu $^4/_4$ Kost: 1 Portion wiegt (im Mittel aus 19 Portionen) im gesottenen Zustande 136 gr. mit 23.2 gr. Fettgewebe und 112.8 gr. gesottenem Fleisch.

Sauce: zu 260 Portionen 2200 gr. Fett, 4200 gr. Mehl, 500 gr. saurer Rahm.

eingemachtes Kalbfleisch: 1 Portion wiegt (im Mittel aus 10 Portionen) gekocht 106 gr mit 28.8 gr. Fett und 77 gr gedünstetem Fleisch.

Kalbfleisch gebraten:

Mittags: 1 ganz magere Portion wiegt (im Mittel aus 5 Portionen) 146 gr

Abends: 1 Portion wiegt (im Mittel aus 3 Portionen) 74 gr.

Hachee: zu 9 Portionen 500 gr. gesottenes Kalbfleisch, 50 gr. Fett, 50 gr. Mehl und 1200 gr. Kalbfleischsauce.

Dazu 2 Knödel: zu 15 Knödeln 200 gr. Semmelbrösel, 3 Stück Eier, 70 gr. Fett und 250 gr. Milch.

Daraus berechnet sich nun nach den Tabellen die Menge der in den Speisen enthaltenen Nahrungsstoffe wie folgt:

	Eiweiss:	Fett:	Kohlehydrate:
Kaffee mit Milch und Zucker	4.1	3.9	19.2
ein Semmel (50 gr.)	4.8	0.5	30.0
250 ccm. Milch	10.2	9.7	10.5
Kaffee mit Semmel	8.9	4.4	49.2
Milch mit Semmel	15.0	10.2	40.5
geschnittene Nudelsuppe	2.9	4.2	13.2
Reissuppe	2.0	1.0	19.0
Panadelsuppe	3.9	4.0	19.0
Griessuppe	2.5	3.6	11.6
Eiergerstensuppe	3.3	4.0	17.7
Sagosuppe	0.8	4.8	16.4
Pflaumsuppe	3.4	5.7	4.3
Rollgerste	2.8	2.8	17.9
Wirsingsuppe	2.2	5.8	10.4
„ mit gebähten Schnitten	4.8	6.1	27.0
leere Fleischsuppe	0	0.2	0
Spinat	4.8	14.2	18.0
Blaukraut	3.8	14.5	21.2
Weisskraut	3.7	11.7	20.0

	Eiweiss:	Fett:	Kohlehydrate:
Wirsing	3.6	12.6	18.7
Kohlrabi	3.8	12.7	23.8
Erddotschen	3.7	14.5	29.6
gelbe Rüben	3.3	18.1	24.5
weisse Rüben	3.3	17.0	24.2
Kartoffelgemüse	5.1	8.8	68.2
Erbsengemüse	13.2	13.4	36.3
Bohnengemüse	14.7	11.5	40.5
Linsengemüse	15.2	14.0	34.5
Dampfnudeln 1 Portion	22.3	33.9	87.0
„ ½ Portion	15.2	22.6	58.0
Auflauf	12.1	8.7	22:0
Semmelschmarrn	15.5	39.3	64.7
Mehlschmarrn	23.9	43.7	76.0
Griesschmarrn	20.1	38.5	74.9
Semmelnudeln	17.3	38.1	48.6
abgetrocknete Nudel	18.0	19.7	55.9
Apfelcompot	0.2	0	26.2
Zwetschgencompot	0.6	0	57.4
Reismus	13.6	9.8	41.7
Griesmus	9.2	7.6	24.6
Mehlmus	15.4	12.4	30.7
Nudel in Milch	16.5	9.4	31.0
Rindfleisch, ¾ Kost mit Fett	26.5	16.2	0
„ 4/4 Kost mit Fett	38.9	18.0	0
Sauce allein	2.0	11.9	11.9
Sauce zu Hirn und eingemachtem Kalbfleisch	1.0	6.0	6:0
eingemachtes Kalbfleisch mit Fett und Sauce	20.5	15.3	9.1
gebratenes Kalbfleisch mit Sauce (Mittags)	31.8	6.7	4.1
gebratenes Kalbfleisch mit Sauce (Abends)	16.4	4.7	4.1
Hachee mit 2 Knödeln	16.9	13.1	20.0
2 Knödel	2.1	3.5	6.3

Mit Hilfe dieser Kochrezepte ist es nun leicht, für die einzelnen Kostsätze die Menge der Nahrungsstoffe anzugeben.

Es bestehen, wie schon erwähnt, im hiesigen Krankenhause fünf Koststufen, innerhalb welcher noch Unterabtheilungen gemacht werden können.

I. Diät.

Bezüglich der sogenannten Diät (I. Koststufe) muss ich gleich bemerken, dass ein gewisser Usus im Hause besteht, wornach als Suppe nur Fleischsuppe ohne oder mit Semmelschnitten gegeben wird, wenn nicht eine besondere Suppe verlangt wird, was fast nie vorkommt. Als Milchdiät gilt 3/4 Liter Milch auf die 3 täglichen Mahlzeiten vertheilt.

Es kommen also unter dem Namen: „Diät" folgende 3 Kostsätze vor:

		Eiweiss:	Fett:	Kohlehydrate:
a)	Morgens = 1/4 Lit. Kaffee Mittags = leere Suppe Abends = leere Suppe	4.1	4.3	19.2
b)	Morgens = leere Suppe Mittags = Suppe mit Schnitten Abends = Suppe mit Schnitten	5.2	1.2	33.2
c)	Morgens = 1/4 Lit. Milch Mittags = 1/4 Lit. Milch Abends = 1/4 Lit. Milch	30 6	29 1	31.5

Ich bemerke, dass bei der „Diät" gewöhnlich nicht 1/8 Lit. Kaffee, wie vorgeschrieben, sondern 1/4 Liter wie bei den anderen Kostarten gegeben wird.

II. Viertelskost.

Diese zerfällt nach der Kostordnung in 6 Combinationen.

a) gewöhnlich:	Morgens =	1/4 Lit. Kaffee mit 1 Semmel.
	Mittags =	1/4 Lit. Suppe, Sauce, 1 Semmel.
	Abends =	1/4 Lit. Suppe, 1 Semmel.
b) mit Milch:	Morgens =	statt Kaffee 1/4 Lit. Milch
c) mit Auflauf:	Morgens =	1/4 Lit. Kaffee mit einer Semmel
	Mittags =	1/4 Lit. Suppe, Auflauf, 1 Semmel.
	Abends =	1/4 Lit. Suppe, 1 Semmel.
d) mit Obst:	wie a), nur statt Sauce Compot.	
e) mit Mus:	wie a), nur statt Sauce Mehlmus.	
f) mit Ei:	Morgens =	1/4 Lit. Kaffee ohne Semmel.
	Mittags =	Pflaumsuppe oder leere Suppe mit 1 Ei ohne Semmel.
	Abends =	Suppe mit Ei.

Die Variationen der Viertelskost werden bedingt durch Wechsel in der Suppe, wie es in der Tabelle S. 79 angegeben ist. Zum Frühstück wird beinahe nur Kaffee mit Semmel gegeben, sehr selten Milch, noch seltener Suppe, weshalb ich die beiden letzten Möglichkeiten nicht in Rechnung gezogen habe.

Meistentheils wird die Viertelskost mit Ei gereicht, so namentlich allen Typhuskranken, da sie kein Brod enthält.

In der folgenden Tabelle sind für jede Combination die bei der täglichen Abwechslung in den Speisen gegebenen Werthe zusammengestellt.

	Eiweiss:	Fett:	Kohlehydrate:
a) gewöhnliche Viertelskost:			
Sonntag	24.2	26.3	150.7
Montag	25.0	21.9	151.7
Dienstag	32.7	29.9	148.0
Mittwoch	25.3	21.1	158.0
Donnerstag	25.5	25.9	149.4
Freitag	33.0	30.7	143.0
Samstag	26.9	24.9	151.7
Mittel	27.5	25.8	150.3
c) mit Auflauf:			
Sonntag	29.5	22.6	130.8
Montag	30.3	18.2	131.8
Dienstag	38.0	26.2	128.1
Mittwoch	30.6	17.4	138.1
Donnerstag	30.8	22.2	129.5
Freitag	38.3	27.0	123.1
Samstag	32.2	21.2	131.8
Mittel	32.8	22.1	130.5
d) mit Obst:			
Sonntag	22.4	14.4	165.0
Montag	23.6	10.0	197.2
Dienstag	30.9	18.0	162.3
Mittwoch	23.9	9.2	203.5
Donnerstag	23.7	14.0	163.7
Freitag	31.6	18.8	188.5
Samstag	25.1	13.0	166.0
Mittel	25.9	13.9	178.0
e) mit Mus:			
Sonntag	37.6	26.8	169.5
Montag	28.4	22.4	170.5
Dienstag	46.1	30.4	166.8
Mittwoch	38.7	21.6	176.8
Donnerstag	38.9	26.4	168.2
Freitag	46.4	31.2	161.8
Samstag	40.3	25.4	170.5
Mittel	39.5	26.3	169.2
f) mit Ei:	20.3	17.7	23.5
Mittel aus a) bis f)	29.2	21.2	130.3

III. Halbe Kost.

Ebenso wie die Viertelskost ist auch die halbe Kost in mehrere Unterarten getheilt, nämlich in gewöhnliche halbe Kost oder in halbe Kost mit Milch Morgens, mit Hachee, mit Mehlspeise, mit Milchspeise.

Als Uebergang zur $^{3}/_{4}$ Kost ist die Verordnung: „halbe Kost mit Zulage Abends“ anzusehen.

a) gewöhnlich: Morgens = Kaffee mit 1 Semmel.
Mittags = Suppe, 100 gr. Kalbfleisch, 1 Semmel.
Abends = Suppe, 1 Semmel.
b) mit Milch: Morgens statt Kaffee Milch.
c) mit Hachee: statt Kalbfleisch Hachee.
d) mit Mehlspeise: statt Kalbfleisch Mehlspeise.
e) mit Milchspeise: statt Kalbfleisch Milchspeise.
f) mit Zulage Abends: Kalbsbraten oder Sauce oder Milchspeise.

Die täglichen Variationen der halben Kost liegen in der Abwechslung der Suppen, dann aber auch in der Zubereitung des Kalbfleisches, welches am Sonntag und Donnerstag gebraten, am Montag, Mittwoch und Samstag eingemacht, und am Dienstag und Freitag gedünstet wird. Der genaue Speisezettel ist in der Tabelle S. 80 angegeben. Die Zusammensetzung derselben ist die folgende:

a) gewöhnliche halbe Kost:

	Eiweiss:	Fett:	Kohlehydrate:
Sonntag	54.0	21.1	142.9
Montag	43.5	25.3	148.9
Dienstag	45.1	27.5	143.9
Mittwoch	43.8	24.5	125.2
Donnerstag	57.9	21.0	158.2
Freitag	45.4	28.3	148.9
Samstag	45.4	28.3	148.9
Mittel	47.9	25.1	145.2

b) mit Milch:

	Eiweiss:	Fett:	Kohlehydrate:
Sonntag	60 1	26.9	134.2
Montag	49.6	31.1	140.2
Dienstag	51.2	33.3	135.2
Mittwoch	49.9	30.3	116.5
Donnerstag	64.0	26.8	149.5
Freitag	51.5	34.1	140.2
Samstag	51.5	34.1	149.2
Mittel	53.9	30.9	136.5

c) mit Hachee:

	Eiweiss:	Fett:	Kohlehydrate:
Sonntag	39.1	30.4	158.8
Montag	39.9	26.0	159.9
Dienstag	41.5	28.2	154.8
Mittwoch	40.2	25.2	136.1
Donnerstag	43.0	31.3	174.1
Freitag	41.8	29.0	159.8
Samstag	41.8	29.0	159.8
Mittel	41.0	28.4	157.6

d) mit Mehlspeise:

Sonntag	34.2	27.5	176.1
Montag	38.9	39.1	190.5
Dienstag	36 1	37 6	167.2
Mittwoch	36 7	34.9	166.1
Donnerstag	38.1	29 4	192.4
Freitag	32.5	24.3	168.8
Samstag	40.8	42.2	190.5
Mittel	36 7	33.6	178.8

e) mit Milchspeise:

Sonntag	33.2	20 7	159.5
Montag	32 1	26.6	167.6
Dienstag	34.5	21.5	155.2
Mittwoch	29.0	14 1	132.5
Donnerstag	36.3	23.5	174.6
Freitag	36.4	19.2	160.5
Samstag	34.0	19.2	167.6
Mittel	33.6	19.3	159 7

f) mit Zulage Abends, als Uebergang zu der $^{3}/_{4}$ Kost:

Sonntag	70 4	25.8	147.0
Montag	45.5	37.2	160.8
Dienstag	54.2	34 1	171.7
Mittwoch	45.8	36.4	137 1
Donnerstag	74.3	25.7	162.3
Freitag	51.6	33.3	165.3
Samstag	47.4	40.2	160.8
Mittel	55.6	33.3	157.8
Mittel aus a) bis e) =	42.6	27.4	155 6

IV. Dreiviertelskost.

Die $^{3}/_{4}$ Kost wird nur in 2 Formen gegeben, deren wesentlicher Unterschied in Folgendem beruht:

a) mit Rindfleisch: Morgens = Kaffee mit Semmel.
Mittags = Suppe, Rindfleisch mit Gemüse und Semmel
Abends: Kalbsbraten oder Sauce oder Milchspeise, wie bei $^{1}/_{2}$ Kost mit Zulage Abends.

b) mit Kalbfleisch: wie bei a), nur statt Rindfleisch und Gemüse 100 gr Kalbsbraten oder eingemachtes Kalbfleisch.

Das Rindfleisch wird immer nur gesotten abgegeben. Mit der Zubereitung des Kalbfleisches wird wie bei der halben Kost gewechselt. Die Abwechslung in den Gemüsen ist, wie der Speisezettel S. 81 zeigt, je nach der Jahreszeit sehr mannigfaltig.

a) mit Rindfleisch:

	Eiweiss:	Fett:	Kohlehydrate:
Sonntag	68.9	49.8	164.1
"	68.4	53.4	167.4
"	68.7	47.9	161.6
Montag	55 2	52.6	181.3
"	66.7	52.1	196.2

	Eiweiss:	Fett:	Kohlehydrate:
Dienstag	63.8	47.5	191.3
„	73.4	48.3	208.9
Mittwoch	55.5	49.0	178.0
„	55.1	55.4	182.5
„	56.6	51.5	176.0
Donnerstag	69.7	53.0	166.1
„	70.2	47.6	165.4
„	81.1	46.4	182.1
Freitag	70.7	47.7	192.5
„	62.3	48.5	174.2
„	60.8	51.3	180.4
Samstag	58.5	49.9	219.9
„	68.1	47.2	192.2
Mittel	63.0	48.2	175.1

b) mit Kalbfleisch:

	Eiweiss:	Fett:	Kohlehydrate:
Sonntag	70.4	25.8	147.0
Montag	45.4	37.2	160.8
Dienstag	54.2	34.0	181.7
Mittwoch	45.8	36.4	167.1
Donnerstag	71.7	25.4	145.7
Freitag	51.5	33.4	175.3
Samstag	47.4	40.2	161.0
Mittel	55.2	33.2	162.6

V. Ganze Kost.

Die ganze Kost wird in 3 Formen verabreicht, deren Zusammensetzung aus Folgendem ersichtlich ist:

a) gewöhnlich: Morgens = Kaffee mit Semmel.
Mittags = Suppe, 136 gr. Rindfleisch mit Gemüse 1 Semmel.
Abends = Suppe, Kalbfleisch oder Milchspeise, 1 Semmel.

b) mit Mehlspeise: Morgens = Kaffee mit Semmel.
Mittags = Suppe, Mehlspeise, Semmel.
Abends = Suppe, Mehlspeise, Semmel.

c) mit Milchspeise: Morgens = Kaffee mit Semmel.
Mittags = Suppe, Milchspeise, Semmel.
Abends = Suppe, Milchspeise, Semmel.

Das Rindfleisch wird wie bei der 3/4 Kost nur im gesottenen Zustande gereicht. Gemüse und Suppen wie bei 3/4 Kost. Mehl- und Milchspeisen wechseln wie bei der halben Kost; die Mittagsportion verhält sich zur Abendportion wie 3 : 2. Das Uebrige ist aus dem Speisezettel S. 81 und 82 ersichtlich.

a) gewöhnliche ganze Kost:

	Eiweiss:	Fett:	Kohlehydrate:
Sonntag	126.7	53.6	164.1
„	126.2	57·2	167.1
„	126.5	51.7	160.6
Montag	86.1	57.8	178.5
„	97.6	57.3	183.4
Dienstag	76.2	49.3	191.3
„	87.6	50.1	208.9
Mittwoch	86.4	54.2	175.2
„	86.0	60.6	179.7
„	87.5	56.7	173.2
Donnerstag	84.7	55.1	182.7
„	85.2	48.7	182.0
„	96.1	47.5	198.7
Freitag	83.1	49.5	192.5
„	74.7	50.3	174.2
„	73.2	53.1	180.4
Samstag	89.4	55.1	217.1
„	99.0	57.8	189.4
Mittel:	92.9	53.6	183.3

b) mit Mehlspeise:

	Eiweiss:	Fett.	Kohlehydrate.
Sonntag	52.2	47.2	232.0
Montag	62.8	82.8	266.4
Dienstag	53.4	75.7	225.8
Mittwoch	56.8	73.3	260.9
Donnerstag	56.1	47.1	247.3
Freitag	62.4	69.5	283.8
Samstag	64.7	85.8	266.4
Mittel	58.3	68.8	254.6

c) mit Milchspeise:

	Eiweiss:	Fett:	Kohlehydrate:
Sonntag	49.7	30.1	190.5
Montag	45.7	26.3	209.5
Dienstag	52.1	27.9	196.5
Mittwoch	38.6	21.9	187.1
Donnerstag	51.8	35.0	205.3
Freitag	51.4	28.7	191.5
Samstag	47.6	29.3	209.3
Mittel	48.1	31.3	198.5

Es sind uns nun die Mittelwerthe der 5 Kostsätze bekannt. Ich stelle sie der Uebersicht halber in der folgenden Tabelle, welcher ich noch die Werthberechnung der Getränke und der Extraspeisen beifüge, zusammen.

Zusammenstellung der Kostsätze:

		Eiweiss:	Fett:	Kohlehydrate:
I. Diät	a) gewöhnlich	4.6	2.7	26.2
	b) mit Milch	30.6	29.1	31.5
II. 1/4 Kost	a) gewöhnlich	27.5	25.8	150.3
	c) mit Auflauf	32.8	22.1	130.5
	d) mit Obst	25.9	13.9	178.0
	e) mit Mus	39.5	26.3	169.2
	f) mit Ei	20.3	17.7	23.5
III. 1/2 Kost	a) gewöhnlich	47.9	25.1	145.2
	b) mit Milch	53.9	30.9	136.5
	c) mit Hachee	41.0	28.4	157.6
	d) mit Mehlspeise	36.7	33.6	178.8
	e) mit Milchspeise	33.6	19.3	159.7
	f) mit Zulage Abends	55.6	33.3	157.8
IV. 3/4 Kost	a) mit Rindfleisch	63.0	48.2	175.1
	b) mit Kalbfleisch	55.2	33.2	162.6
V. 4/4 Kost	a) gewöhnlich	92.9	53.6	183.3
	b) mit Mehlspeise	58.3	68.8	254.6
	c) mit Milchspeise	48.1	31.3	198.5

Getränke:

	Eiweiss:	Fett:	Kohlehydrate:
1 Liter Bier	—	—	56.0
1/2 Liter Milch	20.4	19.4	21.0

Extraspeisen:

	Eiweiss:	Fett:	Kohlehydrate:
1 Portion Kaffee	4.1	3.9	19.2
100 gr. Schinken	30.0	32.0	—
100 „ Butter	0.3	86.7	—
100 „ Käse	32.0	25.0	—
1 Stück Ei	6.3	4.9	—
1 „ Semmel	4.8	0.5	30.0

Jedem Kranken wird täglich einer von den obigen Kostsätzen ordinirt, und es kann dazu von den Getränken und von den Extraspeisen noch ausserdem von dem Arzte verordnet werden.

Die Ordination geschieht sehr einfach durch Eintragen in ein in jedem Saale aufliegendes Formulär, welches alle obigen Kostsätze enthält.

Zweiter Theil.

Betrachtung der Kostsätze.

Es frägt sich jetzt, ob und in wie weit die im hiesigen Krankenhause gebräuchlichen Kostsätze den zu stellenden Anforderungen entsprechen.

Wenn man sich die Insassen eines grossen Spitales vergegenwärtigt, so ist zunächst die grosse Mannigfaltigkeit der Krankheiten und der Individuen zu berücksichtigen. Wir finden Leute, durch schwere akute oder chronische Krankheiten heruntergekommen, daneben solche, welche in völlig kräftigem Körperzustande nur durch ein lokales äusserliches Leiden an das Krankenhaus gefesselt sind, wieder Andere, deren Verdauungsorgane das Eingeführte nicht zu verändern oder zu resorbiren vermögen; bei den Einen Appetitmangel, Ekel vor jeder Speise, bei den Anderen dagegen Heisshunger. Es giebt noch zahlreiche Verschiedenheiten der Art. Es ist daher klar, dass die Kost für Kranke eine ungleich mannigfaltigere sein muss, als die für Gesunde, welche in grösseren Massen zusammenleben. Während man bei den letzteren in vielen Fällen die Individualität gänzlich vernachlässigen kann, muss bei den ersteren die grösste Rücksicht darauf genommen werden, und es muss daher dem Arzte bei der Verköstigung der Kranken durch verschiedene Kostsätze die Möglichkeit geboten sein, je nach den Bedürfnissen des Individuums zu wählen.

Für ein Spital fordert man daher vor Allem eine grosse Mannigfaltigkeit der Speisen, um den verschiedenen Ansprüchen der Kranken gerecht zu werden. Je nach der Art der Krankheit sind wir darauf angewiesen, gewissen Kranken ihre Speisen nur in flüssiger Form zuzuführen, Anderen nur solche, welche möglichst leicht ertragen werden. Je nach dem Effekte, den wir hervorbringen wollen, muss die Möglichkeit gegeben sein, eine an Eiweiss reiche oder eine an Eiweiss arme Kost zu geben. Es werden daher auf einem Speisezettel für Kranke manche Speisen als unentbehrlich zu finden sein, welche für den Gesunden unter entsprechenden Verhältnissen vielleicht als Luxus zu betrachten sind; ja wir sehen uns sogar genöthiget, gewisse Nahrungsmittel in Formen zuzuführen, in denen sie der Gesunde niemals zu sich nimmt und in denen sie mehr als Medikamente angesehen werden können, wie z. B. der Fleischsaft, das Fleischinfusum, der Leberthran, das Malzextrakt etc.

Es dürfen ferner in einem Spitale die Genussmittel, im engeren und weiteren Sinne, die Würz- und Reizmittel, nicht fehlen. Nirgends tritt wohl der hohe Werth der Genussmittel, welchen erst Professor Voit in seiner ganzen Ausdehnung erkannt hat, mehr hervor als bei der Krankenkost. Die eine Klasse der Genussmittel, die der Würzmittel, dient dazu, den Kranken die Speise zu einer angenehmen und wohlschmeckenden zu machen. Es ist bekannt, dass Reconvalescenten häufig nicht zu vermögen sind, genügend Speise zu sich zu nehmen, da sie einen Widerwillen dagegen haben, und dass sie durch irgend etwas, was ihnen zusagt, aus diesem Zustande gerissen werden. Die Nervenwirkungen sind in dieser Beziehung höchst mannigfaltig und für viele Vorgänge im Körper bedeutungsvoll, jedoch leider noch wenig in ihren Bahnen aufgeklärt. Manche Thiere z. B. Ziegen sind hierin ausserordentlich empfindlich; sie sind nicht zu vermögen, ein sonst vortreffliches und ausreichendes Futter zu berühren, wenn darunter ein ihnen unangenehm riechendes Kraut sich befindet.

Es müssen daher alle dem Kranken gereichten Nahrungsmittel von der besten Qualität, und die daraus bereiteten Speisen so schmackhaft als möglich hergestellt sein. Da ein Genussmittel nicht stetig ein solches bleibt, sondern nur dann, wenn es nicht zu oft geboten wird, so ist eine gehörige Abwechslung in den Speisen für den Kranken noch nöthiger als für den Gesunden.

Die Reizmittel wirken wie die Würzmittel, nur meist energischer, auf Nerven und Nervencentralorgane ein und beeinflussen dadurch wesentlich die Prozesse im Organismus. Die Wirkungen einer Tasse Fleischbrühe, eines Schluckes starken Weines oder die von Kaffee und Thee treten beim Kranken noch weit mehr hervor als beim Gesunden. Der durch Blutverluste oder durch heftige Diarrhöen völlig Erschöpfte fühlt, weil gewisse Thätigkeiten leichter und mit mehr Energie vor sich gehen, neue Kräfte, wenn ihm etwas Wein oder Fleischbrühe eingeflösst wird. Wer viele Kranken gesehen hat, weiss, welche Wohlthat man häufig durch eine Tasse Kaffee oder Thee erweisen kann. Cognac und starker Wein sind manchmal noch im Stande, Leute, die dem Tode nahe sind, am Leben zu erhalten.

Wenn wir nun, nach Aufstellung dieser allgemeinen Anforderungen, die Kost in unserem Krankenhause näher in Betracht ziehen, so finden wir viel Lobenswerthes, aber auch Einiges, was noch zu verbessern wäre.

a) in qualitativer Beziehung:

In der Kostordnung sind für das Frühstück dreierlei Speisen enthalten, Kaffee mit Semmel, oder Milch mit Semmel, oder Suppe, je nach den Wochentagen wechselnd. In Wirklichkeit wird aber, wie früher schon gesagt, fast nur Kaffee mit Semmel gegeben, sehr selten Milch und noch seltener Suppe.

Bis zum Jahre 1872 stund der Morgenkaffee nicht auf der Kostordnung des hiesigen Krankenhauses, und seine Einführung ist eine wesentliche Verbesserung gegenüber der früher ausschliesslichen Darreichung von Suppen in der Frühe. Die Bevölkerung, aus welcher das Spital seine Kranken erhält, ist grösstentheils an den Kaffeegenuss gewöhnt. Es ist auffallend, wie weit sich der Kaffee verbreitet hat; auf dem Lande verschmähen die Bauernknechte die Morgensuppe und ziehen den Kaffee vor, den sie in Brod einsaugen lassen. Auch bei den Soldaten ist bei den meisten Regimentern der Kaffee statt der Morgensuppe eingetreten. Es ist offenbar das Genussmittel in dem Kaffee, welches ihm gegenüber der meist wenig schmackhaft zubereiteten Wassersuppe den Vorzug verschafft. Dies tritt bei Kranken noch mehr hervor als bei Gesunden. Ganz abgesehen von dem Werthe eines guten Kaffees durch seinen Gehalt an Genussmitteln ist auch die Quantität der Nahrungsstoffe in einer Portion Kaffee mit Milch, Zucker und einem Semmel grösser als in einer Portion der Morgensuppe, denn es enthält:

	Eiweiss:	Fett:	Kohlehydrate:
Kaffee mit 1 Semmel =	8.9	4.4	49.2
Suppe im Mittel =	2.6	3.7	14.2

Ausser dem Kaffee wird hie und da Milch mit Semmel gegeben, meist an Kranke, welche den Kaffee nicht lieben; es wird dadurch mehr Nährmaterial zugeführt, denn eine Portion Milch mit Semmel enthält 15.0 gr. Eiweiss, 10.2 gr. Fett und 40.5 gr. Kohlehydrate.

Unter den Extraspeisen findet sich noch Thee, welcher gewöhnlich ohne Milch oder nur mit sehr wenig genommen wird und dessen Nährwerth sich in Folge dessen meist nur auf 15 gr. Zucker beläuft; derselbe hat aber die bekannte Wirkung als Genussmittel auf gewisse Nervencentralorgane, ähnlich dem Kaffee. Da aber der Thee bei der Münchener Bevölkerung sehr wenig gebräuchlich ist, so wird er nur selten von Kranken verlangt.

Mit demselben Rechte wie der Thee dürften auch Cacao und Chokolade dem Kostzettel unter den Extraspeisen einverleibt werden. Sie enthalten ein Genussmittel wie der Kaffee und der Thee, und ausserdem die Chokolade noch Zucker und Fett, so dass sie mit Milch gekocht zu einem Getränke wird, welches nicht unbedeutende Mengen einiger Nahrungsstoffe einschliesst.

Sowohl das Mittagessen als auch das Abendessen wird bei allen Kostsätzen mit Suppe eingeleitet. Es ist das ein Brauch, welchem meist auch der Gesunde huldigt. Die Fleischbrühe, mit welcher gewöhnlich die Suppen gekocht werden, hat nicht die Bedeutung eines Trägers von Nahrungsstoffen; sie enthält wohl unter ihren Aschebestandtheilen Nahrungsstoffe, aber wir nehmen sie nicht desshalb auf. Die Gefässe der Magen- und Darmschleimhaut eines Kranken oder Reconvalescenten sind durch längere Unthätigkeit oder dadurch, dass das Blut an anderen erkrankten Organen angesammelt war, meist nur spärlich mit Blut versehen, die Schleimhaut ist blass, sie sondert wenig Saft ab und ist mit einer Schleimschichte bedeckt. Speisen mit festen Partikeln werden häufig nicht ertragen und man muss eine warme Flüssigkeit geben, um die Gefässe auszudehnen und die Schleimhaut in den Zustand zu versetzen, in welchem sie die Verdauungssäfte absondert und Stoffe resorbirt. Warmes Wasser thut diesen Dienst nicht, da es Ekel erregt, und selbst in gesunden Tagen Erbrechen hervorrufen würde. Kein Mittel erfüllt diesen Zweck besser als eine gut bereitete Fleischbrühe. Ausserdem wirken die schmeckenden Stoffe der Fleischbrühe als ausgezeichnete Genussmittel, um Appetit nach Speisen zu erregen, und so nach und nach den Darm wieder an seine normale Thätigkeit zu gewöhnen[1]). Man giebt daher zumeist anfangs, wo es sich noch nicht um einen Ersatz und Ansatz von Stoff handeln kann, sondern nur um die Herstellung der Möglichkeit von Verdauung und Resorption, nur leere Fleischbrühe, und setzt nach und nach erst Nahrungsstoffe zu. Es erklärt sich daraus der hohe therapeutische Werth der Suppen, der bei Laien und Aerzten schon längst anerkannt ist, so dass sich Niemand scheut, einem Kranken eine Suppe zu geben, und man sich, wenn auch alles Andere verweigert wird, mit einer Tasse Fleischbrühe nicht abweisen lässt.

Das so verderbliche Vorurtheil, dass die Fleischbrühe oder das Fleischextrakt Nahrungsstoffe enthalte oder dass darin sogar eine Nahrung gegeben sei, ist jetzt wohl glücklich überwunden; aber man erinnert sich in manchen Kreisen nur ungerne daran, welch' heftiger Kämpfe es bedurfte, um der Wahrheit Bahn zu brechen, und man möchte gerne die Sache so wenden, als ob nie Jemand eine andere Meinung hierüber gehabt hätte.

Nichts ist, wie ich schon hervorgehoben habe, schädlicher als der Gebrauch von Worten, deren Sinn nicht scharf definirt ist. Weil man von einer kräftigen oder kräftigenden Fleischbrühe spricht und auch sagt, dass die Nahrung Kraft gebe, so hat man die Bedeutung der beiden in unrichtiger Weise vermengt. Nur durch den Zerfall der Nahrungsstoffe bekommen wir die lebendige Kraft für die mannigfachen Wirkungen im Körper; die Genussmittel dagegen beeinflussen die Nerven und Nervencentralorgane und bringen dadurch für die Vorgänge im Körper wichtige Folgen hervor, indem sie diese Organe in die Verfassung versetzen, leichter oder auch schwerer ihres Amtes zu walten. So können z. B. die Centralorgane für die Thätigkeit des Herzens durch ein Genussmittel erregt werden und dadurch das Herz zu energischeren Zusammenziehungen treiben, während es ohne jenes

[1]) Die Fleischbrühe kann in diesen ihren beiden Hauptwirkungen auch durch Anderes ersetzt werden. In manchen Haushaltungen werden Wassersuppen durch Zusatz des Extraktes der Goldäpfel äusserst schmackhaft gemacht.

Mittel aufgehört hätte zu schlagen; es können unter dem Einflusse solcher Mittel manche Widerstände geringer werden. Man braucht nur daran zu denken, wie in gedrückter Stimmung eine freudige Nachricht auf unseren ganzen Körperzustand einwirkt, wie sie uns kräftiger macht und neu belebt, ohne dass dadurch ein Nahrungsstoff zugeführt wird.

Die Wirkung der Genussmittel lässt sich nach Professor Voit am besten mit der der Schmiere bei den Maschinen vergleichen, welche in grösster Menge verbraucht wird, und ohne welche die Maschine nicht in geordneten Gang kommt, obwohl sie nicht wie die Kohle im Heizraum verbrannt wird und keine Wärme liefert; die Schmiere vermeidet die unnöthigen Reibungen und hilft dadurch bei Auslösung von gleichviel lebendiger Kraft einen ganz anderen Effekt hervorbringen. Ein richtig angebrachter Peitschenschlag wirkt wie ein Genussmittel auf die Nerven des Lastthieres, welcher das Gefühl der Müdigkeit verscheucht und die Kräfte zur rechten Zeit einsetzen lässt; ohne ihn würde eine schwere Last nicht überwunden werden, obschon er keinen Nahrungsstoff dem Körper geboten hat.

Wir finden daher auch in unserem Spitale stets leere Fleischbrühe von bester Qualität im Vorrathe. Es könnte daher, da auch Eier und Semmel immer vorhanden sind, zu jeder Tageszeit leere Brühe oder Suppe mit Ei oder mit Semmelschnitten abgegeben werden. Dies ist jedoch auf der Kostordnung nicht vorgesehen, da darnach bei „Diät“ oder $^1/_4$ Kost nur drei Mal im Tage eine solche Suppe abgegeben werden darf. In den Zeiten zwischen den drei Mahlzeiten kann man einen Reconvalescenten, der bereits $^3/_4$ oder $^4/_4$ Kost hat, keine Fleischbrühe verordnen, wesshalb unter der Rubrik „Extraspeisen“ auch Fleischbrühe ohne und mit Ei aufgenommen werden sollte.

Für die übrigen Kostarten werden die bereits erwähnten sogenannten eingekochten Suppen verwendet, und zwar in der Weise, dass jeden Tag in der Woche eine andere zu Mittag und eine andere zu Abend gegeben wird. Es sind Suppen, wie sie bei der hiesigen Bevölkerung allgemein verbreitet sind, worauf grosses Gewicht gelegt werden muss; bevor man auf die Bedeutung der Genussmittel aufmerksam geworden war, wäre man über diesen Punkt leicht hinweggegangen; man darf nicht glauben, dass die Kostrezepte, welche dem Geschmack irgend einer Bevölkerung angepasst sind, auf eine andere ohne Weiteres übertragen werden dürfen. Unsere Kranken würden sich entschieden sträuben, wollte man ihnen Fliedersuppe oder Suppe aus Heidelbeeren oder getrockneten Pflaumen vorsetzen, wie sie in Norddeutschland gebräuchlich sind.

Die Zubereitung der Suppen ist, was Qualität und Quantität betrifft, eine sehr gute. Ich habe mich selbst häufig von der Schmackhaftigkeit derselben überzeugt, und die Reichhaltigkeit der Zuthaten, wie Eier, Mehl,

Milch, Fett, bezeugt den Gehalt derselben. Es kommen daher nie Klagen von Seite der Kranken über die Bereitungsweise der Suppen, und wie ich gleich hier bemerken will, auch der übrigen Speisen zu den Ohren der Aerzte. Der von den Suppen im Durchschnitte repräsentirte Nährwerth ist schon früher angegeben worden. —

Ich gehe nun über zu dem, was ausser der Suppe gereicht wird; dies besteht für Reconvalescenten und Leichtkranke wie bei den Gesunden in Fleisch und Gemüse.

Rindfleisch findet sich in zweierlei Portionen, zu 96 und zu 150 gr. bei der $^3/_4$ und $^4/_4$ Kost. Dasselbe wird nur in gesottenem Zustande abgegeben, wohl desshalb weil man im Krankenhause viel Fleischbrühe braucht. Nach einer von mir angestellten Berechnung treffen auf eine Portion Fleisch 4 Portionen Suppe; dabei ist zu bedenken, dass zur Bereitung der Suppen auch Knochen verwendet werden, so dass die Qualität derselben durchaus nicht getadelt werden kann.

Ich halte es aber für misslich, dass im Krankenhause das Rindfleisch nur gesotten zu haben ist. Ich habe an mir und meinen Kollegen die Erfahrung gemacht, dass der tägliche Genuss von gesottenem Rindfleisch nach einiger Zeit zuwider wird, und ebenso habe ich es bei den Kranken bemerkt. Wir wollen eben auch hier eine Abwechslung haben, da wir durch den längern Gebrauch eines und desselben Genussmittels, auch wenn es uns eine Zeit lang noch so sehr zugesagt hat, abgestumpft werden.

Ausserdem ist es noch nicht untersucht, ob für Reconvalescenten oder Kranke das gesottene oder das gebratene Fleisch vorzuziehen ist.

Ich glaube, es liesse sich dem Missstande ganz gut abhelfen, wenn man 1 oder 2 Mal in der Woche das Rindfleisch gebraten abgeben würde, und zwar an einem Tage nur für die $^3/_4$ Kost, an dem anderen nur für die ganze Kost, so dass immer noch ein ansehnlicher Theil des Fleisches gesotten und zur Herstellung der Suppen verwendet werden könnte; es müsste dann dem dadurch entstehenden Mangel an Fleischbrühe für die Suppen durch Fleischextrakt abgeholfen werden. Zum Mindesten aber wäre Rindsbraten und noch eine andere in München sehr beliebte Fleischspeise, nämlich das sogenannte Boeuf à la Mode, unter die Extraspeisen aufzunehmen.

In München wird in auffallend grosser Menge Kalbfleisch verzehrt, und zwar dem Gewichte nach ohngefähr die Hälfte des Rindfleisches. Ob dieser Gebrauch gut ist, wollen wir hier nicht untersuchen, aber es findet mit Recht das Kalbfleisch in unserer Krankenkost Verwendung. Man sagt, es wäre das Kalbfleisch leichter zu verdauen als das Rindfleisch, wesshalb das erstere hauptsächlich den schwerer Erkrankten verordnet wird.

Das Kalbfleisch wird in zweierlei Weise zubereitet, nämlich gebraten und eingemacht, worunter man Dünsten und Fertigkochen in einer aus Fett, Mehl, Fleischbrühe, etwas Milch und allerlei Gewürzen zusammengesetzten Sauce versteht. Suppe, Kalbfleisch und eine Semmel machen das Mittagessen bei 1/2 und häufig bei 3/4 Kost aus; ausserdem wird Kalbfleisch noch Abends als Zulage zu 1/2 Kost sowie zu 3/4 und 4/4 Kost verwendet. Es steht zwar noch eine Zubereitungsform des Kalbfleisches auf dem Kostzettel, nämlich das gedünstete Kalbfleisch, doch wird diese aus mir unbekannten Gründen nicht angewendet. Es scheint mir der Vorgang anderer Lazarethe (siehe Kirchner, die preussischen Militärspitäler S. 36.), mehrere Zubereitungsarten des Kalbfleisches zu gewähren, sehr empfehlenswerth.

Wie schon erwähnt, sind Rind- und Kalbfleisch die einzigen im Krankenhause verwendeten Fleischarten. In anderen Spitälern werden jedoch noch weitere Fleischsorten verabreicht, so: Hammelfleisch, Schweinefleisch, Geflügel. Das erstere ist in Süddeutschland nur wenig im Gebrauch, mehr das Schweinefleisch; bei Kranken wird anderswo häufig Geflügel gegeben. Fleisch von jungen Hühnern, gebraten, gilt für ausserordentlich günstig, und man findet auch, dass Kranke, wenn sie wieder anfangen Appetit zu bekommen, viel eher Lust äussern nach Geflügel als nach Rind- oder Kalbfleisch. Man thut gut, bis zu einem gewissen Grade derartigen Lüsternheiten nachzugeben; ich bin fest überzeugt, dass es für die weiteren Vorgänge im Darm, aber namentlich für die Quantität der zu verzehrenden Speise entscheidend ist, ob mit Appetit oder mit Widerwillen gegessen wird. Sind wir im Stande, einen Wunsch des Kranken in dieser Beziehung zu befriedigen, so leisten wir ihm einen grossen Dienst; zwingen wir ihn dagegen zu einer ihm nicht zusagenden Speise, so wird er nur sehr wenig davon zu nehmen vermögen. Ich halte das Verlangen der Kranken nach gewissen Speisen unter Umständen für einen werthvollen Fingerzeig; wir wissen leider über die Verdaulichkeit, Resorbirbarkeit und Zuträglichkeit der verschiedenen Speisen so gut wie nichts, ja man vermengt häufig diese grundverschiedenen Vorgänge. Ich habe meist gut gethan, wenn ich den Wünschen der Kranken so viel als möglich nachgab. Es versteht sich von selbst, dass theueres Fleisch z. B. das von Hühnern nur in seltenen Fällen und nach gewissenhafter Bestimmung des Oberarztes gegeben werden soll.

Zu erwähnen sind noch zwei Fleischspeisen, das geräucherte Fleisch, welches unter den Extraspeisen enthalten ist, und das Hachee, welches aus feingehacktem Kalbfleisch mit etwas Fett, Mehl und Einmachsauce zu einem dicken Brei verkocht wird. Dasselbe wird wegen der breiigen Beschaffenheit gut ertragen, und es bietet das Fleisch in ihm eine grosse Oberfläche für die Veränderung durch die Verdauungssäfte dar.

Hiebei möchte ich noch einige Fleischpräparate besprechen, welche häufig gegeben werden.

Das eine ist das von Liebig angegebene und empfohlene Fleischinfusum, welches durch Extrahiren des Fleisches mit verdünnter Salzsäure in der Kälte bereitet wird. Nach Liebig (chemische Briefe, Anhang zu Brief 32) soll eine schwerkranke Frau zwei Monate lang ausschliesslich damit ernährt worden sein, und dabei an Fleisch und Kräften zugenommen haben. Da dieses Fleischinfusum nur 1.2% Eiweiss und sonst ausser einigen Aschebestandtheilen so gut wie keine Nahrungsstoffe enthält, so ist eine Ernährung und ein Stoffansatz damit unmöglich. Selbst in 500 gr. davon finden sich nur 6 gr. Eiweiss, während auch der herabgekommene Körper zu seiner Erhaltung mindestens 80 gr. Eiweiss und dazu noch eine ansehnliche Menge von Fett oder Kohlehydraten bedarf. Zudem wird von den Kranken das Infusum sehr ungern genommen, es widersteht ihnen und es sind wohl selten mehr als 6 Unzen (= 180 gr.) beigebracht worden.

Lieber als das Fleischinfusum nehmen die Kranken den mittelst einer hydraulischen Presse nach der Angabe von Professor Voit aus dem Fleische ausgepressten Fleischsaft. Derselbe enthält 6% Eiweiss. In der im Spitale gewöhnlich täglich gegebenen Menge des Saftes von 150 gr. befinden sich allerdings nur 9 gr. Eiweiss, aber er wird manchmal 2—3 Wochen lang genommen und sehr gut ertragen, wenn man ihn löffelweise als Arznei giebt. Der Saft hat sich in unserem Spitale für gewisse Fälle unentbehrlich gemacht, wenn man nur Flüssiges darreichen kann wie bei Typhuskranken oder bei Strikturen der Speiseröhre. Der Fleischsaft ist nur etwas theuer, und man muss bestrebt sein, daneben noch stickstofffreie Stoffe beizubringen, da die ausschliessliche Zufuhr geringer Eiweissmengen keinen besonderen Werth hat.

Es hat sich unter vielen Aerzten noch die Meinung einer vergangenen Zeit erhalten, nach welcher das Eiweiss das einzig Nahrhafte ist und die stickstofffreien Bestandtheile der Nahrung nur Wärme liefern; sie achten daher vorzüglich auf die Zufuhr von Eiweiss, während doch sowohl für die Verhütung des Fettverlustes als auch für die Grösse des Eiweisszerfalles die stickstofffreien Stoffe von grösster Bedeutung sind. Ohne sie gehört eine schon für den gesunden Menschen kaum bewältigbare Menge eiweissartiger Substanz dazu, den Körper auf seinem Bestande an Eiweiss und Fett zu erhalten. Die allmähliche Abnahme des Körpers an Fett ist schliesslich viel gefährlicher als die an Eiweiss allein, da das Fett eher verbraucht ist und in einem fettarmen Körper das Eiweiss in immer grösseren Quantitäten zerstört wird; trotzdem liefert schliesslich der Eiweisszerfall nicht genügend lebendige Kraft zur Erhaltung der nothwendigen Bewegungen des Körpers, der Herz- und Athembewegungen. Aus diesen Gründen hat Professor Voit stets die Wichtigkeit der stickstofffreien Stoffe für die Ernährung der Kranken betont.

Neben Suppe und Fleisch werden zur Mittagskost noch Gemüse gegeben. Dieselben sind entsprechend der süddeutschen Volksküche ausgewählt, wechseln an jedem Wochentage und auch nach der Jahreszeit ab, jedoch so, dass für jeden Tag nur ein Gemüse zu haben ist. Die Gemüse sind sich alle gleichgestellt, ohne Rücksicht auf ihren Nährwerth, indem von jedem 1/4 Liter als Portion abgegeben wird. Dies beruht offenbar darauf, dass die Befriedigung des Hungergefühls vor Allem von der Einführung eines gewissen Volums der Speise abhängig ist; wird das gewohnte Volum nicht erreicht, so verlangen wir nach mehr, wenn auch die gehörige Quantität der Nahrungsstoffe gegeben ist. Wollten wir die Gemüse nach ihrem Nährwerth in den Speisezettel einsetzen, so müssten wir von dem einen grosse, von dem anderen kleine Mengen verwenden. Der Unterschied tritt am stärksten bei den Leguminosen, dem grünem Gemüse und den Kartoffeln hervor; es enthält nämlich eine Portion:

	Eiweiss:	Fett:	Kohlehydrate:
von Erbsengemüse =	13	13	36
„ Wirsing =	4	13	19
„ Kartoffelgemüse =	5	9	68

Man müsste darnach mindestens nochmal so viel Wirsing nehmen als Erbsen, um eine gleichwerthige Portion zu erhalten.

Die Gemüse werden bei der Zubereitung durch den Zusatz von Fett und Mehl in ihrem Nährwerthe und in ihrer Schmackhaftigkeit sehr erhöht.

Zum Kalbfleisch wird nur wenig beigegeben; beim gebratenen Kalbfleisch ist etwas Bratensauce enthalten, zum eingemachten Kalbfleisch wird sogenannte Einmachsauce zugesetzt, deren schon vorher Erwähnung geschah, und welche durch ihren Gehalt an Fett und Kohlehydrat den Nährwerth des Fleisches vermehrt. Bei den niederen Kostsätzen, bei welchen kein Fleisch enthalten ist, wird diese Einmachsauce als zweite Speise nach der Suppe gegeben, so z. B. bei 1/4 Kost zu Mittag, bei 1/2 Kost zu Abends als Zulage, und bei 3/4 Kost mehrmals zu Abends. Ueber diese Darreichung laufen nun manche Klagen ein, besonders von den mit 1/2 und 3/4 Kost bedachten Patienten. Dieselben möchten schon etwas Compakteres, und es widersteht ihnen der öftere Genuss von 1/4 Liter dieser Speise nach der vorausgehenden Aufnahme von 1/4 Liter Suppe; ausserdem bekommen sie durch die Ueberfüllung des Darmkanales mit dem grossen Quantum Flüssigkeit leicht Diarrhöe. Der Kostsatz, welcher die Sauce als Mittagskost enthält, wird daher nur sehr selten verordnet, nie während längerer Zeit. Ich möchte daher vor Allem für die 1/2 und 3/4 Kost, in welchen die Sauce des Abends gegeben wird und mit Kalbsbraten und Milchspeisen abwechselt, diese Speise gestrichen wissen; für die $^1/_4$ Kost möge sie jedoch verbleiben, da sie hier eine ganz werthvolle Abwechslung bietet, besonders für Kranke, welche festere Speisen nicht schlucken oder nicht ertragen können. Die Sauce enthält nicht wesentlich mehr Nahrungsstoffe als die Suppen im Durchschnitt, nur ist ihr Fettgehalt grösser, was mit zu dem leichten Auftreten von Diarrhöen beitragen mag. —

Enthält ein Kostsatz kein Fleisch und kein Gemüse, so treten Mehl- oder Milchspeisen dafür ein.

Was die Mehlspeisen anlangt, so findet sich bei $^1/_4$ Kost nur eine einzige, der aus Gries oder Stärkemehl, Eiern, Milch und Zucker bereitete Auflauf, welcher täglich gekocht wird, aber nur kurze Zeit gegeben werden kann. Die Mehlspeisen für $^1/_2$ und $^4/_4$ Kost sind die gleichen, nur sind für die erstere die Portionen um etwa ein Drittel kleiner. Es wird Mittags meist so viel Mehlspeise gemacht, dass auch Abends davon abgegeben wird. Da die Münchener Bevölkerung die Mehlspeisen, bis auf einige wenige, nicht besonders liebt und meist das Fleisch vorzieht, so werden die Mehlspeisen nicht häufig ordinirt, wesshalb die im Speisezettel gebotene Abwechslung genügend erscheint. Noch geringer ist der Verbrauch an Milchspeisen.

Obst ist nur bei der $^1/_4$ Kost enthalten. Da man aber öfters auch bei anderen Kostsätzen Compot zu geben wünscht, so wäre es angezeigt, dasselbe unter die Extraspeisen aufzunehmen.

Eier finden sich bei der $^1/_4$ Kost und den Extraspeisen.

Zu jeder Kost kann 1 oder 2 Quart Milch ordinirt werden, was häufig benützt wird, um in der Zwischenzeit zwischen zwei Mahlzeiten etwas zuzuführen. Die Milch ist von trefflicher Qualität, da das Spital seine eigene Oekonomie besitzt.

Brod wird, je nach Wunsch der Patienten, als Weissbrod oder als Schwarzbrod verabreicht; es wäre wünschenswerth, für die Schwerkranken Zwieback zu besitzen.

Ausser Trinkwasser sind von Getränken zu haben: Bier, Wein und Sauerwasser. Das Bier. das Hauptgetränke der Münchener, theils Nahrungsmittel theils Genussmittel, wird auch im Spitale viel gebraucht und zwar zu $^1/_4$ — 1 Liter im Tag. Der Wein wird nur Schwerkranken gereicht, und gehört zu den wirksamsten Genussmitteln für dieselben; leider ist er im Krankenhause nur in 2 leichteren Sorten, einer weissen und einer rothen, vorräthig, es sollten auch schwerere Weine mit grösserem Alkoholgehalte für gewisse Fälle verfügbar sein. Cognac ist aus der Apotheke zu beziehen.

b) in quantitativer Beziehung.

Nachdem ich im Vorstehenden die Qualität der Kost im Krankenhause besprochen und hie und da weitere Anforderungen gestellt habe, handelt es sich jetzt noch um die quantitativen Verhältnisse derselben.

Zu diesem Zwecke theilen wir die Kranken in 3 Gruppen ein, von denen jede eine bestimmte Kost beansprucht.

Wir scheiden vor Allem eine grosse Anzahl Kranker aus, welche sich von dem Zustande der Gesundheit in ihren Anforderungen an die Kost kaum entfernen; es sind dies die mit rein lokalen, äusserlichen Leiden Behafteten, deren Allgemeinbefinden und Ernährungsverhältnisse unter der Erkrankung nur wenig leiden. Ich rechne hierher einen grossen Theil der in der chirurgischen Abtheilung befindlichen Individuen, sowie die meisten der Syphilitischen und Hautkranken. Sie sind nahezu wie nicht arbeitende Gesunde zu betrachten. Diese Gruppe bedarf eine Nahrung, d. h. ein Gemische, welches sie auf ihrem stofflichen Zustande erhält.

Die übrigen Kranken haben Störungen des Allgemeinbefindens und dadurch auch Störungen der Ernährung. Von diesen gehen die Einen im Beginne einer schweren Krankheit zu, wobei vorauszusehen ist, dass in Folge davon der Körper in höherem Maasse geschädiget wird und durch Steigerung des Zerfalls, sowie durch verminderte Zufuhr Stoffe einbüsst und dadurch auf längere Zeit seine normale Leistungsfähigkeit verliert; hier gilt es, mit allen Mitteln den Körper vor einem zu grossem Verluste zu bewahren. Die Anderen sind durch eine schwere oder langwierige Krankheit heruntergekommen, abgemagert und unfähig, genügend Speise aufzunehmen. Hierher gehören die chronisch Kranken und die Reconvalescenten, bei denen die Aufgabe besteht, den Verlust nach und nach wieder zu ersetzen.

Es fällt nicht schwer für die in der ersten Gruppe verzeichneten Leichtkranken die Kost, welche ihnen eine Nahrung bieten soll, auszusuchen. Sie verhalten sich wie nicht arbeitende Gesunde, und sollen daher so viel von den Nahrungsstoffen wie letztere erhalten. Sie brauchen weniger Eiweiss wie ein robuster Arbeiter, da ihr Eiweissstand in den Organen ein geringerer ist, und weniger Fett und Kohlehydrate, da sie keiner körperlichen Anstrengung sich unterziehen Professor Voit hat für nicht arbeitende Gefangene als niedersten Satz zur Erhaltung des Körpers 85 gr. Eiweiss, 30 gr. Fett und 300 gr. Kohlehydrate angenommen. Die gleichen Quantitäten der Nahrungsstoffe dürfen wohl auch die genannten Kranken beanspruchen, aber nicht in den nämlichen Nahrungsmitteln, sondern in besseren und unter grösserer Abwechslung. Die betreffenden Kranken erhalten gewöhnlich die $^3/_4$ oder $^4/_4$ Kost. Ich habe speziell auf der Abtheilung der syphilitisch

Erkrankten die Erfahrung gemacht, dass im Allgemeinen die Weiber sich eher mit der ³/₄ Kost begnügen als die Männer, was aus der gewöhnlich geringeren Körpermasse der ersteren leicht zu erklären ist.

Der Nährwerth unserer ³/₄ und ⁴/₄ Kost ist nun nicht einfach aus den Zahlen der Tabelle S. 96 abzulesen, da die dort berichteten Kostsätze noch einige Aenderungen durch weitere Ordinationen erfahren; es werden dabei nur sehr selten Milch und andere Extraspeisen angewendet, jedoch gewöhnlich noch Bier zugegeben, welches in berücksichtigenswerther Menge ein Kohlehydrat enthält.

Aus den Zusammenstellungen der Verwaltung und des Ordens ergaben sich nach einer dreitägigen Ermittlung für die ³/₄ Kost je 390 ccm. Bier im Tag, für die ganze Kost je 540 ccm. Bier im Tag; in 390 ccm. Bier sind 20 gr. Kohlehydrat, in 540 ccm. sind 28 gr. Darnach stellt sich

	Eiweiss:	Fett:	Kohlehydrate:
die ³/₄ Kost mit Rindfleisch und Bier zu	63	48	195
die ⁴/₄ Kost (gewöhnlich) mit Bier zu	93	54	211

Es erhalten demnach die Kranken in der ³/₄ und ⁴/₄ Kost nicht ganz das für nicht arbeitende Gefangene geforderte Maass. Bei der gewöhnlichen ganzen Kost ist der Eiweiss- und Fettgehalt ausreichend, aber die Menge der Kohlehydrate scheint zu gering zu sein, auch wenn wir den Ueberschuss von 24 gr. Fett zu 41 gr. Kohlehydrat in Rechnung bringen. Dieser Mangel wird ausgeglichen in der ganzen Kost mit Mehlspeise, wobei jedoch die Eiweissmenge zu niedrig ausfällt. In der ³/₄ Kost fehlt es, gegenüber der Gefangenenkost, an Eiweiss und an Kohlehydraten.

Es darf uns daher nicht Wunder nehmen, wenn manche Kranke von grösserem Körpergewichte sich mit der ganzen Kost nicht befriediget finden. Wir müssen daher darnach trachten, für letztere Kranke durch irgend welche weitere Zusätze den Gehalt der ganzen Kost an Nahrungsstoffen zu erhöhen. Ich glaube, es lässt sich dies am besten erreichen durch Zusatz von Brod.

Das Brod wird bei allen Kostarten, mit Ausnahme der „Diät" in der Quantität von nur 150 gr. täglich gegeben, und es besteht gar keine Steigerung darin. Bei Kirchner finden wir in der vollen Kost der preussischen Garnisonslazarethe 672 gr. Brod, was allerdings für einen Kranken ganz enorm viel ist, für die zweite Stufe 336 gr.; in den französischen Spitälern für die ganze Kost 330 gr. Von unseren 150 gr. Brod treffen auf jede der drei Mahlzeiten 50 gr.; da nun das Frühstück Morgens um 6 Uhr, das Mittagessen um 11 Uhr, das Abendessen um 5 Uhr eingenommen wird, so lassen sich ganz gut weitere 100 gr. Brod = 2 Semmel mit 60 gr. Kohlehydrat auf die Zwischenzeit vertheilen, wodurch dann die Brodration auf 250 gr. und die tägliche Kohlehydratmenge auf 312 gr. (mit Einrechnung des überschüssigen Fettes) erhöht würde. Es würde dies gewiss von den Kranken unserer Gruppe mit Freuden begrüsst werden. Die gewöhnliche ganze Kost enthielte dann 103 gr. Eiweiss, 54 gr. Fett und 271 gr. Kohlehydrate.

Wir bekommen auf diese Weise eine Normalkost für die Männer der chirurgischen und syphilitischen Abtheilung.

Ich habe erwähnt, dass die Weiber sich eher mit der 3/4 Kost begnügen als die Männer. Dr. Forster fand bei einer in armseligen Verhältnissen lebenden noch rüstigen Frau (a.), welche aber einige Zeit darauf an Phthisis starb, und in der Kost alter Pfründnerinen (b.) die geringsten Mengen der Zufuhr; er erhielt nämlich:

	Eiweiss	Fett	Kohlehydrate:
a.	76	23	334
b.	80	49	226

Die 3/4 Kost des Krankenhauses bietet demnach mit Rindfleisch und Bier noch weniger Eiweiss und Kohlehydrate. Ich möchte daher auch für die 3/4 Kost eine Erhöhung durch Brodzulage beantragen, denn ich habe die bestimmte Erfahrung gemacht, dass viele weibliche Kranke zu schüchtern sind mehr zu verlangen und dass desshalb hauptsächlich den Kranken dieser Gruppe, oft auf ihr dringendstes Bitten, Nahrungsmittel heimlicher Weise eingeschleppt werden. Sie möchten in den grossen Zwischenpausen zwischen den jetzigen Mahlzeiten etwas zu sich nehmen; es ist gewiss am Platze, ihnen ebenfalls eine Brodzulage von 100 gr. zu gewähren, also Vormittags und Nachmittags je 1 Semmel. Es kommt ohnedem oft darauf an, Kranken häufig und jedes Mal nur wenig Speise zu reichen. Wir bekommen dann für die 3/4 Kost mit Rindfleisch, Bier und Brodzusatz:

73 gr. Eiweiss, 48 gr. Fett und 255 gr. Kohlehydrate.

Mit dieser Erhöhung könnte wohl die ganze Kost in der weiblichen Abtheilung vollkommen wegfallen, und wir haben somit eine Normalkost für die männliche und die weibliche Abtheilung geschaffen, welche nach meiner zweijährigen Spitalpraxis derartigen Leichtkranken vollkommen genügen wird.

Soll die 3/4 Kost eine Normalkost für die weibliche Abtheilung sein, so ist noch eine weitere Aenderung daran vorzunehmen; es betrifft dies die Kalbfleischsauce, welche 3 Mal in der Woche zum Abendessen gegeben wird. Es klagen, wie schon erwähnt, die Kranken sehr über diese Speise, und ich kann nur beifügen, dass meine Collegen mit mir diese Klagen berechtigt fanden. Ich würde statt der Sauce Kalbfleisch mit Sauce geben, wovon eine Portion für den Abend 15.4 Eiweiss mehr, dagegen 1.3 Fett und 1.9 Kohlehydrate weniger enthält als die Sauce allein. Da die Sauce 3 Mal in der Woche gegeben wird, so würde dann die ³/₄ Kost im Mittel 80 gr. Eiweiss, 47 gr. Fett und 254 gr. Kohlehydrate enthalten.

Ich habe bei einem Patienten von kräftigem Körperbau, welcher mit Lues behaftet war und ganze Kost erhielt, während 12 Tagen alle Speisen gewogen, nach der Tabelle S. 85 die darin befindliche Trockensubstanz berechnet, und dann deren Eiweissgehalt aus der Eiweissmenge der zur Bereitung der Speisen benützten trockenen Nahrungsmittel erfahren. Zugleich wurde täglich eine Stickstoffbestimmung im Harn nach der Methode von Schneider gemacht; der Koth eines Menschen enthält für den Tag etwa 2.3 gr. Stickstoff.

1. Tag:	Eiweiss:	2. Tag:	Eiweiss:	3. Tag:	Eiweiss:
138 Semmel	13.2	142 Semmel	13.6	143 Semmel	13.6
100 Milch	4.1	100 Milch	4.1	200 Kaffee	—
220 Kaffee	—	200 Kaffee	—	100 Milch	4.1
15 Zucker	—	15 Zucker	—	15 Zucker	—
334 Eiergerstensuppe	4.9	340 Gerstensuppe	3.9	323 Kräutersuppe	2.0
292 Erbsengemüse	18.6	88 Rindfleisch	22.3	17 Schnitten	2.1
110 Rindfleisch	28.2	283 Spinat	4.9	90 Rindfleisch	22.8
345 Gerstensuppe	3.9	345 Reissuppe	2.9	247 Erddotschen	3.0
295 Reismus	13.8	300 Sauce	3.4	336 Gerstensuppe	3.8
				62 Kalbsbraten	12.2
	86.7		55.1		63.6

4. Tag:	Eiweiss:	5. Tag:	Eiweiss:	6. Tag:	Eiweiss:
148 Semmel	14.2	146 Semmel	14.0	140 Semmel	13.4
200 Kaffee	—	200 Kaffee	—	200 Kaffee	—
100 Milch	4.1	100 Milch	4.1	100 Milch	4.1
15 Zucker	—	15 Zucker	—	15 Zucker	—
324 Griessuppe	4.2	325 Panadelsuppe	5.1	322 Nudelsuppe	5.1
84 Rindfleisch	19.9	110 Rindfleisch	27.7	286 gelbe Rüben	3.9
227 Spinat	3.9	250 Bohnengemüse	12.6	126 Rindfleisch	31.8
317 Panadelsuppe	4.7	303 Griessuppe	3.3	300 Sagosuppe	1.3
248 Griesmus	7.6	307 Sauce	3.7	154 Kalbsbraten	30.4
	58.6		70.5		90.0

7. Tag:	Eiweiss:	8. Tag:	Eiweiss:	9. Tag:	Eiweiss:
144 Semmel	13.6	136 Semmel	13.0	144 Semmel	13.6
200 Kaffee	—	200 Kaffee	—	200 Kaffee	—
100 Milch	4.1	100 Milch	4.1	100 Milch	4.1
15 Zucker	—	15 Zucker	—	15 Zucker	—
332 Reissuppe	2.7	330 Eiergerstensuppe	4.4	335 Gerstensuppe	3.6
114 Rindfleisch	30.8	270 Erbsengemüse	15.9	123 Rindfleisch	27.0
239 Kohlrabi	3.1	115 Rindfleisch	29.2	297 Spinat	4.8
317 Griessuppe	3.7	325 Gerstensuppe	3.7	310 Reissuppe	2.9
225 Sauce	2.8	307 Reismus	14.3	121 Kalbfleisch	22.1
				132 Sauce	1.6
	60.8		84.6		79.7

10. Tag	Eiweiss	11. Tag	Eiweiss	12. Tag	Eiweiss
142 Semmel	13.5	135 Semmel	13.0	137 Semmel	13.0
200 Kaffee	—	200 Kaffee	—	200 Kaffee	—
100 Milch	4 1	100 Milch	4.1	100 Milch	4.1
15 Zucker	—	15 Zucker	—	15 Zucker	—
302 Kräutersuppe	2.0	330 Griessuppe	3.8	339 Panadelsuppe	5 4
38 Schnitten	4.5	150 Rindfleisch	38.0	288 Mehlschmarrn	25 6
270 Erddotschen	3.0	278 Spinat	4 6	250 Bier	—
152 Rindfleisch	38.3	250 Bier	—	360 Griessuppe	3 5
347 Gerstensuppe	3.9	321 Panadelsuppe	5.1	288 Mehlschmarrn	28.0
95 Kalbsbraten	18.8	283 Griesmus	10.1		
250 Bier	—				
	88,1		78.7		79 6

Im Mittel erhielt also der Mann im Tag 75 gr. Eiweiss in seiner Kost. Die Stickstoffmenge in der Kost und im Harn betrug:

Tag	N in der Kost	N im Harn:	Differenz:
1.	13.44	9.87	+ 3.57
2.	8.54	7.72	+ 0.82
3.	9.86	10.04	— 1.82
4.	9.08	9.59	— 0.51
5.	10.93	11.58	— 0.65
6.	13.95	11.21	+ 2.74
7.	9.42	10 27	— 0.85
8.	13.11	11.36	| 1.75
9.	12.35	10.38	+ 1.97
10.	13.66	10.47	+ 2.19
11.	12.20	11.91	+ 0.29
12.	12.34	8.03	+ 4.31
Mittel:	11.57	10.20	+ 1.37

Da der Koth im Tag etwa 2.3 gr. Stickstoff enthält, so hat sich der Mann mit der ganzen Kost des Spitals nahezu auf seinem Bestande an Eiweiss erhalten, er hat täglich in 1 gr. Stickstoff etwa 6.5 gr. trockenes Eiweiss, welches 29 gr. frischem Fleisch entspricht, von seinem Körper eingebüsst. —

In der zweiten von mir vorher aufgestellten Gruppe von Kranken befinden sich diejenigen, welche noch im Besitze ihres normalen Stoffbestandes von einer schweren Krankheit befallen worden sind und Gefahr laufen, dadurch an Stoff von ihrem Körper einzubüssen. Es gehören hierher hauptsächlich fieberhafte Krankheiten, wie z. B. Typhus, Pneumonie, Pleuritis, Wechselfieber. Es ist noch nicht lange her, dass man derartige Kranke durch Blutentziehungen und strenge Diät, gleichbedeutend mit völliger Nahrungsentziehung, von vorneherein schwächte und dadurch die Ueberstehung der Krankheit in vielen Fällen unmöglich machte. Jetzt bricht sich die Anschauung, diese Kranken durch Zufuhr von geeigneter Speise möglichst vor allzu grossem Verluste und Schaden zu bewahren, immer mehr Bahn, und man kann bereits die segensreichen Früchte dieser Behandlungsweise deutlich erkennen. Sie manifestiren sich nicht allein in einer geringeren Mortalität bei den erwähnten Krankheiten, sondern auch in der Art des Verlaufes derselben. Die früheren Beschreibungen belehren uns, dass gewisse Symptome viel milder als früher auftreten, dass manche Nachkrankheiten vermieden werden und die Reconvalescenz eine kürzere wird, wodurch sowohl dem Individuum, als auch der Gemeinde und dem Staate ein geringerer Schaden erwächst. Wer in einem grossen Spitale praktizirt, kann sich am besten von dem Unterschiede zwischen Sonst und Jetzt überzeugen, wenn Kranke zugehen, welche bereits durch die früher in Mode gewesene Behandlung heruntergekommen sind, manchmal in einer Weise, dass es trotz aller Bemühungen nicht mehr gelingt, sie am Leben zu erhalten.

Das Vorhaben, den Körper vor einem allzu grossen Stoffverluste und allzu grosser Entkräftung zu bewahren, wird jedoch durch mancherlei Umstände erschwert. Vor Allem ist der bei allen fiebernden Kranken vorhandene Appetitmangel sehr hinderlich, Speisen in genügender Menge einzuführen, indem nur wenige derselben, mit einer geringen Quantität der Nahrungsstoffe, ohne Ekel gegessen werden, und es grosser Aufmerksamkeit des Wartepersonals bedarf, um durch Zureden die Leute zum Schlucken zu vermögen. Ausserdem befindet sich der ganze Darmkanal dabei meist in einem Zustande, dass er keine Verdauungssäfte bereitet und nur wenig zu resorbiren vermag. So z. B. verhindert beim Typhus, welcher zu dieser Gruppe in gewissen Jahren das grösste Contingent liefert, die Beschaffenheit des Darmes die Zuführung compakterer Speisen, von Brod Fleisch, Kartoffeln etc.

Durch diese Umstände ist es unmöglich, einen Menschen ohne allen stofflichen Verlust seines Körpers durch eine schwere Krankheit, durch einen Typhus, durchzubringen.

Wir müssen daher darnach streben, solchen Kranken so viel als möglich Nahrungsmittel in einer Form beizubringen, welche dem erkrankten Darm keine zu grosse Arbeit zumuthet. Wir schliessen daher viele Speisen aus, welche täglich auf den Tisch des Gesunden kommen, und greifen theilweise zu solchen, welche der Gesunde nur selten geniesst.

Es sind kaum noch nähere Angaben darüber vorhanden, wieviel die betreffenden Kranken an Nahrungsstoffen täglich erhalten. Wir wissen allerdings, dass beim Fieber vielfach mehr Eiweiss zersetzt wird, aber die

Grösse des Verlustes an Eiweiss und Fett vom Körper ist uns unbekannt. Es ist desshalb von Interesse zuzusehen, was jene Kranken in unserem Spitale, wo man bestrebt ist, ihnen soviel als möglich beizubringen, erhalten.

Von den Kostsätzen eignet sich für sie nur die Viertelkost, da bei der halben Kost schon auf gewöhnliche Art zubereitetes Fleisch und Anderes gereicht wird, was Fieberkranke nicht ertragen. Von den aufgezählten einzelnen Arten der Viertelkost wird fast ausschliesslich die mit Ei verordnet, da hierbei kein Brod sich befindet, welche man besonders bei den Typhuskranken sehr fürchtet. Die ¼ Kost mit Ei enthält 20 gr. Eiweiss, 18 gr. Fett und 24 gr. Kohlehydrate. Es wird jedoch dieser Kostsatz selten rein gegeben, sondern meist mit weiteren Zuthaten versehen. Der am meisten angewendete Zusatz ist ½ Liter Milch, 1—2 Stück Eier, hie und da bei sehr schwerer Erkrankung Kaffee am Nachmittage, oder auch ¼—½ Liter Bier. Im Durchschnitte wird gegeben:

	Eiweiss:	Fett:	Kohlehydrate:
¼ Kost mit Ei	20.3	17.7	23.5
½ Liter Milch	20.4	19.4	21.0
1 Stück Ei	6.3	4.9	—
	47.0	42.0	44.5
1 Stück Ei	6.3	4.9	—
	53.3	46.9	44.5

Es ist dies eine Kost, bei welcher vor Allem der relativ hohe Eiweissgehalt gegenüber den stickstofffreien Stoffen auffällt; auch ist die Menge des Fettes im Verhältniss zu der der Kohlehydrate sehr gross. Es kommt demnach gerade das Gegentheil von dem zur Anwendung, was man häufig als nothwendig verlangt, nämlich eine verhältnissmässig reichliche Zufuhr von Kohlehydraten. Die relativ grosse Quantität von Eiweiss und von Fett scheint nach den Resultaten unserer Ernährungsweise für den Kranken nicht ungünstig zu sein. Dass man ohne Gefahr selbst grössere Mengen von Eiweiss und Fett dem Fieberkranken zumuthen kann, bezeugt ein Fall von Typhus mit hohem Fieber, bei welchem auf der Abtheilung des Herrn Prof. v. Ziemssen 21 Tage hindurch, ohne Widerwillen von Seite der Patientin, im Durchschnitte täglich bei ¼ Kost mit Ei ausserdem noch ¾ Liter Milch, ¾ Liter Bier, 2 Stück Eier, 150 gr. Fleischsaft und 1 Portion Brandyeggmixtur mit 2 Eiern gegeben wurde. Es befanden sich darin 91 gr. Eiweiss, 76 gr. Fett und 100 gr. Kohlehydrate. Die Patientin magerte dabei, trotz Fieber und Diarrhöen, nur wenig ab, so dass man damals über den Erfolg der Behandlung sehr erfreut war.

Es ist nöthig, dem Kranken soviel als möglich beizubringen; vor einem Zuviel schützt uns gewöhnlich der Widerwillen der Kranken, der uns leider in den meisten Fällen zu einem Zuwenig zwingt.

Die ¼ Kost soll daher nur eine Minimalkost darstellen, welche jedem Kranken dieser Gruppe verordnet werden kann, aber durch unbeschränkte Benützung der Extraspeisen in mannigfacher Weise je nach Bedürfniss vermehrt werden darf. Es ist von der höchsten Bedeutung, dass der ordinirende Arzt weiss, wie wenig in der ¼ Kost enthalten ist, und dass er eifrigst darauf achtet, wo es irgend angeht, mehr anzuordnen.

Auffallend ist die reichliche Fettmenge in der ¼ Kost mit den Zuspeisen, welche den Mangel an Kohlehydraten einigermassen ersetzt. Eine ausschliessliche und ungenügende Zufuhr von Eiweiss ohne die stickstofffreien Stoffe ist, wie schon erwähnt, nahezu nutzlos, da dabei das Eiweiss in grösserer Menge zerfällt als bei Zusatz von stickstofffreien Substanzen und da ferner dabei der Verlust von Eiweiss und Fett vom Körper kaum geringer ist als beim völligen Hunger.

Es wäre wichtig, in der ¼ Kost mehr Kohlehydrate beizubringen. Es liesse sich dies durch eine Abänderung in der Suppe erreichen, für welche bei ¼ Kost mit Ei nur leere Fleischbrühe oder Pflaumsuppe angesetzt ist. Eine durch ein Sieb getriebene Abkochung von Reis, Gerste, Sago, Hafer oder Gries würde den Gehalt an Kohlehydraten erhöhen.

Ferners ist gutes Bier hier ganz passend, welches im Liter 52 gr. Kohlehydrate in sehr günstiger Form einschliesst und für den Fiebernden durchaus nicht nachtheilig ist. Ein halber Liter Bier kann ohne jede Gefahr im Tage verbraucht werden.

Eine weitere Erhöhung der Kohlehydrate lässt sich durch Verabreichung von Zucker erzielen. Die Fiebernden trinken mit grosser Begier Wasser und noch lieber Zuckerwasser; auch zur Milch lässt sich Zucker geben, wodurch die Menge der Kohlehydrate ansehnlich gesteigert werden kann.

Es ist ein erfreuliches Zeichen, dass es dem Arzte durch allerlei Hülfsmittel jetzt gelingt, dem kranken Körper eine grössere Menge von Nahrungsstoffen zuzuführen, als nur bei Berücksichtigung des subjektiven Gefühls des Kranken möglich wäre.

Ich habe, um einen Einblick in das, was für den Eiweissstand des Körpers durch diesen Kostsatz erreicht wird, zu gewinnen, bei einem Typhuskranken, mit normalem Verlauf der Krankheit und im Anfange der dritten Woche derselben, während 20 Tagen den Stickstoffgehalt der Speisen mit der im Harn ausgeschiedenen, nach Schneider's Methode bestimmten Stickstoffmenge verglichen. Anfangs bestand noch Fieber. Es ergab sich:

1. Tag:	Eiweiss:	2. Tag	Eiweiss:	3. Tag	Eiweiss
1000 Milch	40.8	770 Milch	31.4	750 Milch	30.6
500 Fleischsuppe	—	500 Suppe	—	520 Suppe	—
4 Eier	25.2	3 Eier	18.9	15 geb. Schnitten	1.8
				108 Auflauf	12.6
	66.0		50.3		45.0

4. Tag		Eiweiss
750	Milch	30.6
508	Suppe	—
114	Auflauf	13.3
		43.9

5. Tag		Eiweiss
750	Milch	30.6
53	Semmel	5.0
22	Schnitten	2.6
201	Hachee	18.0
1/2	Knödel	1.0
530	Suppe	—
		57.2

6. Tag		Eiweiss
750	Milch	30.6
63	Semmel	6.0
552	Suppe	—
126	Hirn	14.0
132	Sauce	1.0
24	Schnitten	2.8
		54.4

7. Tag		Eiweiss
123	Semmel	11.5
750	Milch	30.6
305	Panadelsuppe	4.8
360	Griessuppe	3.7
106	eingem. Kalbfl.	18.8
148	Sauce	1.1
230	Nudelmus	13.9
10	Zucker	—
		84.4

8. Tag		Eiweiss
750	Milch	30.6
138	Semmel	13.2
343	Nudelsuppe	4.0
106	Kalbfleisch	18.8
132	Sauce	1.0
16	Schnitten	1.9
230	Reismus	13.8
10	Zucker	—
297	Suppe	—
		83.3

9. Tag		Eiweiss
750	Milch	30.6
143	Semmel	13.7
166	Reissuppe	1.4
273	Griessuppe	3.1
255	Hirn	28.0
103	Knödel	5.3
343	Sauce	2.0
5	Zucker	—
250	Bier	—
		84.1

10. Tag		Eiweiss
500	Milch	20.4
143	Semmel	13.7
323	Eiergerste	4.7
87	Kalbfleisch	16.5
150	Sauce	1.2
14	Schnitten	1.7
325	Reismus	19.0
70	Knödel	3.6
5	Zucker	—
		80.8

11. Tag		Eiweiss
750	Milch	30.6
153	Semmel	14.7
635	Suppe	—
52	Schnitten	6.3
116	Kalbfleisch	22.1
477	Sauce	3.8
10	Zucker	—
500	Bier	—
		77.5

12. Tag		Eiweiss
250	Milch	10.2
147	Semmel	14.1
228	Wirsingsuppe	2.2
21	Schnitten	2.6
408	abgetr. Nudel	32.9
339	Pflaumsuppe	10.4
	Compot	0.6
10	Zucker	—
500	Bier	—
		73.0

13. Tag		Eiweiss:
250	Milch	10.2
153	Semmel	14.7
337	Teigsuppe	4.8
247	Strudel	19.8
	Compot	0.6
339	Panadelsuppe	5.6
345	Griesmus	12.4
10	Zucker	—
500	Bier	—
		68.1

14. Tag:		Eiweiss:
250	Milch	10.2
141	Semmel	13.7
317	Panadelsuppe	5.2
301	Pflaumsuppe	9.2
242	Rindfleisch	61.1
169	Sauce	2.0
280	Kartoffelgemüse	4.0
10	Zucker	—
		105.4

15. Tag:		Eiweiss:
750	Milch	30.6
178	Semmel	16.6
353	Nudelsuppe	4.9
276	gelbe Rüben	3.7
144	Rindfleisch	35.7
285	Pflaumsuppe	8.7
175	Kalbsbraten	40.7
10	Zucker	—
500	Bier	—
		140.9

16. Tag		Eiweiss
500	Milch	20.4
134	Semmel	12.9
309	Pflaumsuppe	9.4
229	Rindfleisch	57.8
279	Kohlrabi	3.1
306	Griessuppe	3.5
173	Sauce	2.0
10	Zucker	—
750	Bier	—
		109.1

17. Tag		Eiweiss:
164	Semmel	15.7
500	Milch	20.4
349	Eiergerste	5.0
118	Rindfleisch	29.8
256	Wirsinggemüse	3.6
309	Pflaumsuppe	9.4
332	Reisbrei	15.5
10	Zucker	—
750	Bier	—
		99.4

18. Tag:		Eiweiss:
150	Semmel	14.4
250	Milch	10.2
569	Pflaumsuppe	17.1
133	Rindfleisch	33.4
258	Spinat	4.3
79	Kalbfleisch	18.8
190	Sauce	2.1
10	Zucker	—
750	Bier	—
		100.3

19. Tag:	Eiweiss:	20. Tag:	Eiweiss:
146 Semmel	14.1	149 Semmel	14.3
250 Milch	10.2	250 Milch	10.2
349 Wirsingsuppe	4.0	332 Pflaumsuppe	10.1
141 Rindfleisch	35.5	131 Rindfleisch	33.0
284 Erddotschen	3.4	226 Spinat	3.8
198 Pflaumsuppe	6.0	306 Panadelsuppe	4.9
180 Kalbsbraten	35.6	368 Griesmus	13.2
10 Zucker	—	10 Zucker	—
750 Bier	—	750 Bier	—
	108.8		89.5

Zusammenstellung:

Tag	Abend-Temper. in °C.	Eiweiss der Kost	N der Kost	N im Harn	Differenz im N.	Verlust oder Ansatz von Eiweiss nach Einrechnung von 2 gr. N im Koth
1.	39.6	66.0	10.23	15.26	— 5.03	— 45
2.	38.4	50.3	7.79	13.76	— 5.97	— 51
3.	38.9	45.0	6.97	14.65	— 7.68	— 62
4.	normal	43.9	6.80	10.87	— 4.07	— 39
5.	„	57.2	8.87	13.86	— 4.99	— 45
6.	„	54.4	8.43	14.09	— 5.66	— 50
7.	„	84.4	13.08	15.53	— 2.45	— 29
8.	„	83.3	12.91	12.38	+ 0.53	— 10
9.	„	84.1	13.04	10.50	+ 3.54	+ 4
10.	„	80.8	12.52	13.11	— 0.59	— 17
11.	„	77.5	12.01	11.55	+ 0.46	— 10
12.	„	73.0	11.32	9.47	+ 1.85	+ 1
13.	„	68.1	10.56	7.89	+ 2.67	+ 4
14.	„	101.4	16.38	11.72	+ 4.66	+ 17
15.	„	140.9	21.84	11.78	+ 10.06	+ 52
16.	„	109.1	16.91	12.83	+ 4.08	+ 13
17.	„	99.4	15.41	9.24	+ 6.17	+ 27
18.	„	100.3	15.55	9.58	+ 5.97	+ 25
19.	„	108.8	16.86	11.24	+ 5.62	+ 23
20.	„	89.5	13.87	11.27	+ 2.60	+ 4

Die dem Kranken gegebene Kost enthält an den späteren Tagen durch die Zusätze mehr Eiweiss als die ganze Kost. Am 4. Tage hatte das Fieber aufgehört; während bis dahin nur ein Theil des nöthigen Eiweisses dem Kranken beigebracht werden konnte, nahm von da ab die Zufuhr an Eiweiss immer mehr zu. An den 3 Fiebertagen wurde täglich noch viel Eiweiss vom Körper abgegeben; der Verlust wurde von da an immer kleiner und vom 12. Tage ab trat Ansatz von Eiweiss ein, aber nie ein so grosser, als der Verlust von Eiweiss an einem Fiebertage betrug. Es erreicht also der Reconvalescent nur langsam seinen früheren Bestand an Eiweiss wieder.

Die dritte von uns abgetrennte Gruppe ist die der Reconvalescenten. Da es nicht möglich ist, einen Körper ohne Einbusse von seinen Organen durch eine schwere fieberhafte Krankheit hindurchzubringen, so sind die Reconvalescenten meist durch die Krankheit abgemagert und kraftlos. Diesen muss daher nicht nur eine Nahrung geboten werden, welche den herabgekommenen Körper erhält, sondern eine solche, welche ihn wieder zu seinem normalen Bestande an Eiweiss und Fett zurückführt.

Es versteht sich von selbst. dass man nicht gleich zu einer Kost übergehen darf, welche den völlig wieder hergestellten Menschen erhält, da ja bei Beginn der Reconvalescenz ein stoffarmer Organismus vorliegt, der weniger Substanz braucht und erträgt; es muss daher eine allmähliche Steigerung in der Quantität der Zufuhr der stickstoffhaltigen und stickstofffreien Stoffe stattfinden. Es setzt der herabgekommene Körper bei einer Quantität von Nahrungsstoffen schon an, welche dem Erholten nicht genügen würde.

Man muss anfangs in der Wahl der Speisen vorsichtig sein, weil bekanntlich Viele im Beginne der Reconvalescenz Indigestionen bekommen; der Darmkanal erlangt erst allmählich die volle Fähigkeit, wirksame Verdauungssäfte abzusondern und zu resorbiren. Die Nahrungsmittel sollen desshalb anfangs keine zu grosse Consistenz und kein zu grosses Volumen haben, damit der Darm sie erträgt und keine übermässige Arbeit zu leisten hat. Weiche Milch- und Mehlspeisen, feingewiegtes Fleisch etc. gelten in diesem Stadium als am zuträglichsten. Erst später geht man zu gekochtem und gebratenem Fleisch über.

Es handelt sich wohl zunächst darum, in den Organen Eiweiss zur Ablagerung zu bringen, damit dieselben wieder an Masse gewinnen und ihre Dienste leisten; dann um die Ansammlung von Fett, dessen Vorrath bekanntlich so grossen Einfluss auf die Zersetzungsvorgänge im Körper hat. Nur bei reichlicher Zugabe von stickstofffreien Substanzen kommt Eiweiss in erheblicher Menge zum Ansatz. Zu diesen Zwecken eignet sich von den in unserem Spitale üblichen Kostsätzen zunächst die ½ Kost mit Mehlspeise oder Milchspeise und darauf bei schon vorgeschrittener Kräftigung des Körpers die ganze Kost mit Mehlspeise oder Milchspeise. Zuletzt giebt man die oben formulirte ¾ oder ganze, aus Fleisch und Vegetabilien gemischte Kost, bei welcher der Reconvalescent wohl für gewöhnlich noch Eiweiss und Fett aufzuspeichern im Stande ist. Hierfür wäre die von mir vorher vorgeschlagene Modifikation dieser Kost, wobei in den Zwischenzeiten noch etwas zugeführt werden soll, besonders empfehlenswerth, da die Genesenden bekanntlich häufig einen wahren Heisshunger entwickeln. Für besondere Fälle des Mehrbedarfs müssen auch hier wiederum die Extraspeisen nachhelfen.

Es ist nicht die Aufgabe eines Krankenhauses, die Insassen so lange zu verpflegen, bis sie wieder vollkommen ihren normalen stofflichen Bestand erreicht und allen körperlichen Anstrengungen sich wieder unterziehen können. Es genügt, wenn die Reconvalescenten so weit gebracht sind, dass sie sich ohne weiteres Zuthun völlig zu erholen vermögen.

Nicht alle Kranken lassen sich in die drei von mir aufgestellten Gruppen einreihen; es giebt z. B. Patienten, welche an einer rasch vorübergehenden Erkrankung des Darmes leiden, wobei diesem Organe nur eine geringe Arbeit zugemuthet werden darf. Man erreicht dies durch gänzliche oder theilweise Entziehung der Nahrung auf die kurze Dauer der Krankheit; es werden daher hier nur flüssige Speisen verordnet, hauptsächlich Fleischbrühe und Suppen. Dafür erscheint die „Diät" unseres Speisezettels ganz geeignet; sie kann durch Extraspeisen allmählich erhöht und dadurch zu höheren Kostsätzen übergeführt werden.

Durch die vorstehenden Zusammenstellungen erhalten die Aerzte des Krankenhauses eine annähernde Vorstellung davon, was sie den Kranken in der jetzt gebräuchlichen Kost zuführen. Es ist nicht möglich, ohne eine solche Kenntniss Erfahrungen über die Ernährung der Kranken zu machen; erst auf Grund derselben können genaue Untersuchungen angestellt werden. Ich betrachte meine Arbeit als einen ersten Anfang auf diesem so wichtigen Gebiete, und ich wäre befriediget, wenn sie den Anstoss zu weiteren Nachforschungen in dieser Richtung geben würde. Ich bin überzeugt, dass der Magistrat von München, welcher für das Wohl der Bürger der Stadt in jeder Beziehung besorgt ist, begründete und für die Kranken als nöthig erachtete Aenderungen der Kost nicht zurückweisen wird. —

Ich füge diesem meinem Berichte über die Kost im hiesigen Krankenhause, welcher als Beispiel für die Behandlung solcher Aufgaben dienen soll, um nach und nach zu einer Einsicht in die gegebene Kost und zu einer den Bedürfnissen der Kranken angepassten, zweckmässigen Ernährung zu gelangen, noch Einiges über die Ernährungsverhältnisse anderer Krankenanstalten bei, über die der Verein für öffentliche Gesundheitspflege in Folge seiner Bitte Mittheilungen erhalten hat.

Der Magistrat der Stadt Augsburg, dem wir für diese werthvolle Mittheilung zu grossem Danke verpflichtet sind, hat die in dem dortigen Krankenhause angestellten Erhebungen über die Kost (nach der Kostordnung vom 11. Mai 1867) eingesendet. Auf Grund stattgefundener Untersuchung nach der Voit'schen Methode wurden darin folgende Mengen der Nahrungsstoffe berechnet:

			Gewicht einer Portion	Wasser	Eiweiss	Fett	Kohlehydrate
I. Diät:	Morgens Mittags Abends	Fleischbrühe mit Schnitten oder Schleimsuppe	840	769.1	7.2	25.2	38.5
II. 1/4 Kost:	Morgens	Brennsuppe oder Fleischsuppe mit Schnitten	280	256.2	2.6	8.4	12.8
	Mittags	Suppe aus Reis, Gerste, Eiergerste, Gries, Sago, geschnittene Nudel, Kartoffel, Semmel, Panadel, Kräuter, Brod	280	243.0	4.6	8.4	24.0
		Zulage: 2 weiche Eier, Reis- oder Griesbreì, Brodschmarrn, Dampfnudel, Fleischknödel, eingemachtes Kalbfleisch, Lungenmus, Hachee, Kalbsfuss mit Sauce	105	50.6	10.8	8.6	12.0
	Abends	Suppe wie oben	280	243.0	4.6	8.4	24.0
		weisses Brod für den Tag	35	9.9	3.4	—	21.7
			980	802.7	26.0	33.8	94.5
III. 1/2 Kost:	Morgens	Brenn-, Milch- oder Fleischsuppe	420	383.5	4.0	12.5	20.0
	Mittags	Suppe wie oben	420	363.5	7.5	13.0	36.0
		Rindfleisch	140	106.2	30.7	1.3	—
		Gemüse: weisse und gelbe Rüben, Kartoffel, Kohlrabi, Wirsing, Spinat, Bröckeln, Rübenkraut, Sauerkraut, Kohlarten, Bohnen, Erbsen	210	152.0	4.6	8.2	38.0
	Abends	Suppe wie oben	420	364.5	7.5	13.0	36.0
		Zulage wie bei 1/4 Kost Mittags	105	50.6	10.8	8.6	12.0
		Brod für den Tag	105	29.6	10.2	—	65.0
			1820	1449.9	75.3	56.6	207.0

		Gewicht einer Portion	Wasser	Eiweiss	Fett	Kohlehydrate
IV. 1/1 Kost[1]): Morgens	Suppe wie bei 1/2 Kost	420	382.2	4.0	12.5	20.0
Mittags	Suppe wie oben	420	263.5	7.5	13.0	36.0
	Rindfleisch	210	159.2	45.9	1.9	—
	Gemüse wie oben	210	152.0	4.6	8 2	38.0
Abends	Suppe wie oben	420	362.5	7.3	13.0	36.0
	Zulage wie bei 1/2 Kost	105	50.6	10.8	8.6	12.0
	weisses Brod für den Tag	140	40.0	13 4	—	84 1
		1925	1510.0	93.5	57.2	226.1

Wir erhalten daraus als Mittelzahlen:

	Eiweiss:	Fett:	Kohlehydrate:
I. Diät	7	25	39
II. 1/4 Kost	26	34	95
III 1/2 Kost	75	57	207
IV 1/1 Kost	94	57	226

Zum leichteren Vergleiche füge ich die Mittelzahlen der entsprechenden gewöhnlichen Kostsätze des Münchener Krankenhauses bei:

	Eiweiss:	Fett:	Kohlehydrate:
I. Diät	5	3	26
II. 1/4 Kost	28	26	150
III. 1/2 Kost	48	25	145
IV. 1/1 Kost	93	54	183

Im Allgemeinen ist eine gute Uebereinstimmung zwischen diesen Kostsätzen, namentlich bei der ganzen Kost der Reconvalescenten. Mit Hülfe des von mir zur Kritik der Kost im Münchener Krankenhause Gesagten ist

[1]) Auf besondere Ordination kann ausser obiger Normalkost je nach Bedürfniss noch gegeben werden:

weisses Brod	70	21.3	6.7	—	41.5
schwarzes Brod	140	64.8	11.6	—	61.8
Braten	140	109.2	21.5	7.3	—
Obstspeise	140	90.0	—	—	50 0
Mehl-, Reis- oder Griesbrei	240	157 7	11.8	7.8	8.5
Fleischbrühe mit Ei	240	220.5	6.5	8.0	3.0
Milch	240	210 0	9.8	9.3	10.0
Chocolade mit Milch	180	168.7	6.7	6.6	7.0
Kaffee	180	168.0	3 0	4.0	3.0
Weinsuppe mit Ei	180	162.0	6.5	5.0	6.5
weisses Bier	500	478.0	—	—	17.5
braunes Bier	500	472.8	—	—	22.8
warmes Bier mit Ei	240	220.0	6.5	5 0	8.4
Zucker zum Wasser	35	—	—	—	35.0
Eier (1 Stück)	46.5	34.4	6.5	5.0	—

es nicht schwer, die Kost im Augsburger Krankenhause zu beurtheilen; die Aerzte können daraus entnehmen, was sie in der von ihnen verordneten gewöhnlichen Krankenkost, im Gegensatze zu den Bedürfnissen eines gesunden, nicht arbeitenden Körpers, dem Kranken zukommen lassen, und ob sie zur Erreichung gewisser Zwecke noch Extraverordnungen brauchen.

Von dem Magistrate der Stadt Posen ist ein Exemplar des Speiseetats des Krankenhauses dem Vereine zugesandt worden. In diesem Speiseetat sind zwar die Gewichte der verschiedenen Nahrungsmittel angegeben, jedoch fehlt eine Uebersicht, wie die Nahrungsmittel zu der Beköstigung der Kranken an den verschiedenen Tagen der Woche combinirt werden, so dass eine Erhebung der Menge der an einem Tage gegessenen Nahrungsstoffe nicht möglich ist. Der Magistrat ist nach meinen Darlegungen leicht im Stande, den Werth der Kost zu ermitteln. —

Eine weitere Mittheilung über die Kost im Stadtkrankenhause ist uns von dem Magistrate zu Schwerin zugekommen. Herr Dr. F. Müller hat die zu den einzelnen Portionen der Speisen verwendeten Nahrungsmittel wiederholt gewogen, und daraus die Quantität der in den 4 Diätsätzen enthaltenen Nahrungsstoffe berechnet.

Darnach werden verwendet zum:

		1 Diätsatz	2. Diätsatz	3. Diätsatz	4. Diätsatz
1tes Frühstück:	Kaffee	8	8	—	—
	Zucker	8	8	—	—
	Milch	125	125	500	250
	Weissbrod	80	80	80	80
2tes Frühstück:	Schwarzbrod	80	Weissbrod 80	80	Mehl zur Suppe 40
	Butter	25	20	20	—
Mittag: 5 mal	Fleisch roh	250	166	Bouillon ?	—
	Kartoffel	690	518	Weissbrod 80	40
	Mehl zur Suppe	40	40	40	40
	Butter	5	5	5	—
2 mal	Milch zur Suppe	125	125	Bouillon ?	—
	Mehl „ „	40	40	40	40
	Butter	8	8	5	—
	Kartoffel	690	518	Weissbrod 80	40
Vesperbrod:	Kaffee	8	8	—	—
	Zucker	8	8	—	—
	Milch	125	125	250	250
	Weissbrod	80	80	40	20
Abendbrod:	Mehl zur Suppe	40	40	40	40
	Schwarzbrod	80	80	Weissbrod 80	40
	Butter	25	20	20	—

Dies giebt in einer Woche:

		Eiweiss:				Fett:				Kohlehydrate:			
		1	2.	3.	4.	1	2	3.	4.	1.	2.	3.	4.
5 Mal	Fleisch	23—33	15—22	—	—	1.3	0.9	—	—	—	—	—	—
	Milch	10	10	80	20	9	9	28	18	11	11	32	21
	Weissbrod	15	31	27	13	—	—	—	—	96	192	168	84
	Schwarzbrod	13	—	—	—	—	—	—	—	71	—	—	—
	Butter	0.5	0.4	0.4	0.4	51	41	41	—	—	—	—	—
	Mehl zur Suppe	10	10	10	10	—	—	—	—	59	59	59	59
	Kartoffel	13	10	—	—	—	—	—	—	150	113	—	—
	Zucker	—	—	—	—	—	—	—	—	16	16	—	—
	Mittel:	84—94	76—83	67 4	43	61	51	69	18	404	391	259	164
2 Mal	Milch	15	15	30	20	14	14	28	18	16	16	32	21
	Weissbrod	15	31	27	13	—	—	—	—	96	192	168	84
	Schwarzbrod	13	—	—	—	—	—	—	—	71	—	—	—
	Butter	0 6	0 5	0.5	—	52	44	41	—	—	—	—	—
	Mehl	10	10	10	10	—	—	—	—	59	59	59	59
	Kartoffel	13	10	—	—	—	—	—	—	150	113	—	—
	Zucker	—	—	—	—	—	—	—	—	16	16	—	—
	Mittel:	66.6	66.5	67.5	43	66	58	69	18	408	396	259	164

Daraus erhält man als Gesammtmittel:

	Eiweiss:	Fett:	Kohlehydrate:
I. Diätsatz	83	62	405
II. „	76	53	392
III „	67	69	259
IV. „	43	18	164

Bei dieser Krankenkost ist die Menge des Eiweisses in den niederen Sätzen 3 und 4 und die des Fettes im Satz 3 sehr hoch; am auffallendsten ist die durchgängig für einen Kranken ganz enorm grosse, durch die reichliche Zufuhr von Kartoffeln und Brod herbeigeführte Quantität der Kohlehydrate. Es frägt sich sehr, ob der Ueberschuss von Kartoffeln und Brod günstig ist, ob nicht ein bedeutender Bruchtheil davon ungenützt wieder mit dem Kothe abgeht und nachtheilige Folgen daraus entstehen.

Der Verein für öffentliche Gesundheitspflege zu Halle hat durch den Handelschemiker, Herrn Dr. Drenkmann, die als 1. Diätform vorgeschriebene Kost des städtischen Krankenhauses und des Krankenhauses der kgl. Strafanstalt untersuchen lassen und die Zahlenresultate eingeschickt. Es werden darnach gegeben:

		Eiweiss:	Fett:	Kohlehydrate:
im städtischen Krankenhause:	Mittwoch	139	44	411
	Donnerstag	67	16	423
	Freitag	109	43	374
	Montag	70	18	431
	Mittwoch	91	31	398
	Freitag	88	18	371
	Donnerstag	80	41	347
	Mittel:	92	30	393
kgl. Strafanstalt: mit Roggenbrod	Dienstag	110	50	450
	Mittwoch	130	29	590
	Donnerstag	86	17	561
	Freitag	107	16	495
	Samstag	82	17	552
	Sonntag	87	24	521
	Montag	74	27	435
	Mittel:	96	26	515
kgl. Strafanstalt. mit Weissbrod	Dienstag	74	50	272
	Mittwoch	94	29	412
	Donnerstag	50	17	383
	Freitag	71	16	317
	Samstag	46	17	374
	Sonntag	51	24	343
	Montag	38	27	260
	Mittel:	60	26	337

Die Quantität der Nahrungsstoffe ist in diesen drei Beispielen wohl genügend für die Ernährung der Reconvalescenten, die Menge der Kohlehydrate vielleicht zu gross. Leider ist es nicht möglich, etwas Genaueres darüber auszusagen, da über die Nahrungsmittel, in welchen diese Nahrungsstoffe enthalten sind, gar nichts angegeben ist und es doch vor Allem bei Würdigung einer Kost in Betracht kommt, aus welchen Nahrungsmitteln die Speisen zusammengesetzt sind.

Endlich liegt mir noch ein Bericht über die Irrenheilanstalt Sachsenberg vom Jahre 1871—1875 vom Medizinalrath Dr. Tigges vor (Beiträge zur Statistik Mecklenburgs, Bd. 8, Heft 4), in welchem der Verbrauch der hauptsächlichsten Lebensmittel für die Normalkranken verzeichnet ist. Obwohl die Menge der Abfälle nicht bekannt ist und die Zahlen also nicht das ausdrücken, was die Kranken wirklich verzehrt haben, so will ich doch die Aufzeichnungen hier anführen. Die Zahlen des Berichtes geben den jährlichen Verbrauch pro Kopf an; ich reduzire sie auf den Verbrauch eines Tages, womit selbstverständlich nicht gesagt ist, dass an einem Tage alles dies verzehrt worden ist, sondern nur wieviel im Mittel aus der Beobachtung eines Jahres auf den Tag trifft.

	Sachsenberg:	Stephansfeld:	Marsberg:	Leubus:
Fleisch	167	125	118	134
Fische	13	—	—	—
Eier	—	10	—	8
Käse	—	6	—	—
Milch	316	224	351	147
Hülsenfrüchte	20	39	39	10
Brod, Mehl	555	540	581	672
Kartoffeln	616	523	1366	363
Gries	—	—	5	20
Reis, Graupe, Grütze	54	18	70	18
Butter	27	11	11	28
Schmalz	5	—	32	—
Bier	367	144	581	464
Zucker	10	18	—	16
Syrup	15	—	5	—

Daraus rechnet Dr. Tigges für:

	Eiweiss:	Fett:	Kohlehydrate:
Sachsenberg	110	45	454
Stephansfeld	125	22	557
Marsberg	146	60	681
Leubus	102	34	433

Man ersieht daraus auf den ersten Blick, dass die Geisteskranken nicht wie die Kranken in anderen Hospitälern ernährt werden; sie erhalten mehr Eiweiss, aber namentlich mehr stickstofffreie Stoffe, da sie sich im Uebrigen wie Gesunde verhalten, sich Bewegung machen und theilweise auch Arbeit verrichten.

Man darf aus obigen Zahlen nicht schliessen, dass die Kranken in Marsberg am besten verpflegt sind, denn die grosse Menge der Kohlehydrate und auch des Eiweisses rührt von einem Ueberschusse von Kartoffeln, neben kleinen Gaben von Fleisch, her. Es ist höchst wahrscheinlich, dass bei Berücksichtigung der Ausnützung im Darmkanale sich die Anstalt in Marsberg ungünstiger stellen wird. Es ist einleuchtend, von welcher Bedeutung es wäre, die Ausnützungsverhältnisse in obigen Anstalten unter genauer Controlirung der Kost nach der Methode IIa. zu studiren; man würde dann leicht entscheiden können, welche Verbesserungen in der Kost gemacht werden müssen. Die grossen Gaben von Kartoffeln, und auch zum Theil von Brod, welche den Darm unnöthig belästigen, sind für Geisteskranke gewiss nicht vortheilhaft. —

IV.

Untersuchung der Kost im Waisenhause.

Von Prof. **C. Voit.**

Ich wurde von dem Münchener Magistrate vor einigen Jahren ersucht, ein Gutachten über die Kostordnung im hiesigen Waisenhause, in welcher von einer städtischen Commission einige Abänderungen beantragt worden waren, abzugeben. Ich habe mich um so lieber der Aufgabe einer möglichst genauen Feststellung des in der Kost Gebotenen unterzogen, als ich dadurch Gelegenheit bekam, über die Bedürfnisse von Kindern zwischen 6—15 Jahren einige Aufschlüsse zu erhalten. Ich setze zunächst den damals (im März 1875) erstatteten Bericht hierher und knüpfe dann zum Schlusse einige weitere Bemerkungen daran. —

Gutachten.

Der Magistrat der Stadt München hat mir am 20. Januar d. J. den Bericht der zur Prüfung der Kostordnung im städtischen Waisenhause niedergesetzten Commission vorgelegt und mich zu einem Gutachten darüber aufgefordert, ob die neuen Vorschläge der Commission eine richtige Ernährung der Pfleglinge in Aussicht stellen. Ich komme hiermit dem mir gewordenen ehrenden Auftrage nach.

Ich bemerke von vorne herein, dass es bis jetzt nicht möglich ist genau anzugeben, wieviel ein Mensch im Alter von 6—15 Jahren von den einzelnen Nahrungsstoffen täglich aufnehmen muss, um einen guten Körperzustand zu erhalten und den in diesem Alter noch stattfindenden Ansatz zu bewirken.

Es gehören zur Beantwortung solcher Fragen ausgedehnte Versuchsreihen über die dabei stattfindenden Zersetzungsvorgänge im Körper oder über die unter normalen Verhältnissen aufgenommenen Nahrungsstoffe, welche leider noch nicht vorliegen, theils weil man bis jetzt nicht die genügenden Kenntnisse zur Anstellung dieser Versuche besass, theils weil die Mittel und die Gelegenheit dazu fehlten.

Es macht sich immer mehr und mehr das Bedürfniss geltend, bei Aufstellung von Kostordnungen in öffentlichen Anstalten nicht mehr auf das blosse Gutdünken angewiesen zu sein, da es dabei allzu leicht möglich ist, dass man durch ein zu geringes oder zu reichliches Maass einzelner Nahrungsstoffe der Gesundheit der Consumenten schadet, oder dass man durch ein zu viel derselben eine Verschwendung begeht. Dieses Bedürfniss wird hoffentlich bald die Mittel zur endgültigen Feststellung der nöthigen Thatsachen schaffen.

Ich begrüsse daher solche Gelegenheiten, wie sie mir der Magistrat verschafft hat, mit besonderer Freude, da hier eine genau bekannte Nahrung vorliegt, mit welcher sich, wie auch Herr Magistratsrath Riedmayr hervorhebt, die Kinder von 6—15 Jahren erfahrungsgemäss seit langer Zeit gesund und frisch erhalten. Man kann daraus berechnen, wieviel diese Kinder im Mittel täglich von den wichtigsten organischen Nahrungsstoffen, von Eiweiss, Fett und Kohlehydraten nöthig haben. Ich muss die dabei erhaltenen Mengen, da mir keine anderen Erfahrungen zu Gebote stehen, als eben ausreichend annehmen; auf keinen Fall sind dieselben, wie sich aus meinen weiteren Auseinandersetzungen ergeben wird, zu niedrig gegriffen, so dass den Kindern daraus sicherlich kein Nachtheil erwächst. Weniger sicher bin ich, ob die Kinder nicht auch mit Weniger in einzelnen Nahrungsstoffen haushalten könnten.

Legen wir die mittleren Zahlen zu Grunde, so ist es mir nach der für jeden Tag festgestellten Kostordnung möglich, anzugeben, ob an jedem Tage der Anforderung auch entsprochen wird oder ob erhebliche Abweichungen davon vorkommen.

Zur Berechnung der in der täglichen Nahrung dargereichten Nahrungsstoffe war mir eine genaue Angabe des Gewichtes der zu den einzelnen Speisen verwendeten Nahrungsmittel und Nahrungsstoffe, so wie sie in den Kochtopf kommen, nothwendig. Herr Magistratsrath Riedmayr hat sich dieser mühevollen Arbeit mit der ihm eigenen Gewissenhaftigkeit im Interesse der Sache unterzogen, wofür ihm unser voller Dank gebührt.

Das Gutachten der Commission beschäftiget sich hauptsächlich mit der Kostenberechnung der von dem Orden der englischen Fräulein den Waisenkindern bis jetzt gegebenen und von nun an zu gebenden Nahrung. Es ist nicht meine Aufgabe, diesem gründlich erörterten Thema etwas beizufügen.

Ausserdem hat die Commission aber auch einige Aenderungen an der seit dem 10. Mai 1858 mit Genehmigung der kgl. Regierung eingeführten Kostordnung beantragt, über welche ich mich zunächst äussern will.

Nach der früheren Kostordnung soll jede Portion des gesottenen Rindfleisches aus 210 gr. beinlosem rohen Ochsenfleisch bereitet werden, welche nach dem Sieden 130 gr. wiegen; ferner soll darnach jede Portion Kalbsbraten 350 gr. rohem beinhaltigen = 175 gr. gebratenem beinlosen Fleisch entsprechen; der Orden hat aber in Wirklichkeit nur 73.3 gr. gesottenes Rindfleisch und 100 gr. gebratenes Kalbfleisch verabreicht.

Die Commission hält die frühere Fleischportion für zu reichlich bemessen und meint, dass ein Kind mit 85 gr. gesottenem, beinlosen und fettfreien Fleisch = 137 gr. beinlosem frischen Fleisch oder 170 gr. rohem Fleisch mit Knochen zu einer Mittagsmahlzeit ausreicht. Ich glaube ebenfalls, wenigstens nach den Erfahrungen in meiner eigenen Haushaltung, dass ein Kind an 85 gr. gesottenem Rindfleisch genügend erhält, nur möchte ich in der Kostordnung eigens bemerkt wissen, dass diese Portion bein- und fettfrei sein und 170 gr. rohem bein- und fetthaltigen Fleisch = 137 gr. fett- und beinfreiem frischen Fleische entsprechen müsse; ich glaube um so mehr, dass ein Kind mit einer solchen Quantität Fleisch genügend erhält, da ein erwachsener Arbeiter mit 230 gr. vom Metzger ausgehauenem Fleisch mit 18 gr. Knochen, 21 gr. Fett und 191 gr. reinem Fleisch auskömmt. Der Erwachsene braucht 118 gr. Eiweiss und nimmt 35 % davon in 191 gr. reinem Fleisch auf; das Kind braucht 79 gr. Eiweiss und müsste entsprechend 128 gr. bein- und fettfreies Fleich (= 79 gr. gesottenes) erhalten, während es 137 gr. reines Fleisch (= 85 gr. gesottenes mit 38 % des für den Tag nöthigen Eiweisses) nach dem Vorschlage der Commission erhalten soll, was so nahe als möglich übereinstimmt.

Da die Kinder dadurch ansehnlich weniger Fleisch, als früher für eine Portion vorgeschrieben war, bekommen sollen, nämlich in jeder Portion um 73 gr. reines Fleisch weniger, so ist die Commission wohl mit Recht der Ansicht, dass von nun an nicht nur 3 Mal in der Woche wie bisher (Sonntag, Dienstag und Donnerstag) zu Mittags Fleisch zu geben ist, sondern 5 Mal (am Sonntag, Montag, Dienstag, Donnerstag und Samstag). Es fallen durch die Verkleinerung der Portion in der Woche 219 gr. reines Fleisch weg, dagegen werden durch das 5malige Verabreichen derselben 274 gr. reines Fleisch gewonnen, so dass die Kinder nach dem neuen Vorschlage mehr Fleisch als früher erhalten. Es lässt sich zwar das Fleisch durch eiweissreiche Vegetabilien wie z. B. durch aus Weizenmehl oder Leguminosen bereitete Speisen ersetzen, ja es wird an den sogenannten Fastentagen nicht weniger, sondern häufig mehr Eiweiss, Fett und Kohlehydrat genossen als in der gewöhnlichen gemischten Kost, jedoch ist dann meist die Menge des beigegebenen Stärkemehls zu gross, sowie auch das Volum der Nahrung, und es lässt sich schwer eine genügende Abwechslung in der Kost herbeiführen.

Statt der Abends verabreichten aufgeschmalzenen Wassersuppen schlägt die Commission vor, Milchspeisen zu geben und zwar 3 Mal (Montag, Donnerstag und Samstag), während sie bis jetzt nur 1 Mal, am Freitag, auf den Tisch kamen. Ich finde dies völlig gerechtfertigt, da es in mehreren Fällen nicht möglich ist, durch die Wassersuppen, wie z. B. durch die Reissuppe, Brennsuppe, Zwurlsuppe, Panadelsuppe, die gehörige Menge von Nahrungsstoffen dem Körper zuzuführen.

An denjenigen Tagen, an welchen kein Fleisch gegeben werden soll, d. h. am Mittwoch und am Freitag, will die Commission am Mittwoch: Knödel mit Kraut oder mit Gemüse, am Freitag: Semmel- oder Mehlschmarrn oder Rohr- und Dampfnudeln darreichen lassen. Für die Freitags-Gebäcke sind bis jetzt für 114 Personen 3 Kilo Schmalz verwendet worden, was der Commission zu viel dünkt, wesshalb sie dafür weniger Schmalz und statt dessen mehr Eier genommen wissen will. Es lässt sich diese Maassregel rechtfertigen, da bei Verabreichung dieser Speisen auf den Tag in der That zu viel Fett trifft, nämlich 62—69 gr. (am Montag und Freitag bei der älteren Kostordnung) gegen 37 gr. an den übrigen Tagen, während durch den reichlichen Zusatz der Eier das in zu geringer Menge vorhandene Eiweiss vermehrt wird.

Endlich will die Commission statt 105 gr. Brod nur 81 gr. Brod in einer Portion gegeben wissen, und statt 2 Mal nun 3 Mal des Abends Bier.

Ich habe demnach gegen die Aenderungsvorschläge der Commission nichts einzuwenden.

Nach den in meinem Gutachten über die Kost in den Volksküchen gemachten Angaben braucht ein rüstiger Arbeiter im Mittel im Tag:

	Verhältniss:
118 Eiweiss	= 211
56 Fett	= 100
500 Kohlehydrate	= 1607

Die Kinder von 6—15 Jahren brauchen natürlich weniger, aber wie man weiss, durchaus nicht im Verhältniss zu ihrem Körpergewichte, da ein kleinerer Organismus verhältnissmässig mehr umsetzt, und da das Kind ausserdem einen Ueberschuss von Substanz zum Wachsthum nöthig hat.

Nach der Kostordnung vom 10. Mai 1858 berechnen sich für den Tag für einen Zögling des Waisenhauses:

	Verhältniss:
67 Eiweiss	= 163
41 Fett	= 100
257 Kohlehydrate	= 627

Nach den neuen Vorschlägen der Commission erhielte ein Zögling im Mittel im Tag:

	Verhältniss:
79 Eiweiss	= 213
37 Fett	= 100
247 Kohlehydrate	= 666

Nach der neuen Kostordnung soll etwas mehr Eiweiss und etwas weniger Fett gereicht werden wie früher, und zwar in Folge der Ausdehnung der Fleischkost von 3 auf 5 Tage, und der Minderung des Fettes in den am Montag und Freitag gegebenen Nudeln und dem Schmarrn. Nach der neuen Kostordnung ist das Verhältniss des Fettes zum Eiweiss nahezu das gleiche wie bei dem Erwachsenen; letzterer verzehrt aber, um den Verlust des Fettes bei der Arbeit zu verhüten, relativ mehr Kohlehydrate, wodurch bei ihm verhältnissmässig weniger stickstoffhaltige Nahrungsstoffe eingeführt werden als bei dem Kinde.

Nimmt man die im Mittel aus den sieben Wochentagen nach der vorgeschlagenen neuen Kostordnung sich ergebenden Mengen von Eiweiss, Fett und Kohlehydraten als eben genügend für die Kinder an, so ergiebt sich bei einer Zusammenstellung der Kost für jeden Tag, ob die Abweichungen von dem Mittel nur unbedeutend sind oder nicht. In letzterem Falle müsste dann eine passende Ausgleichung versucht werden. —

Es würde zu weit führen, dem Magistrate den ganzen Gang der Berechnung der in der Kost enthaltenen Nahrungsstoffe und alle die vielen Zahlen vorzuführen; ich erlaube mir nur die für jede Speise verbrauchten Nahrungsmittel und die für die neue Kostordnung sich ergebenden Zahlen, in Gramm ausgedrückt, hierher zu setzen, da sie den Werth der täglichen Kost erkennen lassen und auf den ersten Blick darthun, wo einige Abänderungen nöthig sind.

Speisentabelle.

Milch		257 gr.	
Semmel (1 Stück)		42	
Hausbrod (1 Stück)		81	
Ochsenfleisch		170	mit Knochen
		137	beinfrei
		85	gesotten
Kuhfleisch in brauner Sauce		149 1	mit Knochen
		120.2	beinfrei
Kuttelflecke mit Kartoffeln in brauner Sauce	Flecke	79.0	
	Kartoffeln	282.9	
	Mehl	21.9	
	Schmalz	15.3	
	Essig	8.7	
Kalbsbraten		145.6	mit Knochen
		109.5	gebraten
Suppen: Rollgerste		26.3	
Gries		28.5	
Reis		26.3	
geschnittene Nudeln, Flecke, geriebene Gerste	Mehl	28.5	
	Ei	7 1	

	Speise	Zutat	Menge
	Erbsen od. Linsen	Erbsen oder Linsen	39.4
		Mehl	24.1
		Schmalz	8.7
	Kartoffeln	Kartoffeln	141.4
		Schmalz	8.7
		Semmel	22.1
	Wirsing oder Endivien	Kräuter	46.0
		Mehl	17.5
		Schmalz	11.0
		Zwiebel	4.4
	Kräuter	Kräuter	52.6
		Mehl	17.5
		Schmalz	11.0
		Zwiebel	4.4
	Panadel	Semmel	39.5
		Schmalz	4.4
		Zwiebel	4.4
	Brennsuppe	Mehl	22.0
		Schmalz	11.0
		Zwiebel	4.4
	Brod	Brod	57.0
		Schmalz	6.5
		Zwiebel	4.4
	Einlaufsuppe	Mehl	22.0
		Eier	2.9
		Milch	61.4
	Zwurlsuppe	Mehl	28.5
		Eier	5.8
Gemüse:	Wirsing oder Weisskraut oder Blaukraut	Kraut	124.5
		Mehl	8.7
		Schmalz	8.7
	weisse Rüben	Rüben	276.3
		Mehl	8.7
		Schmalz	8.7
	gelbe Rüben	Rüben	98.7
		Mehl	8.7
		Schmalz	8.7
	Kohlrabi	Kohlrabi	109.6
		Mehl	8.7
		Schmalz	8.7
	Kartoffelpurée	Kartoffeln	282.9
		Mehl	4.3
		Schmalz	8.7
	Kartoffeln in Sauce	Kartoffeln	282.9
		Mehl	8.7
		Schmalz	8.7

	Kartoffelschnitz	Kartoffeln	282.9
		Schmalz	13.1
	Kartoffelsalat	Kartoffeln	282.9
		Oel	6.5
	Kartoffeln in Schale und Bier	Kartoffeln	282.9
		Bier	250 0
	Kartoffelgemüse	Kartoffeln	201.7
		Mehl	13.1
		Schmalz	8.7
		Zwiebel	4.3
	Erbsenpurée	Erbsen	59 2
		Mehl	4.3
		Schmalz	8.7
	Knödel und Kraut	Semmel	46.0
		Eier	22.3
		Milch	116.5
		Schmalz	4.4
		Mehl	4.4
		Kraut	109.6
	Erbsenbrühe zu Knödeln	Erbsen	39.5
		Mehl	24.1
		Schmalz	8.7
	grüne Bohnen	Bohnen (eingem.)	79 0
		Mehl	13.1
		Schmalz	8.7
		Zwiebel	4.4
	Kernbohnen	Bohnen	52.6
		Mehl	14.0
		Schmalz	8.7
	Rübenkraut	Kraut	100.9
		Mehl	14.0
		Schmalz	8.7
	rothe Rüben	Rüben	162.3
		Essig	17.5
		Gewürz	2.2
Mehlspeisen:	Rohr- oder Dampfnudeln	Mehl	87.7
		Milch	145.6
		Schmalz	26.3
		Zwetschgen	43.8
	Semmelnudeln	Semmel	84.0
		Milch	155.3
		Schmalz	26.3
		Zwetschgen	43.8
	Semmelschmarrn	Semmel	84.0
		Milch	58.2
		Schmalz	26.3
		Zwetschgen	43.8
	gestutzte Nudeln	Mehl	87.7
		Eier	7.4
		Milch	149.1
		Schmalz	26.3

	Mehlschmarrn	Mehl	65.8
		Eier	7.4
		Milch	206.1
		Schmalz	26.3
	Wassernudeln in brauner Sauce	Mehl	43.8
		Eier	3.7
Milchspeisen:	Reis	Reis	39 4
		Milch	388.4
	Gries	Gries	39.4
		Milch	349.5
	Zwurl in Milch Nudeln in Milch Mehlmus	Mehl	32.9
		Eier	4 0
		Milch	368.4

Aus dieser Speisentabelle ergiebt sich folgende Berechnung der neuen Kostordnung:

	Sonntag:	Eiweiss:		Fett:		Kohlehydrate:	
Frühstück:	Milch	10.5		10.0		10.8	
	Semmel	4.0		0.4		25.2	
Mittag:	Suppe: Nudeln, Flecke, geriebene Gerste	4.3	3.57	1 1	6.23	21.0	19 8
	Kräutersuppe	2.85		11.37		16.61	
	Ochsenfleisch	30 0		1.2		—	
	Gemüse:						
	Jan.—März Blaukraut	2.90	4.23	9 17	7 11	15.24	37.9
	Kartoffelgemüse	6 69		9 65		68.07	
	März—Juni Kartoffeln in Sauce	5.57		9 46		53.61	
	rothe Rüben	1.78		0.16		14.77	
	Juni—Sept. Spinat- oder Salatgemüse	—		—		—	
	Sept.—Dez. Blaukraut	2.90		9.17		15.24	
	Brod	7.00		—		37.6	
Nachmittag:	Brod	7.00		—		37.6	
Abends:	Brod	7.00		—		37.6	
	Bier	—		—		14.3	
	Jan.—April Kartoffelschnitze	5.66	5.04	13.95	6.53	61.67	53.8
	Mai—Juli Panadelsuppe	3.79		4 79		23.74	
	Juli—Sept. Salat oder Rettige	—		—		—	
	Oct.—Dez. Kartoffeln i. d. Schale	5.66		0.85		75.97	
	Mittel:	**78.3**		**31.5**		**274.6**	
	Montag:						
Frühstück:	Milch	10.5		10.0		10.8	
	Semmel	4.0		0.4		25.2	
Mittag:	Suppe: Reissuppe	2.0		0.1		20.5	
	Ochsenfleisch	30.0		1.2		—	
	Gemüse:						
	Jan.—Juni Erbsenpurée	13.8	6.46	10.2	9 41	37.6	23.6
	Juni—Dez. gelbe Rüben	2.51		9.0		18.54	
	grüne Bohnen	3.12		9.02		14.54	
	Brod	7.0		—		37.6	

Nachmittag:	Brod	7.0		—		37.6	
Abends:	Brod	7.0		—		37.6	
	Griesbrei	18.7	19.1	13.6	14.4	42.2	40.9
	Zwurl in der Milch	19.5		15.18		39.68	
	Mittel.	**93.1**		**35.5**		**233.8**	
	Dienstag:						
Frühstück:	Milch	10.5		10.0		10.8	
	Semmel	4.0		0.4		25.2	
Mittag.	Suppe: Rollgerste	2.6		0.5		19.3	
	Ochsenfleisch	30.0		1.2		—	
	Gemüse:						
	Jan.—März Kartoffelgemüse	5.57	6.08	9.46	7.11	53.61	31.2
	rothe Rüben	1.78		0.16		14.77	
	März—Juni Kernbohnen	14.53		9.92		39.54	
	Juni—Aug. Zuckererbsen	—		—		—	
	Aug.—Dez. Kohlrüben	2.45		8.91		16.81	
	Brod	7.0		—		37.6	
Nachmittag:	Brod	7.0		—		37.6	
Abends:	Brod	7.0		—		37.6	
	Erbsensuppe	11.7	7.34	9.9	7.76	40.7	29.2
	Linsensuppe	13.1		9.8		39.4	
	Reissuppe	1.97		0.08		20.54	
	Brennsuppe	2.60		11.26		16.19	
	Mittel:	**81.5**		**27.0**		**228.5**	
	Mittwoch:						
Frühstück:	Milch	10.5		10.0		10.8	
	Semmel	4.0		0.4		25.2	
Mittag:	Knödel mit	12.6	17.6	11.7	21.0	35.6	53.7
	Jan.—Juli Sauerkraut oder	2.36		9.08		11.81	
	Erbsenbrühe	11.73		9.98		40.73	
	Juli—Sept. grüne Bohnen	3.12		9.02		14.54	
	Sept.—Dez. Weisskraut	2.90		9.17		15.24	
	Brod	7.0		—		37.6	
Nachmittag:	Brod	7.0		—		37.6	
Abends:	Brod	7.0		—		37.6	
	Bier	—		—		14.3	
	Jan.—April Kartoffelschnitze	5.66	5.04	13.95	6.53	61.67	53.8
	Mai—Juli Panadelsuppe	3.79		4.79		23.74	
	Juli—Sept. Salat oder Rettige	—		—		—	
	Oct.—Dez. Kartoffeln i. d. Schale	5.66		0.85		75.97	
	Mittel:	**58.1**		**37.9**		**270.6**	
	Donnerstag:						
Frühstück:	Milch	10.5		10.0		10.8	
	Semmel	4.0		0.4		25.2	

Mittag:	Suppe: Fleckelsuppe	4.3	3.75	1 1	0.55	21 0	20 45
	Griessuppe	3.2		—		19.9	
	Ochsenfleisch	30.0		1.2		—	
	Gemüse:						
	Jan.—Juni Kernbohnen	14.53	8.88	9 92	9 49	39 54	32.36
	Juni—Aug. Spinat- oder Salatgemüse	2.90		9 10		15.20	
	Aug.—Dez. weisse Rüben	3.24		9.07		25.19	
	Brod	7.0		—		37.6	
Nachmittag:	Brod	7.0		—		37.6	
Abends:	Brod	7.0		—		37.6	
	Reisbrei oder	18.8	19.1	15.2	15.19	47 1	43.4
	Nudel in der Milch	19.50		15.18		39.68	
	Mittel:	**97.2**		**36.8**		**245.0**	

Freitag:

Frühstück:	Milch	10.5		10.4		10.8	
	Semmel	4.0		0.4		25.2	
Mittag:	Suppe: Erbsensuppe	11 7	7.56	9.9	10.58	40.7	28.2
	Linsensuppe	13 1		9 8		39.4	
	Brennsuppe	2.6		11.26		16.19	
	Jun.—Sept. Kräutersuppe	2.85		11.37		16.61	
	Dampf- oder Rohrnudeln	16.3	14 98	33 0	32.38	70.6	70.5
	Semmelnudeln	14.5		33 2		57 0	
	gestutzte Nudeln	17.43		33 93		70 81	
	Semmel- oder Mehlschmarrn	10.5		29.4		52.9	
	Compott	0.3		—		7.7	
	Brod	7.0		—		37.6	
Nachmittag:	Brod	7.0		—		37.6	
Abends:	Brod	7 0		—		37.6	
	schwarze Brodsuppe	4.73	4 80	6 50	4.93	25.19	27.3
	Zwurlsuppe	4.12		0.94		20.98	
	Einlaufsuppe	5.50		2.95		18.77	
	Kartoffelsuppe	4.95		9.34		44.10	
	Bier	—		—		14.3	
	Mittel:	**62.8**		**58.7**		**289.1**	

Samstag:

Frühstück:	Milch	10.5		10 0		10.8	
	Semmel	4.0		0 4		25.2	
Mittag:	Suppe: Griessuppe	3.2		—		19.9	
	Ochsenfleisch	30.0		1 2		—	
	Gemüse:						
	Jan.—Juni Rübenkraut	2.46	2 68	8.97	9.07	17 16	16.2
	Juni—Dez. Wirsing	2 90		9.17		15 24	
	Brod	7.0		—		37.6	
Nachmittag:	Brod	7.0		—		37.6	
Abends:	Brod	7.0		—		37.6	
	Mehlmus	19.50		15 18		39 68	
	Mittel:	**90.9**		**35.8**		**224.6**	

Nimmt man aus den Summen der einzelnen Nahrungsstoffe für jeden Tag das Mittel, so erhält man:

	Eiweiss:	Fett:	Kohlehydrate:
	78.3	31.5	274.6
	93.1	35.5	233.8
	81.5	27.0	228.5
	58.1	37.9	270.6
	97.2	36.8	245.0
	62.8	58.7	289.1
	90.9	35.8	224.6
Mittel:	**80.2**	**39.0**	**252.3**

Die Schwankungen für die verschiedenen Jahreszeiten werden aus folgender Tabelle ersichtlich:

		Eiweiss:	Fett:	Kohlehydrate:
Sonntag:	Jan.—März	78	41	260
		81	41	313
	März—Juni	78	32	260
		75	23	221
	Juni—Sept.	72	27	198
	Sept.—Dez.	78	28	274
Montag:	Jan.—Juni	100	36	247
	Juni—Dez.	89	35	226
Dienstag:	Jan.—März	81	29	251
	März—Juni	90	30	237
	Juni—Aug.	—	—	—
	Aug.—Dez.	78	28	214
Mittwoch:	Jan.—April	56	45	272
		65	46	301
	Mai—Juli	54	36	234
		64	37	263
	Juli—Sept.	51	31	213
	Sept.—Dez.	57	32	290
Donnerstag:	Jan.—Juni	102	37	252
	Juni—Aug.	91	36	228
	Aug.—Dez.	91	36	238
Freitag:	Jan.—Juni	64	58	293
	Juni—Sept.	58	59	277
Samstag:	Jan.—Juni	91	36	226
	Juni—Dez.	91	36	224
	Gesammtmittel:	79	37	247

Darnach finden sich an den verschiedenen Tagen oder auch an den gleichen Tagen zu verschiedenen Jahreszeiten einige bedeutende Abweichungen von dem Mittel, welche durch eine andere Vertheilung der Speisen leicht zu verringern sind.

Was den Sonntag betrifft, so kommt, wenn in den Monaten Januar bis März Mittags und Abends Kartoffeln gegeben werden, eine nicht unbedeutende Ueberschreitung der Mittelzahl der Kohlehydrate vor, welcher wohl einfach abgeholfen werden kann. Wesentlicher ist die zu geringe Menge der Kohlehydrate im Juni bis September, dadurch dass Mittags grünes Gemüse und Abends die geringwerthigen Rettige oder der nur in geringer Menge geniessbare Salat gegeben werden. Es ist immerhin rationell, in der heissen Jahreszeit Rettige oder Salat zu essen; aber es wäre zu empfehlen, in diesen Monaten neben Salat und Rettigen Abends zum Brod etwas Butter zu reichen, um die Kohlehydrate zu ersetzen.

Am Montag ist namentlich in den Monaten Januar bis Juni die Eiweissmenge eine grosse, weil Abends die eiweissreiche Milchspeise und Mittags das eiweissreiche Erbsenpurée gereicht werden. Es ist höchst auffallend, dass man im gewöhnlichen Leben den grossen Eiweissreichthum der Leguminosen gegenüber anderen Nahrungsmitteln aus dem Pflanzenreiche nicht gehörig würdiget.

Für den Dienstag berechnet sich etwas zu wenig Fett und Kohlehydrat, wenn im Januar bis März zu Mittag als Gemüse rothe Rüben treffen und dazu Abends noch die Reissuppe. Es wäre angezeigt, die rothen Rüben ganz wegzulassen und zur Reissuppe an diesem Tage Abends noch Fett zuzufügen.

Am Mittwoch, an welchem Tage kein Fleisch zu Mittag gegeben wird, findet sich durchgängig eine zu geringe Menge von Eiweiss. Es ist leicht möglich diesem Mangel abzuhelfen, wenn man für diesen Tag Abends die für Donnerstag bestimmte Milchspeise ansetzt und die Abendkost des Mittwoch am Donnerstag giebt. Dann würden im Mittel auf den Mittwoch 72 gr. Eiweiss, 47 gr. Fett und 256 gr. Kohlehydrate treffen. Im Januar bis April ist bei Darreichung der Erbsenbrühe zu den Knödeln die Menge der Kohlehydrate ziemlich hoch, was jedoch keinen Nachtheil bringt.

Gegen die Kost am Donnerstag ist nichts zu erinnern; nur wäre es aus dem eben angegebenen Grunde besser, die Abendkost des Mittwoch und Donnerstag gegenseitig zu wechseln, wornach dann auf den Donnerstag im Mittel 83 gr. Eiweiss, 28 gr. Fett und 270 gr. Kohlehydrate fallen. In den Monaten Juni bis September, wo Abends Rettige oder Salat verabreicht werden, ist die Menge der Kohlehydrate zu gering, wesshalb sich des Abends wieder ein kleiner Zusatz von Butter zum Brode empfiehlt.

Am Freitag fällt die Eiweissmenge, namentlich in den Sommermonaten, während deren die eiweissarme Kräutersuppe gegeben wird, etwas niedrig aus; jedoch dürfte dies kaum eine Aenderung veranlassen. Würde man während des ganzen Jahres an diesem Tage Erbsen- oder Linsensuppe geben, so wäre dem Uebelstande völlig abgeholfen.

Die Kost am Samstag kommt dem mittleren Werthe ziemlich nahe.

Ich befürworte daher die von der Commission unterm 20. Mai 1874 empfohlene Kostaufbesserung und möchte nur noch die geringen von mir angeregten Aenderungen in der Kostordnung vorgenommen wissen. Ich bin, wie Herr Magistratsrath Riedmayr überzeugt, dass darnach die Kost der Waisenkinder eine völlig ausreichende sein wird und in dieser Hinsicht das hiesige Waisenhaus zu den besten derartigen Anstalten gezählt werden darf.

Diesem Gutachten füge ich noch einige Notizen bei.

Leider wissen wir, wie ich schon angegeben habe, nur sehr wenig darüber, wieviel Kinder verschiedenen Alters von den einzelnen Nahrungsstoffen nöthig haben. Die von mir erhaltenen Mittelzahlen beziehen sich auf Kinder von 6—15 Jahren; da nun die älteren Kinder unzweifelhaft mehr essen als die jüngeren, so ist aus den Kostverhältnissen der Anstalt nicht zu entnehmen, wieviel auf ein Kind von den einzelnen Nahrungsstoffen trifft. Im Mittel dürfen wir aber die Kost der hiesigen Anstalt für die Beurtheilung anderer Anstalten zu Grunde legen, da die Kinder dahier thatsächlich gut ernährt sind und gesund aussehen.

Hildesheim hat für Kinder von 6—10 Jahren als nöthig angegeben: 69 gr. Eiweiss, 21 gr. Fett und 210 gr. Kohlehydrate; Simler berechnet für Kinder bis zu 15 Jahren im Durchschnitt: 75 gr. Eiweiss, 20 gr. Fett und 250 gr. Kohlehydrate.

Der Magistrat der Stadt Frankfurt a. O. hat dem Vereine für öffentliche Gesundheitspflege eine sehr brauchbare Zusammenstellung und Berechnung der Kost in dem Gurch'schen Gestift, einer Erziehungsanstalt für arme, der Verwahrlosung ausgesetzte Kinder von 6—15 Jahren, gütigst mitgetheilt. Die Nahrungsmittel sind erfreulicher Weise so, wie sie in den Kochkessel kommen, also mit Ausschluss der Abfälle, gewogen. Die Kinder befinden sich bei der Kost wohl und gedeihen. Der die Woche vom 9.—15. April umfassende Speisezettel lautet:

					Eiweiss:	Fett:	Kohlehydrate:
Sonntag:	Frühstück:	Suppe aus Mehl	32.8	=	3.61	—	23.59
		und Talg	6.2	=	—	4.69	—
	Mittag:	Rindfleisch	83.7	=	18.34	0.75	—
		Fett	26.2	=	0.45	24.81	—
		Reis	37.5	=	2.81	—	29.29
		Kartoffeln	156.2	=	3.12	—	34.06
	Abends:	Suppe aus Mehl	32.8	=	3.61	—	23.59
		und Talg	6.2	=	—	4.69	—
	Brod		350.0	=	29.05	—	154.70
					60.99	36.93	265.23

					Fett:	Eiweiss:	Kohlehydrate:
Montag:	Frühstück:	Suppe aus Mehl	32.8	=	3.61	—	23.59
		und Talg	6.2	=	—	4.69	—
	Mittag:	Gerstengrütze	31.2	=	3.12	—	22.97
		Kartoffeln	143.7	=	2.87	—	31.34
		Talg	7.5	=	—	7.5	—
	Abends:	Kartoffeln	464.1	=	9.28	—	101.16
		Schmalz	12.5	=	—	12.5	—
	Brod:		350.0	=	29.05	—	154.70
					47.94	24.69	333.76
Dienstag:	Frühstück:	Suppe aus Mehl	32.8	=	3.61	—	23.59
		und Talg	4.2	=	—	4.69	—
	Mittag:	Rindfleisch	83.7	=	18.34	0.75	—
		Fett	26.2	=	0.45	24.09	—
		Linsen	112.5	=	29.25	—	61.87
		Kartoffeln	156.2	=	3.12	—	34.06
	Abends:	Brodsuppe	94.9	=	7.87	—	41.93
		und Talg	4.7	=	—	4.69	—
	Brod:		350.0	=	29.05	—	154.70
					91.69	34.21	316.16
Mittwoch:	Frühstück:	Suppe aus Mehl	32.8	=	3.61	—	23.59
		und Talg	6.2	=	—	4.69	—
	Mittag:	Erbsen	165.6	=	37.26	—	96.39
		Talg	7.5	=	—	7.50	—
	Abends:	Suppe aus Mehl	32.8	=	3.61	—	23.59
		und Talg	4.7	=	—	4.69	—
	Brod:		350.0	=	29.05	—	154.70
					73.53	16.87	298.27
Donnerstag:	Frühstück:	Suppe aus Mehl	32.8	=	3.61	—	23.59
		und Talg	4.7	=	—	4.69	—
	Mittag:	Kartoffelsuppe	429.7	=	8.59	—	93.67
		Speck	4.7	=	—	4.69	—
		Talg	3.1	=	—	3.12	—
	Abends:	Kartoffeln	464.1	=	9.28	—	101.16
		Hering	37.5	=	6.56	4.76	—
	Brod:		350.0	=	29.05	—	154.70
					57.09	17.26	373.13
Freitag:	Frühstück:	Suppe aus Mehl	32.8	=	3.61	—	23.59
		und Talg	4.7	=	—	4.69	—
	Mittag:	Hammelfleisch	100.8	=	14.50	9.00	—
		Fett	10.1	=	0.17	9.57	—
		Hirse	35.9	=	5.21	—	23.90
		Kartoffeln	150.0	=	3.00	—	32.70
	Abends:	Suppe aus Mehl	32.8	=	3.61	—	23.59
		und Talg	4.7	=	—	4.69	—
	Brod:		350.0	=	29.05	—	154.70
					59.15	27.94	258.48

					Eiweiss:	Fett:	Kohlehydrate:
Samstag:	Frühstück:	Suppe aus Mehl	32.8	=	3 61	—	23.59
		und Talg	4.7	=	—	4.69	—
	Mittag:	Gerstengrütze	31.2	=	3.12	—	22.97
		Kartoffeln	143.7	=	2.87	—	31 34
		Talg	7.5	=	—	7.50	—
	Abends:	Suppe aus Mehl	32.8	=	3.61	—	23 59
		und Talg	4.7	=	—	4.69	—
	Brod:		350.0	=	29.05	—	154.70
					42.17	16.87	256.19

Zusammenstellung.

	Eiweiss:	Fett:	Kohlehydrate:
	61	37	265
	48	25	334
	92	34	316
	74	17	298
	57	17	373
	59	28	258
	42	17	256
Mittel	62	25	300

Die Kinder in dem Gurch'schen Gestift erhalten demnach etwas weniger Eiweiss und Fett und mehr Kohlehydrate wie die im Münchener Waisenhause. Der geringere Eiweissgehalt bei den ersteren rührt hauptsächlich davon her, dass sie nur 3 Mal in der Woche eine kleine Portion Fleisch erhalten; die grössere Quantität der Kohlehydrate dagegen ist durch die erheblichere Brodzufuhr bedingt (350 gr. gegen 243 gr. in München). Offenbar müssen wegen der ungünstigen Ausnützung der Vegetabilien in dem Gestifte grössere Mengen Kohlehydrate eingeführt werden. Ausserdem erscheint mir die Kost im Gestifte etwas einförmig zu sein, da zum Frühstück täglich und Abends 4 Mal in der Woche Mehlsuppe gegeben wird; Kartoffel kommen 6 Mal zu Mittags vor und 2 Mal Abends. Es scheint aber, dass die Kinder sich mit der qualitativ und quantitativ höchst einfach bemessenen Kost erhalten. Die Schwankungen in dem Gehalte der Kost an den einzelnen Tagen sind bedeutend; es wäre gewiss nicht schwierig, mit Hilfe meiner Angaben eine grössere Abwechslung in die Kost zu bringen und auch die Menge der Nahrungsstoffe an den einzelnen Tagen, ähnlich wie ich es für das hiesige Waisenhaus vorgeschlagen habe, gleichmässiger zu machen. Ich bin überzeugt, es könnte dadurch die Kost ohne erhebliche Preiserhöhung wesentlich verbessert werden. Käse, Fleischmehl etc. sind für solche Anstalten als wohlfeile Eiweissträger zu empfehlen.

Es liegen mir noch die Berechnungen des Kostregulativs für die bayerische Staatserziehungsanstalt in Niederschönenfeld vor; es werden dort verwahrloste Kinder von 12—20 Jahren verpflegt, die sich einer Arbeit unterziehen müssen. Eine ältere Kostordnung zeigte sich in Qualität und

Quantität nicht genügend; durch die neuere wird namentlich zur Frühsuppe mehr Mehl und im Ganzen mehr Brod verabreicht.

Es finden sich:

	Eiweiss:	Fett:	Kohlehydrate:
in der früheren Kost:	86	25	432
in der neueren Kost:	101	36	512

Ich bin leider nicht im Stande, irgend ein Urtheil über diese Kost zu fällen, da es unbekannt ist, was Kinder von 12—20 Jahren nöthig haben. Da die Kinder der Anstalt im Durchschnitt älter sind als die im Waisenhause und auch arbeiten, so brauchen sie jedenfalls mehr als die letzteren. Hier könnte nur eine genauere Untersuchung entscheiden.

Durch die Güte des Herrn Sanitätsraths Dr. Th. Riedel habe ich eine Notiz über die Nahrungsverhältnisse der Zöglinge des Gossner-Hauses in Berlin, einer Pflege- und Erziehungsanstalt für verwahrloste Mädchen (im Alter von 6—17 Jahren) empfangen. Die älteren Kinder haben körperliche Beschäftigung; die Erhaltungskosten werden durch milde Beiträge gedeckt. Ein Kind bekömmt im Tag, nach dem Verbrauch an Rohmaterial in einer Woche berechnet:

			Eiweiss:	Fett:	Kohlehydrate:
Fleisch (2—3 Mal)	34.3	=	6.8	3.1	—
Butter	5.7	=	—	5.7	—
Brod	285.0	=	24.2	3.7	149.6
Erbsen	15.7	=	3.5	0.4	9 1
Linsen	17 1	=	4.4	0.3	9 4
Bohnen	13.0	=	3.2	0.3	7.2
Roggenmehl	68.5	=	7.5	1.1	49.3
Graupen	14.7	=	1 1	0 2	11.2
Grütze	103.0	=	7.5	1.2	78.5
Reis	42.8	=	3.2	0.1	33.4
Kartoffeln	320.0	=	6 4	1.0	69 8
grünes Gemüse	274.0	=	5.5	0 8	16.4
Milch	6 0	=	0.3	0.2	0.3
			74	18	434
	in München:		79	37	247

Die Menge des Eiweisses ist nahezu die gleiche wie die in München gegebene, dagegen ist der Verbrauch an Fett geringer und der an Kohlehydraten viel grösser. Da ein ansehnlicher Theil des Eiweisses in Vegetabilien, besonders in Kartoffeln und grünen Gemüsen gegeben wird, und diese nur ungenügend im Darme verwerthet werden, so müssen die Kinder viel Substanz mit einem grossen Ballast von Kohlehydraten verzehren. Der Unterschied in der Kost wird recht deutlich, wenn man den wöchentlichen Verbrauch eines Kindes an den hauptsächlichsten Nahrungsmitteln zusammenstellt:

	Berlin	München
Fleisch	240	685
Brod	1995	1701
Kartoffeln	2240	1132
grünes Gemüse	1918	676

Es versteht sich von selbst, dass bei dieser Art der Ernährung die Kinder höchstens auf einem nicht sehr kräftigen Körperzustande erhalten werden können. Dr. Riedel bemerkt auch, dass die Kinder sich im Allgemeinen eines guten Ernährungs- und Gesundheitszustandes, wenn auch nicht eines blühenden Aussehens erfreuen, dass die Muskulatur stets eine ziemlich schwache bleibt und die menstruelle Entwicklung bei Vielen über das 15., ja über das 16. Jahr hinaus ausbleibt. Zusatz von Fleisch und Fett, und Verringerung der Kartoffeln und grünen Gemüse würde dem Uebel bald abhelfen.

Ich bemerke schliesslich nochmals, dass die Kostordnung in Anstalten, in welchen sich Kinder verschiedenen Alters befinden, nur für einen mittleren Fall berechnet sein kann. Kinder von grösserem Schlage und solche, welche gerade in raschem Wachsthum begriffen sind, bedürfen mehr als im Mittel zugemessen ist; dieselben werden, wenn sie den Bedarf nicht erhalten, kränklich, wesshalb der Arzt ebenso wie in manchen Gefängnissen die Befugniss haben muss, in der Kost in ausgedehntem Maasse zu individualisiren, und solchen Kindern zeitweilig eine bessere und reichlichere Kost, namentlich mit mehr Fleisch, gleichsam als Arznei zu verschreiben.

V.

Untersuchung der Kost in zwei Gefängnissen.

Von Dr. **Ad. Schuster**,

k. b. Assistenzarzt.

Eine der wichtigsten Fragen für die Staatsverwaltung ist die nach der richtigen Ernährung der Gefangenen. Schon die vielfachen Besprechungen dieses Themas von Seite der Direktionen und der Aerzte beweisen, welche Bedeutung dasselbe besitzt; trotzdem ist man bis jetzt zu keinem entscheidenden Resultate darüber gelangt, welche Kost für die Gefangenen bei der geringsten Ausgabe für den Staat die passendste ist. Der Streit drehte sich bisher hauptsächlich um das Verhältniss der animalischen zu den vegetabilischen Substanzen, was allerdings für die ganze Art der Kost ausschlaggebend ist, aber doch nur einen Theil der hier in Frage kommenden Verhältnisse berührt.

Die Ursache, warum bis jetzt keine Einigung erzielt wurde, liegt wohl zum nicht geringen Theile darin, dass ökonomische Rücksichten stets allzusehr in den Vordergrund gestellt wurden, was um so leichter geschehen konnte, als jede wissenschaftliche Basis fehlte, auf Grund deren eine sichere Entscheidung möglich war. An deren Stelle machten sich oft aus falschen Anschauungen entsprungene Meinungen geltend, für die man in manchen Fällen noch eine scheinbare Bestätigung durch die praktische Erfahrung in Anspruch nahm. Erst seitdem die Vorgänge bei der Ernährung klar gestellt sind, seit man die Bedeutung der einzelnen Nahrungsstoffe besser kennt, Einiges über die Unterschiede der animalischen und vegetabilischen Nahrung weiss und etwas darüber aussagen kann, in welchen absoluten Mengen und in welchen gegenseitigen Verhältnissen die einzelnen Nahrungsstoffe am vortheilhaftesten gereicht werden, gelingt es, die Streitfrage ihrer Lösung näher zu bringen.

Durch diese Grundlage wird neben der ökonomischen Rücksicht noch eine andere, nämlich die für die Gesundheit der Gefangenen maassgebend. Man hat früher vielfach die Vorstellung gehabt, das einfachste Nahrungsmittel z. B. Brod oder Kartoffeln reiche für den Gefangenen völlig hin, wenn es nur in ansehnlicher Menge geboten wird, alles Uebrige mache die Kost nur angenehm, wäre aber eigentlich überflüssig und ein Luxus. Jetzt wissen wir, dass nicht bei jeder Kost, auch wenn sie in der grössten Menge aufgenommen wird, der Körper sich erhält und dass bei gewisser Ernährungsweise der Darm nach und nach erkrankt, oder ein Widerwillen gegen die Speise eintritt, wodurch die Ernährung unmöglich wird.

Das Ideal einer Nahrung ist dasjenige Gemische von Nahrungsmitteln und Nahrungsstoffen, welches die zur stofflichen Erhaltung des Körpers gerade erforderliche Quantität der einzelnen Nahrungsstoffe in richtiger Mischung zuführt und dabei den Körper so wenig als möglich belastet.

Der Bedarf des menschlichen Körpers an den verschiedenen Nahrungsstoffen ist bekanntlich ungleich; der an Eiweiss ist vorzüglich abhängig von der Masse der Organe, der an stickstofffreien Stoffen von der Grösse der Arbeitsleistung. Es müssen desshalb auch die Nahrungsstoffe in der Nahrung je nach der Individualität in verschiedener Menge und in verschiedenen relativen Verhältnissen enthalten sein. Ein Ideal einer Nahrung gilt also nur für einen bestimmten Fall.

Die Verhältnisse des Gefangenen stellen einen ganz besonderen Fall dar, bei welchem mancherlei zu berücksichtigen ist.

Man ist genöthiget, für Gefangene eine mittlere Kost aufzustellen und doch sind die Individualitäten ausserordentlich ungleich, denn man hat es mit Leuten verschiedenen Alters, mit grossen und kräftigen oder mit kleinen und schwächlichen Leuten zu thun; erhalten sich daher die letzteren eben mit einer bestimmten Kost, so leiden die ersteren schon Noth. Man nimmt für gewöhnlich nicht auf die verschiedene Masse der Organe der Individuen bei der Ernährung in Gefängnissen Rücksicht, jedoch auf den Grad der Arbeitsleistung, indem man arbeitenden Gefangenen in der Regel mehr giebt als nicht arbeitenden.

Es ist ferner die Aufgabe der Gefangenenernährung schwierig, weil die Gefangenen eigentlich nur eine Freiheitsstrafe erdulden sollen und nicht an ihrem Körper und an ihrer Gesundheit gestraft werden dürfen, anderntheils aber so einfach als möglich gehalten werden sollen. Nun ist es meist unmöglich, einen Menschen gefangen zu halten, ohne dass die Ernährung seines Körpers darunter leidet; wenn auch für alles Andere vollauf gesorgt ist, üben doch die psychischen Eindrücke der Gefangenschaft auf die Meisten eine schädliche Wirkung aus. Nichtsdestoweniger könnte man, wenn man über die Nahrung unbeschränkt verfügen dürfte, viele Schädlichkeiten für die Gesundheit der Gefangenen abhalten. Dem steht nun entgegen, dass die Kost in Gefängnissen möglichst einfach und wohlfeil sein soll.

Man giebt nur so viel als eben nöthig ist, um einen menschlichen Körper auf seinem Bestande ohne bleibende Schädigung zu erhalten. Da nun ein Gefangener, namentlich wenn er nicht arbeitet, einen weniger eiweissreichen und muskulösen Körper braucht, so darf man ihm weniger Eiweiss geben. Nur muss man, wie Voit schon in seinem Vortrage hervorgehoben hat, dabei bedenken, dass der muskelstark in das Gefängniss Eingetretene von seinen Organen so lange Eiweiss verliert, bis diese sich mit der geringen Eiweissmenge der Gefangenenkost in einen Gleichgewichtszustand gesetzt haben und dass dann der Körper schwächer ist und weniger geeignet, krank machenden Einflüssen zu widerstehen. Später ist dann durch reichlichere Zufuhr von Eiweiss eine Restitution und eine normale Leistungsfähigkeit wieder möglich. Geht man aber mit der Eiweissmenge in der Kost unter eine gewisse Grenze, so verliert der Körper fortwährend von seinem Eiweiss und kommt schliesslich an einen Punkt, wo die normalen Lebenserscheinungen nicht mehr stattfinden und tiefe Erkrankungen auftreten.

Die zur Erhaltung des Fettes im Körper nöthige Menge der stickstofffreien Stoffe wird durch den Grad der Arbeitsleistung bedingt. Wenn auch ein nicht Arbeitender ungleich weniger davon nöthig hat, so existirt auch hier eine gewisse Grenze, unter welche man nicht gehen darf, da sonst der Gefangene Tag für Tag von seinem Fette einbüsst und dadurch bleibende Nachtheile eintreten.

Man bewegt sich also bei der Ernährung der Gefangenen auf einer sehr schmalen Schneide; man soll den Körper auf dem geringsten Maasse seines Bestandes eben erhalten und ihn doch nicht dauernd schädigen. Bei einem so schwierigen Probleme geht man nun in der Praxis vielfach und lange fehl, bis man endlich durch die Erfahrung klug gemacht, das Bessere einigermassen trifft. Die Anzeigen für die Unzulänglichkeit der Maassnahmen sind die Morbilitäts- und Mortalitätsverhältnisse der Gefangenen, d. h. man experimentirt mit dem Leben der Menschen. Jeder Gefängnissdirektor und Gefängnissarzt wird zugeben, dass Tausende von Leben bei diesem Probiren geopfert worden sind. Wenn irgendwo so thut hier die wissenschaftliche Erkenntniss ihre Dienste; jetzt schon kann man aussagen, ob eine Kost den Körper zu erhalten vermag oder nicht und an was es vorzüglich fehlt.

Darum ist es für sorgsame Staatsbehörden so wichtig, den Werth der Kost in ihren Gefängnissen kennen zu lernen, wenigstens so weit als er aus der verzehrten Speise zu entnehmen ist. Die Kostregulative ergeben uns nicht ganz brauchbare Anhaltspunkte, weil das Gewicht der Nahrungsmittel sich auf das Rohmaterial und nicht auf das wirklich Verkochte bezieht, was gerade bei der vorzugsweise aus Vegetabilien bestehenden Gefängnisskost sehr in Betracht kommt. Wenn es irgend thunlich ist, sollte man wenigstens den Harn und Koth einiger Gefangenen mit in Untersuchung ziehen, um über die Ausnützungsverhältnisse der Kost und den Eiweissbedarf etwas zu erfahren. Erst dann, wenn man auf solche Weise eine richtig scheinende Kost festgesetzt hat, wird es noch nöthig sein, durch Respirationsversuche sich zu überzeugen, ob der Körper auch auf seinem Kohlenstoffgehalte bleibt. Dadurch wird man nach und nach die unterste Grenze der Quantität der einzelnen Nahrungsstoffe finden, bei welchen der menschliche Organismus eben noch besteht.

Wir wissen durch eine Reihe von Untersuchungen annähernd, wieviel ein Mensch im Mittel an den einzelnen Nahrungsstoffen braucht.

Ein tüchtig arbeitender Gefangener darf nicht weniger aufnehmen als ein mittlerer Arbeiter; er hat so viel Eiweiss nöthig, um seine Organe auf einem Stande zu erhalten, dass er einer entsprechenden Muskelanstrengung fähig ist, und er muss so viel stickstofffreie Stoffe einführen, damit er an Fett nicht einbüsst. Im Mittel muss er also bekommen: 118 gr. Eiweiss, 56 gr. Fett und 500 gr. Kohlehydrate. Ein nicht arbeitender Gefangener kann aus den angegebenen Gründen mit weniger Eiweiss und weniger stickstofffreien Stoffen auskommen; Voit hat als niedersten Satz dafür 85 gr. Eiweiss, 30 gr. Fett und 300 gr. Kohlehydrate aufgestellt.

Ausserdem muss den übrigen Anforderungen an eine Kost Genüge geleistet sein, nämlich der Darreichung der Nahrungsstoffe in den geeigneten Nahrungsmitteln und der gehörigen Abwechselung derselben.

Wir wollen nun zusehen, wie sich die in einigen Gefängnissen gegebene Kost gegen diese Anforderungen verhält.

Herr Geheimerath v. Pettenkofer hatte mich im Jahre 1874 aufgefordert, im hygienischen Institute die Ernährungsverhältnisse Gefangener in den bayerischen Zuchthäusern und Strafanstalten zu prüfen.

Ich habe zunächst meine Untersuchungen angestellt im Zuchthause in der Au, in welchem die Gefangenen arbeiten müssen, und dann im Gefängnisse an der Badstrasse, wo nicht gearbeitet wird. Die Erlaubniss hierzu wurde mir für das Zuchthaus durch die gütige Vermittelung des Herrn Appellrath Petersen vom k. Justizministerium, für das Gefängniss an der Badstrasse durch Herrn Bezirksgerichtsdirektor Praxmarer bereitwilligst ertheilt.

Es befinden sich in dem Zuchthause in der Au nur Gefangene männlichen Geschlechts, welche zu mehr als 3 Jahren Haft verurtheilt sind, während das Gefängniss an der Badstrasse hauptsächlich zum Aufenthaltsorte für Untersuchungsgefangene und solche Verurtheilte bestimmt ist, welche noch vor dem Antritte ihrer Strafe erkranken.

Die Untersuchungen wurden nach der von Prof. Voit angegebenen Methode I, nach welcher er die Kost der Arbeiter[1]) und Dr. Forster

[1]) Siehe Gutachten über die Volksküchen.

die Kost der Pfründnerinnen[1]) prüften, ausgeführt, in der Weise, dass für jede der beiden Anstalten die vollständige Tagesration, wie sie ein Gefangener geniesst, an je sieben aufeinander folgenden Tagen qualitativ und quantitativ bestimmt wurde. Zu diesem Zwecke wurde die Kost täglich 3 Mal, so wie sie auch den Gefangenen verabreicht wird, in geschlossenen Gefässen aus der Anstalt ins Laboratorium gebracht, gewogen und dann zur Bestimmung des darin enthaltenen Wassers bei 100° C. getrocknet. Um ja möglichst genau die durchschnittlichen Kostmengen zu erhalten und auch vor Verlusten während des Transportes sicher gestellt zu sein, wählte ich mir stets selbst aus den vielen Kostportionen, welche kurz vor der Vertheilung an die Gefangenen in der Küche aufgestellt sind, eine beliebige Portion aus und liess dieselbe unter meiner Aufsicht sogleich ins Laboratorium bringen. So war ich sicher vor jeder Täuschung.

Das Fett wurde durch Erschöpfen der bei 100° getrockneten und gepulverten Substanz mit kochendem Aether bestimmt. Die Eiweissmenge berechnete ich aus dem Stickstoffgehalte, welcher durch Verbrennen der trockenen Substanz mit Natronkalk ermittelt wurde (15.5 gr. N = 100 gr. Eiweiss). Den Gehalt an Kohlehydraten berechnete ich, indem ich den nach Abzug der Eiweiss-, Fett- und Aschemenge von der Gesammtsumme bleibenden Rest als Kohlehydrate ansetzte.

a. Kost im Zuchthause.

(Arbeitende Gefangene.)

Zuerst berichte ich über die Berechnung des Kostregulatives des Zuchthauses München, in welchem das Gewicht der einzelnen Nahrungsmittel in Grammen genau angegeben ist.

			Eiweiss:	Fett:	Kohlehydrate:
Montag:	Morgens:	Brennsuppe	4.4	6.0	28.8
	Mittags:	Kartoffelsuppe od.	22.0	20.0	232.4
		Kartoffeln mit Rüben od.	18.2	20.0	165 9
		Linsen od.	66.6	15.0	148.4
		Linsen mit Gerste	41.6	15.0	166.9
	Abends:	Rollgerstensuppe	10.0	10.0	73.5
		Brod (560 gr.)	46.6	—	243.1
		Summe im Mittel:	98.1	33.5	523.8
Dienstag:	Morgens:	Brennsuppe	4.4	6.0	28.8
	Mittags:	Gerstengries mit 140 gr. Fleisch	44.7	12.6	104.7
	Abends:	Kartoffelsuppe od.	11.1	10.0	116.2
		Brodsuppe	11 6	10.0	61.9
		Brod	46.6	—	243.1
		Summe im Mittel:	107.0	32.3	521.7

[1]) Zeitschrift für Biologie. Bd. 9, S. 381.

			Eiweiss:	Fett:	Kohlehydrate:
Mittwoch:	Morgens:	Brennsuppe	4.4	6.0	28.8
	Mittags:	Kartoffelsuppe od.	22.0	20.0	232.4
		Erbsensuppe od.	57.8	15.0	156.7
		Erbsen mit Gerste	45.3	15.0	182.0
	Abends:	Riebelsuppe	11.8	10.0	73.6
		Brod	46.6	—	243.1
		Summe im Mittel:	104.5	32.7	535.9
Donnerstag:	Morgens:	Brennsuppe	4.4	6.0	28.8
	Mittags:	Gerste mit 140 gr Fleisch	42.8	12.6	110.2
	Abends:	Kartoffelsuppe od	11.1	10.0	116.2
		Brodsuppe	11.6	10.0	61.9
		Brod	46.6	—	243.1
		Summe im Mittel:	105.1	28.6	471.1
Freitag:	Morgens:	Brennsuppe	4.4	6.0	28.8
	Mittags:	Knödel	34.0	20.0	212.6
	Abends:	Riebelsuppe od	11.8	10.0	73.6
		Brennsuppe	11.0	10.0	71.9
		Brod	46.6	—	243.1
		Summe im Mittel:	95.4	36.0	557.2
Samstag:	Morgens:	Brennsuppe	4.4	6.0	28.8
	Mittags:	Bohnensuppe od.	62.8	15.0	149.9
		Bohnen mit Sauerkraut od.	39.7	15.0	102.4
		Kartoffelsuppe	22.0	20.0	232.4
	Abends:	Gerstengries	10.0	10.0	73.5
		Brod	46.6	—	243.1
		Summe im Mittel:	102.5	32.7	507.0
Sonntag:	Morgens:	Brennsuppe	4.4	6.0	28.8
	Mittags:	Reissuppe mit 140 gr Fleisch	39.0	12.6	117.1
	Abends:	Kartoffelsuppe od.	11.0	10.0	116.2
		Riebelsuppe	11.8	10.0	73.6
		Brod	46.6	—	243.1
		Summe im Mittel:	101.4	28.6	483.9
		Gesammtmittel:	101	32	516

Ich vergleiche nun damit die Resultate meiner Bestimmungen der Kost der Gefangenen während einer Woche, bei welchen ich die folgenden Zahlen erhalten habe:

1.

	Kost	frische Substanz	bei 100° trocken	Wasser	Eiweiss	Fett	Kohlehydrate
Morgens	Brennsuppe	864.3	44.4	819.9	5.6	6.5	20.5
	Brod	174.1	115.9	58.2	14.6	—	97.4
Mittags	Knödel	1149.0	238.6	910.4	32.7	14.3	174.3
	Brod	186.0	123.8	62.2	15.6	—	104.0
Abends	Rollgerste	887.0	98.5	788.5	10.1	8.2	68.6
	Brod	188.5	125.5	63.0	15.8	—	105.1
	Summe	3448.9	746 7	2702.2	95.3	29.0	569.9

2.

	Kost	frische Substanz	bei 100° trocken	Wasser	Eiweiss	Fett	Kohlehydrate
Morgens	Brennsuppe	772.0	37.3	734.7	4.6	6.2	18.4
	Brod	190.7	127.0	63.7	16.0	—	107.7
Mittags	Brod	176.5	117.5	59.0	14.8	—	98.7
	Linsen	1094.5	233.0	861.5	62.7	16.3	138.0
Abends	grüner Salat	447.6	10.5	437.1	2.3	1.2	6.9
	Brod	197.6	131.6	66.0	16.6	—	110.2
	Grütze	1055.7	102.6	953.1	9.2	6.2	75.1
	Summe	3934.6	759.5	3175.1	126.2	29.9	555.0

3.

	Kost	frische Substanz	bei 100° trocken	Wasser	Eiweiss	Fett	Kohlehydrate
Morgens	Brennsuppe	875.4	41.6	833.8	5.3	6.3	19.8
	Brod	171.9	114.4	57.5	14.4	—	96.1
Mittags	Reissuppe	1056.8	104.8	952.0	8.8	8.9	74.7
	Rindfleisch	62.1	31.4	30.7	11.2	19.0	—
	grüner Salat	501.8	16.7	485.1	3.6	1.9	11.1
	Brod	192.7	128.3	64.4	16.1	—	107.9
Abends	Mehlsuppe	1025.7	98.8	926.9	14.5	8.5	73.6
	Brod	165.8	110.4	55.4	13.9	—	92.8
	Summe	4052.2	626.4	3405.8	88.3	44.6	476.7

4.

	Kost	frische Substanz	bei 100° trocken	Wasser	Eiweiss	Fett	Kohlehydrate
Morgens	Brennsuppe	938.5	48.4	890.1	5.8	9.1	21.7
	Brod	188.2	125.3	62.9	15.8	—	105.2
Mittags	Brod	207.8	138.3	69.5	17.4	—	116.2
	weisse Bohnen	1115.8	222.6	892.7	46.0	17.7	140.7
	grüner Salat	556.8	18.3	538.5	3.9	2 6	11.8
Abends	Brod	183.5	122.2	61.3	15.4	—	102.7
	Gerste	1076.6	114.4	962.2	11.5	10.5	77.7
	Summe	4266.7	810.1	3476.6	115.8	39.9	576.0

5.

	Kost	frische Substanz	bei 100° trocken	Wasser	Eiweiss	Fett	Kohle-hydrate
Morgens	Brennsuppe	798.0	34.6	763.4	4.4	5.2	16.6
	Brod	180.7	120.3	60.4	15.1	—	101.1
Mittags	Gerste	968.0	99.7	868.3	10.3	14.9	62.7
	Brod	176.3	117.4	58.9	14.8	—	98.2
	Rindfleisch	60.6	33.5	27.1	10.6	22.2	—
	grüner Salat	582.6	17.3	565.3	3.8	3.0	10.7
Abends	Brod	187.4	124.8	62.6	15.6	—	105.0
	Brodsuppe	1062.8	104.0	958.8	13.1	9.1	78.3
	Summe	4016.4	651.6	3364.8	87.7	54.4	472.6

6.

	Kost	frische Substanz	bei 100° trocken	Wasser	Eiweiss	Fett	Kohle-hydrate
Morgens	Brennsuppe	912.0	50.5	861.5	6.4	7.5	24.2
	Brod	169.6	112.9	56.7	14.2	—	95.9
Mittags	Brod	178.7	119.0	59.7	15.0	—	100.0
	Erbsen	1144.4	230.6	913.8	46.3	16.4	150.2
Abends	Brod	170.0	113.2	56.8	14.2	—	95.2
	Mehlsuppe	972.2	88.3	883.9	12.7	9.5	53.8
	Summe	3546.9	714.5	2832.4	108.8	33.4	519.3

7.

	Kost	frische Substanz	bei 100° trocken	Wasser	Eiweiss	Fett	Kohle-hydrate
Morgens	Brennsuppe	929.0	46.0	883.0	5.7	7.9	21.2
	Brod	182.6	121.6	61.0	15.3	—	102.2
Mittags	Gerste	1100.0	116.5	983.5	12.0	7.2	82.3
	Rindfleisch	57.8	24.5	33.3	18.6	4.8	—
	grüner Salat	403.8	19.5	384.3	3.8	4.9	10.9
	Brod	182.8	121.7	61.1	15.3	—	102.3
Abends	Brod	184.8	123.0	61.8	15.5	—	103.3
	Brennsuppe	1058.5	97.5	961.0	13.0	10.0	58.1
	Summe	4079.3	650.3	3429.0	99.2	34.8	480.3

Die Zusammenstellung der Summen der täglich gereichten Nahrungsmittel und Nahrungsstoffe ergiebt:

Versuchstag	frische Substanz	bei 100° trocken	Wasser	Eiweiss	Fett	Kohlehydrate
1	3448.9	746.7	2702.2	95.3	29.0	569.9
2.	3934.6	759.5	3175.1	126 2	29 9	555.0
3.	4052.2	626.4	3105 8	88.3	44 6	476.0
4.	4266.7	810 1	3476.6	115 8	39.9	576 0
5.	4016.4	651 6	3364.8	87 7	54 4	472.6
6	3546.9	714.5	2832.4	108.8	33 4	519.3
7	4079.3	650.3	3429 0	99 2	34 8	480.3
Gesammtmittel:	3906.4	708.4	3198.0	104	38	521
Nach dem Regulativ	—	—	—	101	32	516

Die unmittelbaren Bestimmungen liefern sonach nahezu die gleichen Werthe, wie die Berechnungen nach dem Regulativ:

Es enthalten:

104 Eiweiss	16.15 Stickstoff	und	55 7	Kohlenstoff
38 Fett	—	„ „	29.1	„
521 Kohlehydrate	—	„ „	231.3	„
	16.15 Stickstoff	und	316 1	Kohlenstoff.

Vergleichen wir nun die von mir bei den Gefangenen gefundenen Zahlen mit den Anforderungen an die Kost eines Arbeiters, welcher nach den obigen Angaben 118 gr. Eiweiss, 56 gr. Fett und 500 gr. Kohlehydrate (= 18.3 Stickstoff und 328 Kohlenstoff) in seiner Nahrung nöthig hat, so zeigt sich in ersteren ein Minus von Stickstoff, während der Kohlenstoffgehalt übereinstimmt; in den Verhältnissen der einzelnen Nährstoffe findet sich in der Kost der Gefangenen ein Defizit von Eiweiss und Fett, während die Menge der Kohlehydrate in derselben die nach Voit erforderlichen Werthe übersteigt.

Die Sterblichkeitsverhältnisse in dem Zuchthause waren vor 25 Jahren ungemein ungünstig, da ein sehr grosser Theil der im kräftigsten Körperzustande in das Gefängniss Eingetretenen nach längerer Haft der Phthisis erlag. Dies hat sich jetzt ganz wesentlich gebessert. Es wäre sehr wichtig, über die frühere Kost genaue Aufschlüsse zu erhalten; es war mir aber leider nicht möglich, die nöthigen Angaben zu bekommen.

Da der Gefangene statt 118 gr. Eiweiss, wie der mittlere Arbeiter, nur 104 gr. aufnimmt, so wird dadurch nur eine geringere Masse der Organe oder der Zellen erhalten werden können. Hat also der Mann beim Eintritte in das Gefängniss als geringste Menge von Eiweiss 118 gr. neben der gehörigen Quantität stickstofffreier Stoffe nöthig gehabt, so nimmt er an Eiweiss nach und nach so weit ab, bis die geringere Zufuhr zur Erhaltung der herabgekommenen Organe ausreichend ist. Es ist also ganz unzweifelhaft, dass der Gefangene nicht mehr das zu leisten vermag, was er vorher bewältigte.

Es ist nun die wichtige Frage, ob der Körper eines mittleren Mannes sich mit 104 gr. Eiweiss schliesslich in das Stickstoffgleichgewicht versetzen kann, oder ob er fortwährend an Eiweiss abnimmt und endlich an Eiweissmangel der Tod oder Erkrankung eintritt.

Dr. Forster hat in der Kost einer in armseligen Verhältnissen lebenden, noch rüstigen Frau, welche aber einige Zeit darauf an Lungenphthisis erkrankte, nur 76 gr. Eiweiss, und in der Kost alter Pfründnerinnen nur 80 gr. Eiweiss gefunden. Es kann demnach die Möglichkeit, mit 104 gr. Eiweiss bei herabgekommenem Körper auf die Dauer auszureichen, nicht bestritten werden, aber der Organismus ist viel weniger leistungsfähig und setzt krank machenden Einflüssen einen geringeren Widerstand entgegen. Für einen stärkeren Arbeiter ist die Menge von 104 gr. Eiweiss unzureichend.

Pettenkofer und Voit fanden bei zwei am hungernden Menschen ausgeführten Versuchen eine Stickstoffausscheidung im Harn von 11.33 und 10.96 gr., welche einem Verlust von 73 und 71 gr. Eiweiss entsprechen. Diese Zahlen stimmen nun überein mit denjenigen, welche wir als den Ausdruck der Grösse der aus der Gefangenenkost in den Körper aufgenommenen Eiweissmenge kennen lernen werden. Man könnte daher meinen, dass eine solche Eiweissmenge eben hinreichend wäre die Gefangenen auf einem dem Hungerzustande entsprechenden Ernährungsstande zu erhalten, und dies für genügend erachten. Voit hat aber nachgewiesen, dass die Darreichung von so viel Eiweiss als ein Organismus beim Hunger zersetzt, ungenügend ist und zum Tode führt, mag nun dasselbe allein oder mit beliebig viel stickstofffreier Substanz gegeben werden.

Um einen den Gefangenen analogen Fall zu haben, bestimmte ich die Grösse der täglichen Stickstoffausscheidung im Harn bei einem sonst schon heruntergekommenen, schlecht genährten Individuum, dem Manne II in den Versuchen von Pettenkofer und Voit, bei völliger Enthaltung von Nahrung. Ich fand hierbei eine Ausscheidung von 6.61 gr. Stickstoff, welche einer Eiweisszersetzung von 43 gr. entsprechen. Es ist aber gewiss, dass dieser schwächliche Mann, von geringem Körpergewichte und geringer Organmasse, zu seiner Ernährung mit 43 gr. Eiweiss nicht ausreicht, sondern gegen 100 gr. Eiweiss nothwendig hat.

Aehnlich wie mit dem Eiweiss verhält es sich mit dem Fettgehalte der

Zuchthauskost. Voit glaubt eher unter das Mittel der nöthigen Fettmenge zu gehen, wenn er 56 gr. Fett neben 500 gr. Kohlehydraten für den Tag fordert, während ich als Mittelzahl nur 38 gr. Fett, also kaum mehr als ²/₃ der von Voit als nothwendig angegebenen Menge, in der Zuchthauskost gefunden habe. Allerdings ist die Menge der Kohlehydrate eine grössere als die von Voit angegebene und es stimmt dadurch die Menge des Kohlenstoffs in der Nahrung der Gefangenen mit der von Voit geforderten ziemlich überein; allein, wenn auch der Spielraum, innerhalb dessen sich Fett und Kohlehydrate in der Nahrung gegenseitig vertreten können, ein sehr weiter ist, so können dieselben, wie Voit hervorgehoben hat, doch nicht in allen Verhältnissen für einander eintreten.

Es ist nach Voit sehr schwer, die für einen Arbeiter zur Verhütung des Fettverlustes vom Körper nöthige Quantität von stickstofffreien Stoffen nur in Fett oder nur in Kohlehydraten zu geben. Nur selten wird so viel von jedem dieser Stoffe ertragen und genügend im Darm resorbirt. Das Fett ist aber auch für den Ansatz von Fett im Körper von grösster Bedeutung, da aus den Kohlehydraten wahrscheinlich kein Fett hervorgeht, sondern durch sie nur das aus dem Eiweiss entstehende Fett geschützt wird. Diese Bedeutung des Fettes tritt namentlich bei den Gefangenen hervor, welche nur die geringste Menge von Eiweiss in ihrer Kost bekommen. Es ist ganz ungemein wichtig darauf zu achten, dass die Gefangenen auf einer leidlichen Fettmenge in ihrem Körper erhalten werden; ein Organismus, welcher durch ungenügende Zufuhr der stickstofffreien Substanzen an Fett arm wird, zersetzt auch mehr Eiweiss, als ein an Fett reicherer und es tritt nach und nach äusserste Abmagerung, ein Verschwinden des Fettes in den Muskeln auf.

Man nimmt daher am besten ein Gemische von Fett und Kohlehydraten auf. Es lässt sich leicht darthun, dass die Kost, je schlechter sie wird, um so ärmer an Fett und um so reicher an Kohlehydraten ist. Die Kost zweier junger Aerzte enthielt nach Dr. Forster im Mittel neben 130 gr. Eiweiss, 95 gr. Fett und nur 327 gr. Kohlehydrate. So enthält auch die Gefangenenkost in der Regel sehr wenig Fett; man hat eben früher die hohe Bedeutung des Fettes nicht gehörig gewürdiget und geglaubt, dass dasselbe leicht und vollständig durch Kohlehydrate ersetzt werden könne. Es wäre sehr rathsam den Gefangenen, wenigstens den arbeitenden, etwas mehr Fett zu reichen, da sie dadurch sicher vor allzu früher Erkrankung bewahrt bleiben. Dr. Bär meldet in seiner werthvollen Abhandlung ebenfalls, wie nöthig für die Gefangenen das Fett ist. Es spricht sich auch in der allgemeinen Erfahrung aus, dass die Gefangenen sehr begierig nach Fett sind. Herr Appellrath Petersen machte mir, als ich schon vor Beginn meiner Untersuchungen die Ansicht äusserte, dass wohl die Fettmenge in der

Kost der Gefangenen eine sehr geringe sein werde, die Mittheilung, dass in einer bayerischen Strafanstalt der behandelnde Arzt, als sich mehrere Fälle von sog. Nachtblindheit (Nyktalopie) ereigneten, dieselbe mit Leberthran behandelte, worauf sich nun bald eine ganz bedeutende Anzahl von Gefangenen meldete, welche alle ebenfalls von dieser Krankheit ergriffen worden zu sein angaben, so dass die Vermuthung von Simulation nicht ferne lag. Ich glaube, dass es die instinctive Begierde nach Fett war, welche die Gefangenen dazu trieb eine Krankheit zu heucheln, um dadurch zu dem Genusse dieses so sehr entbehrten Nahrungsstoffes zu gelangen, so dass nicht einmal der ekelhafte Geschmack des Leberthrans sie davon abhalten konnte, auf jede Weise darnach zu streben, etwas von diesem Fett ihrem Körper einzuverleiben.

Viel schwerer aber als das eben Angeführte fällt bei Beurtheilung der Frage über die Zulänglichkeit der in den Zuchthäusern gereichten Fettmenge eine Beobachtung von Felix[1]) über die Beziehungen zwischen Fettmangel in der Nahrung und Scorbut ins Gewicht. Der Scorbut ist eine Erkrankung, welche als die Folge einer irgendwie mangelhaften Ernährung aufgefasst werden muss, und Felix glaubt die Ursache desselben in Mangel an Fett in der Nahrung suchen zu dürfen. Er begründet seine Ansicht mit folgenden Thatsachen. Die rumänischen Soldaten erhalten während der Fastenzeit in der Kost nur etwa 24.6 gr. Fett täglich. Alljährlich kommen auch zu Ende und gleich nach der Fastenzeit in verschiedenen Garnisonen Scorbutfälle vor und die amtlichen Civilstandsregister von Bukarest verzeichnen stets um jene Zeit einige Sterbefälle durch Scorbut und Purpura haemorrhagica aus den Truppenspitälern. Nährsalze sind in der Kost in hinreichender Menge enthalten. Ebenso tritt in den Civilgefängnissen ausser der langen Fastenzeit und einer kurzen Zeit nach Ablauf derselben in der Regel kein Scorbutfall auf. Nachdem aber die Gefangenen mindestens drei Wochen lang ausschliesslich Fastenkost genossen haben, zeigen sich regelmässig als Vorboten des Scorbuts zahlreiche Nyktalopien. Die ersten Symptome des Scorbuts treten beständig gerade bei jenen Individuen auf, die eine Verkürzung der Fettration am wenigsten ertragen, nämlich bei den Phthisikern. Es besteht nun aber die Kost während der Fasten, welche in Rumänien, wie in Russland, ausserordentlich streng gehalten werden, nur aus vegetabilischen Stoffen, selbst der Genuss thierischer Fette ist verboten. Die Pflanzenfette sind aber so theuer, dass sie nur in sehr geringer Menge verabreicht werden können. Felix führt noch einen Umstand aus der geographischen Pathologie an, dessen auch Hirsch erwähnt, und der für die

[1]) Zur Aetiologie des Scorbuts. Vierteljahrschrift f. öffentl. Gesundheitspflege. 3. Bd. 1. Hft. S. 111.

Richtigkeit seiner Ansicht über die Entstehung des Scorbuts spricht: die Finnen, Lappen und Samojeden, die nie von Scorbut befallen werden, geniessen nämlich äusserst selten Gemüse, aber viel thierische Fette. —

Dr. Neumayer hat an Professor Voit berichtet, dass bei einer der Expeditionen ins Innere von Australien die Leute in grosser Anzahl, trotz reichlichsten Proviants an Fleisch und wahrem Heisshunger, doch abgemagert und an scorbutischen Krankheiten zu Grunde gegangen seien; nach der Ansicht von Professor Voit ist dabei höchst wahrscheinlich an stickstofffreien Stoffen, namentlich an Fett, Mangel gewesen.

Es ist hier nicht der Ort, auf eine Erklärung dieses Zusammenhanges zwischen Fettmangel in der Kost und Erkrankung an Scorbut einzugehen, es erscheint jedoch nicht unwahrscheinlich, dass diese Relation wirklich besteht. Wir finden aber den Scorbut gar nicht selten in unseren Gefängnissen[1]), und es liegt daher sehr nahe, auch hier die Ursache in der ungenügenden Fettzufuhr in unserer Gefangenkost zu suchen.

Wir kommen zur Betrachtung der dritten Gruppe von Nährstoffen, nämlich der Kohlehydrate, von welchen wir einen kleinen Ueberschuss in der Zuchthauskost, gegenüber der Kost unter normalen Verhältnissen lebender mittlerer Arbeiter gefunden haben, nämlich 521 statt 500 gr.

Um darzuthun, warum bei mittlerer Arbeit die Kohlehydrate nicht in grösserer Menge als zu 500 gr. aufgenommen werden sollen, ist es nothwendig, Einiges über die Nahrungsmittel, in welchen die Nahrungsstoffe zugeführt werden, über die Unterschiede der animalischen und vegetabilischen Kost und über die Ausnützungsverhältnisse im Darme in Erinnerung zu bringen.

In der animalischen Kost nehmen wir bekanntlich vorzüglich Eiweiss und Fett, in der vegetabilischen Eiweiss und Fett meist mit einem grossen Ueberschusse von Stärkemehl auf. Es findet sich nun ein grosser Unterschied in der Ausnützung der Nahrungsmittel im Darm, vorzüglich zwischen den animalischen und vegetabilischen Substanzen, so dass davon sehr ungleiche Mengen resorbirt werden und dem Körper zu Gute kommen.

Die animalischen Nahrungsmittel, besonders das Fleisch, werden von den Verdauungsorganen sehr vollständig resorbirt, namentlich das in denselben enthaltene Eiweiss; die Menge des trockenen Kothes ist dabei eine sehr geringe. Ganz anders verhält sich die Sache bei den Vegetabilien. In diesen ist das Eiweiss zum Theil in festen Hüllen von Cellulose eingeschlossen, welche von den Verdauungssäften nur sehr langsam aufgelöst und

[1]) Vergl. hierüber: „Pettenkofer, Cholera in der Gefangenanstalt Laufen“, Berichte der Choleracommission f. d. deutsche Reich, Heft 2 S. 56; ebenso im Zuchthause Lichtenau, Heft 4 S. 47.

durchdrungen werden. Die Folge davon ist, dass das in denselben eingeschlossene Eiweiss nicht ganz ausgelaugt wird und mit dem Koth den Körper unverändert wieder verlässt. Sind die Cellulosehüllen auf mechanischem Wege grossentheils zersprengt, wie dies bei Herstellung von Gebäcken aus Mehl, beim Kochen der Leguminosen zu einem weichen Brei geschieht, dann können Vegetabilien, z. B. Erbsen (nach Strümpell) ebenso wie Fleisch erschöpft werden.

Durch zwei Momente wird aber die Aufnahme der Vegetabilien noch weiter erschwert. Einmal durch das meist grosse Volumen derselben, wodurch die Verdauung langsam und schwierig vor sich geht und die Verdauungsorgane sehr beschwert werden, wie z. B. beim Verzehren grosser Massen von Kartoffeln. Dann aber findet bei manchen Formen, in welchen wir die Vegetabilien zu uns nehmen, z. B. beim Brode, wie E. Bischoff nachgewiesen hat, eine sauere Gährung im Darme statt, durch welche eine baldige Entleerung breiiger Massen nahezu von der Zusammensetzung des Brodes eintritt.

G. Meyer fand, dass bei ausschliesslicher Aufnahme von etwa 800 gr. gewöhnlichen Roggenbrodes 11.5 % der festen Theile des Brodes und 32.4 % des in ihm enthaltenen Stickstoffs mit dem Koth wieder ausgeschieden wurden, dass also die entsprechende Menge Eiweiss unausgenützt den Darm passirt hatte. Die Ausnützung wurde aber noch bedeutend vermindert, wenn kleienhaltiges Brod (Pumpernickel) gegessen wurde; es wurden bei diesem Versuche 42.3 % des eingeführten Stickstoffs im Kothe wieder abgegeben. Bei Roggenbrod betrug der im Tag entleerte feste Koth 50 gr., bei Pumpernickel 82 gr. Bei gemischter Kost werden nach Pettenkofer und Voit 34 gr. festen Kothes im Tag entleert, mit 12 % des Stickstoffs der Nahrung. Hofmann hat bei Versuchen, welche er in dieser Richtung am Menschen anstellte, gefunden, dass bei einer täglichen Zufuhr von 1000 gr. Kartoffeln, 206 gr. wenig verkochter Linsen und 40 gr. Brod und Bier, 47 % des in der Nahrung enthaltenen Eiweisses im Kothe wieder austraten.

Es kann keinem Zweifel unterliegen, dass bei Gefangenen, welche grösstentheils Vegetabilien geniessen und darunter vorzüglish grosse Mengen von Brod und Kartoffeln, bedeutende Kothmengen entleert werden und die Ausnützung im Darme eine unvollkommene ist.

Um hierüber eine Vorstellung zu gewinnen, habe ich bei einem Gefangenen, welcher sich schon längere Zeit im Zuchthause befand und sich mit dem geringen Eiweissgehalte der Kost wohl längst ausgeglichen hatte, an 6 auf einander folgenden Tagen die Menge des Harns und Kothes und des in diesen Excreten enthaltenen Stickstoffs bestimmt. Ich habe dabei folgende Werthe erhalten:

Tag	Harnmenge in ccm.	N im Harn in Grammen	Koth in Grammen		N im Koth	N im Harn und Koth
			feucht	trocken		
1.	2720	11.33	334.0	81.1	4.7	16.0
2.	3105	11.6	425.5	103.4	5.8	17.4
3.	3560	12.9	318.5	68.0	4.1	17.0
4.	2697	10.2	352.7	69.5	4.0	14.2
5.	2625	9.6	107.2	30.0	1.6	11.2
6.	2715	10.1	450.4	65.7	4.1	14.2
Mittel	—	10.95	—	69.6	4.05	15.0

Das Resultat ist ein ganz schlagendes. Während bei gewöhnlicher gemischter Kost nur 34 gr. festen Kothes mit 2.3 gr. Stickstoff entleert werden, finden sich bei Gefangenen im Mittel 70 gr. festen Kothes mit 4.1 gr. Stickstoff. Es wird also von der geringen Menge Eiweiss in der Kost, nämlich von 104 gr., der ansehnliche Bruchtheil von 26.1 gr. = 25% im Darm nicht aufgenommen und geht nutzlos durch denselben hindurch. Dadurch wird die in den Körper gelangende Eiweissquantität noch wesentlich geringer als bei der gewöhnlichen gemischten Kost. Denn während bei letzterer von 118 gr. Eiweiss etwa 103 gr. resorbirt werden, gelangen von 104 gr. Eiweiss der Gefangenenkost nur 78 gr. in die Säfte.

Im Harn befanden sich im Mittel im Tage 11.0 gr. (nach der Schneider-Seegen'schen Methode bestimmt), im Harn und Koth 15.0 gr. Stickstoff, während nach meinen Untersuchungen im Mittel in der Gefangenenkost des Zuchthauses 16.1 gr. Stickstoff gereicht werden. Die Uebereinstimmung ist so gross, als sie bei solchen Versuchen nur erwartet werden kann. Die Differenz von 1 gr. Stickstoff rührt wahrscheinlich davon her, dass die Vertheilung der Kost an den betreffenden Tagen eine andere war, als zu der Zeit, in der ich die Untersuchung der Kost vornahm.

Die grösste Menge der festen Bestandtheile des Kothes bei gemischter Kost besteht aus nicht resorbirtem Stärkemehl; desshalb nimmt die Menge des Kothes bei Aufnahme stärkemehlreicher Substanzen, wie Brod oder Kartoffeln, so sehr zu. Bei der gemischten Kost entleerte der Arbeiter von Pettenkofer und Voit 6 % der festen Bestandtheile der Nahrung im Kothe wieder. Bei den Versuchen von Meyer traten bei Aufnahme von Roggenbrod 11 % der festen Bestandtheile im Koth aus; bei dem vorher erwähnten extremen Versuche von Hofmann erschienen 116 gr. trockenen Kothes mit 24 % der Trockensubstanz der aufgenommenen Speisen.

Von der Kost der Gefangenen blieben, wie bei ausschliesslicher Aufnahme von Brod, 10 % der Trockensubstanz unbenützt und wurden im Kothe ausgeschieden.

Diese Thatsachen über die schlechte Ausnützung der vorzugsweise aus Vegetabilien bestehenden Zuchthauskost, bei welcher ein grosser Bruchtheil für die Ernährung des Körpers verloren geht, thun dar, dass man mit der vegetabilischen Kost sehr vorsichtig sein muss.

Man giebt in den Gefängnissen in der Regel vorwaltend Vegetabilien, da die Herstellung einer Kost daraus eine einfachere und wohlfeilere ist. Dabei ist jedoch wohl zu bedenken, ob eine aus mehr animalischen Stoffen bestehende Kost, welche den gleichen Effekt im Körper hervorbringt wie die vegetabilische, nicht um den gleichen Preis herzustellen ist. Das Volum einer solchen Kost ist jedoch geringer als das einer wesentlich aus Vegetabilien bestehenden Kost und dies würden die an ein grosses Volum gewöhnten Gefangenen empfinden, da sie bei stark gefülltem Magen die ungenügende Ernährung des Körpers weniger fühlen.

Man giebt gewöhnlich an, dass viele Menschen nur von Vegetabilien leben und desshalb die Gefangenen es auch thun könnten. Die oberbayerische Landbevölkerung z. B. ernährt sich bekanntlich beinahe ausschliesslich von Vegetabilien, und erhält sich bei strotzender Gesundheit und bedeutender Arbeitsfähigkeit. Man muss aber berücksichtigen, dass diese Leute nicht von Brod, Kartoffeln und Gemüsen leben, sondern aus Mehl Nudeln backen und grosse Mengen von Schmalz dazu nehmen; so kommt es, dass die oberbayerischen Knechte, wie H. Ranke mittheilt, täglich 143 gr. Eiweiss, 108 gr. Fett und 788 gr. Kohlehydrate verzehren. Das ist also qualitativ und quantitativ etwas ganz anderes, als eine Gefangenenkost.

Wenn man mit vegetabilischer Kost einen Menschen gesund und leistungsfähig erhalten will, dann muss man darauf achten, welche Vegetabilien man giebt. Mit Kartoffeln und Gemüsen in grossem Ueberschusse wird der Körper immer elend bleiben; das Setzen auf Wasser und Brod ist eine Strafe, die vom Hunger nicht weit entfernt ist.

Bei einer richtigen vegetabilischen Nahrung bildet das Mehl der Getreidearten, das man zu allerlei Gebäcken verwendet, und die Leguminosen einen Hauptbestandtheil. Die Völkerschaften, welche sich vorzüglich von Vegetabilien ernähren, nehmen immer noch eiweissreiche Substanzen z. B. Käse, sauere Milch, Fische etc. zu sich.

Geniesst man aber einen beträchtlichen Antheil der Vegetabilien in der Form von Brod oder Kartoffeln, oder grünen Gemüsen und Wurzeln, so ist man genöthigt, enorme Quantitäten davon zu verzehren, welche den Darm belasten und leicht Verdauungsstörungen hervorrufen. Dies tritt besonders bei Gefangenen ein, deren Kost stets gleichmässig gekocht ist und wenig Abwechselung bietet; in Folge des dadurch hervorgerufenen Widerwillens und Ekels vermehrt sich die Verdauungsstörung, es wird weniger gegessen und weniger resorbirt und der Körper des Gefangenen, der ohnedies mit seiner Zufuhr gerade an der äussersten Grenze steht, magert an Eiweiss und Fett ab und geht an den Folgen der langsamen Inanition zu Grunde.

Es wird immerhin schwer sein, Gefangenen eine richtige Pflanzenkost zu bieten; es bleibt, sobald man Brod und Kartoffeln in grösserer Menge verwenden will, nichts übrig, als animalische Substanzen mit Fett der Kost beizumischen. Man kann dann das Volum der vegetabilischen Substanzen ansehnlich verringern, die Ausnützung im Darme wird günstiger, der Koth nimmt an Masse ab und Verdauungsstörungen treten nicht mehr so leicht ein.

Die Gefangenen im Zuchthause erhalten an 3 Tagen der Woche je 140 gr. Fleisch, in der Woche also 420 gr. Es frägt sich, ob diese Zugabe von animalischer Kost genügend ist oder nicht, und ob es nicht zweckmässiger wäre, einen grösseren Antheil davon zu geben.

In der Gefängnissliteratur ist die letztere Ansicht schon häufig ausgesprochen worden und sind Vorschläge zur Verbesserung der Kost durch Zusatz animalischer Nahrungsmittel schon vielfach gemacht worden. So sagt der erfahrene Gefängnissarzt Dr. Bär[1]: „Von den ursächlichen Momenten, welche in der Gefangenschaft eine Verbesserung der Beköstigung nöthig machen, ist das häufigste die längere oder kürzere Zeit — je nach der Individualität — genossene vegetabilische Kost selbst. Während eine gute vegetabilisch-animalische Kost und speziell der Genuss des Fleisches eine kräftige und gesunde Blutbildung zur Folge hat, die sich in einer blühenden Ernährung des Körpers und vorzugsweise in einer derben, festen Muskulatur auszeichnet, zeigt sich beim Mangel der plastischen Blutbestandtheile ein Sinken der Arbeitsfähigkeit des Muskels, eine Abnahme der Thatkraft des Körpers und des Geistes. Das Schwinden des Fettgewebes und der Muskeln, das welke, schlaffe, matte und greisenhafte Aussehen langjähriger Zuchthäusler, das eigenthümliche Colorit von schmutzig Graugelb, die Blutleere der sichtbaren Schleimhäute, die kalten livid aussehenden Extremitäten zeigen, in welchem Grade das vegetative Leben darnieder liegt. Den Angaben solcher Sträflinge, dass sie vollkommen kraftlos und erschöpft seien, darf man sicher Glauben schenken." „Der gesundheitsschädliche Einfluss der einseitigen und vegetabilischen Kost tritt aber vorzugsweise mehr oder minder früh in der Verdauungssphäre hervor. Appetitlosigkeit, Säurebildung, Erbrechen, Flatulenz, häufige Durchfälle, anhaltende

[1]) Die Gefängnisse, Strafanstalten und Strafsysteme von Dr. Bär. Berlin 1871 S. 138.

Verstopfung sind die häufigsten Klagen der Sträflinge und wie oben erwähnt, kommt es zur völligen Abstinenz der Nahrung, zur Depravation sämmtlicher Kräfte. Der Zustand der Erschöpfung ist dann das meist disponirende Moment für die Entwickelung chronischer Dissolutionskrankheiten, wie Phthisis, Hydrops, Scrophulose, Scorbut und ein sehr begünstigendes Moment für die Verbreitung von Krankheiten en- und epidemischer Art."

Mit diesen düsteren Farben schildert Bär die Folgen der vegetabilischen Zuchthauskost und sucht auf diese Weise die Nothwendigkeit einer Verbesserung durch Zusatz animalischer Nahrungsmittel, wenigstens für die in diesem elenden Zustande Befindlichen zu begründen.

In ähnlicher Weise wie Bär äussern sich auch andere Autoren[1]: „Es ist eine feststehende Thatsache," sagt der Director von Bruchsal, Ekert, „dass bei uns trotz reichlicher Kost doch immer, spätestens nach sechsjähriger Haftdauer, mit zeitweiser Verabreichung besserer Kost, Beschäftigung im Freien und. anderen Erleichterungen nachgeholfen werden muss, wenn der Kräfte- und Ernährungszustand, die Gesundheit der Gefangenen erhalten werden soll."

Man hat in neuerer Zeit daher in den meisten Gefängnissen die Fleischration vergrössert. In den preussischen Gefängnissen werden seit 1872 in der Woche 210 gr. Fleisch (3 Mal) in dem Mittagessen verkocht, während früher nur 88 gr. gegeben wurden. In dem musterhaft verwalteten Bruchsaler Gefängniss erhält der Gefangene täglich Fleisch und zwar wöchentlich 437 gr. knochenfrei, früher nur 234 gr. Den belgischen Gefangenen werden 4 Mal in der Woche je 100 gr. Fleisch verabreicht; im Genfer Strafhaus 2 Mal je 234 gr. In Frankreich sind im Allgemeinen die Verhältnisse in dieser Hinsicht nicht günstig; in La Roquette wurden früher 4 Mal in der Woche je 117 gr. Fleisch ausgetheilt, später aber nur mehr 2 Mal. Ganz anders ist es in den englischen und amerikanischen Gefängnissen; in Pentonville sind 117 gr. Fleisch täglich vorgeschrieben, in Portland bei schwerer Arbeit 175 gr. gekochtes, knochenfreies Fleisch. In Philadelphia werden gar täglich 351 gr. frisches Fleisch ohne Knochen gegeben, in Auburn 409 gr., in Sinsing 467 gr.

Bär verlangt und zwar mit vollem Rechte, für einen arbeitenden Gefangenen als Minimum täglich 117 gr. Fleisch.

Professor Voit hat für die Soldaten und für eine gute Mittagskost in den Volksküchen 230 gr. vom Metzger gekauftes Fleisch, mit 18 gr. Knochen, 21 gr. Fett und 191 gr. reinem Fleisch gefordert. Man würde sicherlich weniger Kranke in den Gefängnissen haben, wenn man täglich Fleisch reichen

---

[1]) Bär, Gefängnisse etc. S. 140.

oder die Gabe von 420 gr. Fleisch für die Woche vergrössern könnte. Die Verabreichung anderer eiweissreicher Substanzen, z. B. von Käse, wäre sehr zu empfehlen; auch wäre es des Versuches werth, ob sich nicht Fleischmehl in Gefängnissen verwerthen liesse.

Bei Beurtheilung einer Kost genügt es nicht allein, zu wissen, wieviel von den nöthigen Nahrungsstoffen verzehrt und im Darm ausgenützt worden ist, es kommt auch darauf an, wie die Kost zubereitet ist.

Nach dem, was Professor Voit über die Bedeutung der Abwechselung in der Kost und über die Genussmittel gesagt hat, müssen die Speisen uns zusagen und schmecken, wenn wir eine Wirkung von ihnen erwarten wollen. Die Genussmittel sind nach ihm so wichtig für die Ernährung, wie die Nahrungsstoffe, denn ohne die Genussmittel werden die letzteren nicht zu einer Nahrung. Es handelt sich hierbei natürlich nicht um diejenigen Substanzen, welche man gewöhnlich ausschliesslich Genussmittel nennt, wie z. B. Kaffee, Thee, Tabak etc., sondern um diejenigen Stoffe, welche unsere Speisen uns angenehm und wohlschmeckend machen. Nur der Hunger vermag uns auf kurze Zeit Ekelhaftes und Unangenehmes aufzunöthigen. Die Speisen müssen daher auch im Gefängnisse wohlschmeckend und sorgsam gekocht sein, damit sie die Gefangenen mit Appetit geniessen können, um gesund zu bleiben. Da uns auch eine anfangs höchst angenehme Speise, längere Zeit fortgegeben, zuwider wird und ihr Geschmack aufhört ein Genuss zu sein, so ist eine gehörige Abwechselung in den Speisen geboten. Man darf sich dabei in ganz einfachen Grenzen halten und jeden Luxus strenge vermeiden, nur soll die Speise ihrem Ansehen und ihrem Geschmacke nach unseren Appetit erregen und uns nicht anwidern.

Man hat früher gemeint, es genüge zur Ernährung, die nöthige Quantität der Nahrungsstoffe zu bieten; die Genussmittel wären ein Luxus, welchen die Gefangenen nicht mitzumachen brauchten. Dieser Irrthum rächt sich nur allzusehr, vor Allem in den Gefängnissen.

Namentlich liegt der Fehler in der Form, in welcher die Speisen in den Gefängnissen gereicht werden. Mit äusserst geringen Ausnahmen ist die Form der Gerichte die einer dickflüssigen Suppe. Abgesehen davon, dass schon das Beissen und Kauen der Speisen die Absonderung des Speichels befördert und dass durch das Zerkleinen des Bissens einer schmackhaften Kost eine angenehme Empfindung hervorgerufen wird, welche dann auch weiter reflektorisch die Secretion der übrigen Verdauungssäfte hervorruft, abgesehen auch davon, dass durch den grossen Wassergehalt der Speisen die Verdauungssäfte sehr verdünnt und in ihrer Wirksamkeit abgeschwächt werden, genügt schon die häufige Wiederkehr, das ewige Einerlei in der Form, dass sich bald Ekel vor der Kost einstellt. Verdauungsstörungen, Unfähigkeit die Kost zu ertragen und schliesslich völlige Abstinenz und alle hieraus resultirenden Inanitionskrankheiten sind erfahrungsgemäss die leider nur zu häufig eintretenden Folgen. Es ist dieser Ursache besonders die in Zuchthäusern so oft vorkommende Erscheinung des „Erbrechens mit reiner Zunge" zuzuschreiben. Baer[1]) sagt hierüber sehr treffend: „In Folge des steten Einerlei der Speisen können nämlich sehr viele Leute auch beim besten Willen das Essen nicht geniessen, sie verspüren selbst bei lebhaftem Hunger schon durch den Anblick und den Geruch der Speisen ein Gefühl von Brechneigung, von quälender Würgbewegung. Andere fühlen beim Versuch die ihnen zum Ueberdruss bekannten Speisen hinunterzuschlucken ein Zusammenschnüren der Schlundmuskeln, eine Art Krampf, der es ihnen unmöglich macht, einen Bissen hinunterzubekommen. Man sieht nicht selten, wie Sträflinge vor jedem Löffel einer nicht beliebten Mittagskost ein ganz kleines Stückchen Brod voressen, damit es besser hinuntergehe, wie sie sagen, und glücklich schätzen sich diejenigen, welche dies mit einer homöopathischen Dosis Häring thun können, die sie sich von ihrem Antheil am Nebenverdienst erkaufen."

Ich glaube, es genügt dieses Bild von der Hand eines langjährigen Gefängnissarztes, um sich die Qualen eines derartigen Mahles zu vergegenwärtigen. Baer steht aber nicht allein mit dieser Anschauung, sondern von den verschiedensten Seiten her lassen sich Stimmen vernehmen, welche fordern, dass ein grosser Theil der Gefangenenkost von festerer Consistenz sei. Allein auch dies genügt noch nicht, die Speisen müssen auch gewürzt, sie müssen schmackhaft und gut zubereitet sein. Ich beschränke mich darauf, den Ausspruch eines Fachmannes zu citiren, um zu zeigen, wie wichtig dieser Punkt ist und welche grosse Bedeutung wir ihm beilegen müssen. Direktor Elvers sagt: „Wer das Leben der Sträflinge praktisch kennt, wird wissen, wie furchtbar die monotone, reizlose, wenig animalische Bestandtheile enthaltende Sträflingskost die Leute herunterbringt, wie sie für einen Häring, einen Käse, etwas Butter, eine saure Gurke etc. ihren besten Freund verrathen würden." Und Baer pflichtet diesem Ausspruche mit den Worten bei: „Wahrer, aber auch trauriger lässt sich die Einwirkung unserer bisherigen Zuchthauskost nach längerer Haftdauer sicher nicht schildern." — Ist es nöthig, dem Angeführten noch etwas beizufügen? Ich glaube, die ganze Bedeutung der Genussmittel für die Ernährung liegt in diesen Worten. Es wird darum auch von der grössten Wichtigkeit sein, bei einer Reform der Zuchthauskost auf diesen Punkt die nöthige Rücksicht zu nehmen; denn was nützt es, die Kost quantitativ zu verbessern, wenn

[1]) Baer, die Gefängnisse etc. S. 137

sie nicht auf die Dauer genossen werden kann. Es ist in dieser Beziehung vor Allem darauf zu sehen, dass die Speisen von sachkundiger Hand hergestellt werden, nicht durch beliebige Sträflinge, die niemals in ihrem Leben das Kochen gelernt haben und es auch nicht verstehen; denn nur dadurch wird es möglich werden, die Gerichte durch richtige Zuthaten und durch die Auswahl einer passenden Form schmackhaft und appetitlich und damit erst eine sonst genügende Kost zur Nahrung zu machen. Sollen Speisen, die in häufiger Wiederkehr lange Zeit genossen werden müssen, gut ertragen werden, so darf mit Genussmitteln nicht allzusehr gespart werden.

Es ist allerdings in dem Kostregulativ auf die Zufuhr von Genussmitteln einige Rücksicht genommen, allein dass dies nicht in hinreichendem Maasse der Fall ist, wurde mir von Herrn Direktor Dr. Mess bestätigt, indem er mir auf eine diesbezügliche Frage antwortete, dass es häufig vorkomme, dass die Sträflinge ihre Mahlzeiten ganz oder theilweise nicht verzehren; namentlich sei dies bei manchen nicht beliebten Suppen der Fall.

Es kann mir entgegengehalten werden, dass die Speisen von den controlirenden Beamten stets gut und schmackhaft befunden werden, allein es ist diese Thatsache kein stichhaltiger Gegenbeweis gegen meine Behauptung, dass es in der Zuchthauskost an Würzmitteln fehle; denn es ist ein gewaltiger Unterschied, ob Jemand eine Speise nur zuweilen oder ob er sie häufig, ob er nur einige Löffel oder Bissen, oder aber eine ganze Kostportion davon geniesst; während diese Speise dem ersteren ganz angenehm und wohlschmeckend dünkt, ist derjenige, der ihren Geschmack und Geruch aus langer Erfahrung kennt, vielleicht gar nicht mehr im Stande, sie zu geniessen. Das einzige untrügliche Zeichen einer gut und schmackhaft bereiteten Kost ist eben, dass sie auf die Dauer genossen und ertragen werden kann. —

Ich habe in Vorstehendem hervorgehoben, dass die arbeitenden Gefangenen im Zuchthause weniger Eiweiss und Fett erhalten wie freie Arbeiter, ferner eine zu geringe Menge von animalischen und einen Ueberschuss von vegetabilischen Substanzen und dass dabei nur ein magerer, schwächlicher, Krankheiten wenig trotzender Körper zu bestehen vermag. Wenn ich zu bedenken gebe, ob es nicht zweckmässiger wäre, den Gefangenen etwas mehr Eiweiss vorzüglich in der Form von Fleisch und mehr Fett zu reichen, und die Speisen schmackhafter zu bereiten, so bin ich mir wohl bewusst, den Vorwurf falscher Humanität, welchen man heut zu Tage in manchen Fällen vielleicht mit Recht zu hören bekommt, nicht zu verdienen, ich habe in rein objektiver, wissenschaftlicher Weise die Gründe dargelegt, welche zu einer solchen Forderung bestimmen. Gerade weil viele die Gesundheit störenden Einflüsse die Gefangenen treffen, ist es wichtig, sie nicht zu weit herabkommen zu lassen. Es ist dabei auch namentlich die Zeit der Gefangenschaft maassgebend. Eine ungenügende Kost macht in einigen Monaten noch keine eingreifenden unreparirbaren Störungen; geringe tägliche Verluste von Eiweiss und Fett können kürzere Zeit ertragen werden. Wenn aber die Gefangenschaft Jahre lang währt, dann muss man gewiss sein, dass der Körper nicht beständig Stoffe von sich einbüsst.

Man hört häufig den Einwand, die Gefangenen, welche Schlechtes gethan haben, dürften zum Mindesten keine bessere Kost erhalten, als diejenige ist, welche die arme arbeitende Bevölkerung, auf deren Kosten doch zum Theil die Gefangenen leben, sich zu verschaffen vermag. Es scheint dies im Allgemeinen eine gerechte Forderung zu sein und es ist auch für viele Fälle richtig. Wenn aber eine Bevölkerung in so armseligen Verhältnissen lebt, dass sie eben bei vorwaltend vegetabilischer Kost einen dürftigen Körperzustand erhalten kann, so würde eine solche Kost den Gefangenen bald zu Grunde richten, da er unter viel ungünstigeren Bedingungen existirt als der Freie. Namentlich wegen der bei den Gefangenen aus den schon angegebenen Gründen ungleich leichter eintretenden Verdauungsstörungen müssen dieselben eine grössere Abwechslung in den Speisen haben, und man thut gut, ihnen Fleisch zu verabreichen, wenn auch die in Freiheit Lebenden dasselbe nur als seltenen Leckerbissen geniessen.

Man hat vielfach gemeint, wenn der Gefangene nach einiger Zeit das gleiche Körpergewicht behalte, dann wäre die Kost ausreichend. Ich möchte vor dieser Täuschung noch warnen, da nach den Beobachtungen von Bischoff und Voit an Stelle des vom Körper abgegebenen Eiweisses oder Fettes Wasser aufgenommen wird; der Körper wird bei ungenügender Ernährung reicher an Wasser. Wird der Organismus darnach wieder besser ernährt, so setzt er Substanz an, aber das Wasser geht in grosser Menge wieder weg, so dass anfangs meist eine Gewichtsabnahme stattfindet, trotz besserer Ernährung.

Es ist aber dieser Wasserreichthum der Gewebe im Körper der Gefangenen schon beim Anblick derselben ersichtlich. Es rühren das erdfahle, gedunsene Aussehen dieser Leute, die blassen Schleimhäute derselben wohl zum grossen Theil von diesem Wasserreichthum her. Mögen auch andere üble Einflüsse der Haft das Ihrige beitragen, um dieses krankhafte Aussehen hervorzubringen, so trägt meiner Ueberzeugung nach doch die mangelhafte Ernährungsweise die Hauptschuld daran.

Ich kann hier noch eine Beobachtung anführen, welche mir von Prof. Rüdinger mitgetheilt wurde, die ganz entschieden zu Gunsten der soeben entwickelten Anschauung von dem vermehrten Wassergehalte des Körpers von Zuchthausgefangenen spricht. Derselbe hat nämlich die Erfahrung gemacht, dass die Leichen von im Zuchthause verstorbenen Personen, auch solchen, welche rasch, ohne lange dauernde Krankheit zu Grunde gingen, auffallend schnell in Fäulniss übergehen; wir wissen aber, dass eine wasserreiche organische Substanz leichter fault; es beruht ja ein grosser Theil der Methoden, welche zur Conservirung organischer Stoffe dienen, gerade darauf, dass denselben ein Theil ihres Wassers entzogen wird.

Auch die verminderte Resistenzkraft der Gefangenen gegen epidemische Erkrankungen lässt sich nach Pettenkofer's Vorgang aus dem vermehrten Wassergehalte der Gewebe erklären.

Ich möchte nur noch eines Einwurfs gedenken, welcher mir vielleicht zu Folge irriger Voraussetzungen gemacht werden könnte, und auf welchen mich ein mit Gefängnissverhältnissen vertrauter mir befreundeter Jurist aufmerksam machte. Man hegt nämlich vielfach die Befürchtung, dass durch eine verbesserte Kost auch die Geschlechtsfunktionen der Gefangenen zu erhöhter Thätigkeit gereizt und dadurch die Gefahr einer Ueberhandnahme der Unsittlichkeit in den Gefangenanstalten heraufbeschworen werde. Ich theile diese Befürchtung nicht. Arbeit ist das beste Mittel zur Hintanhaltung unnatürlicher Ausbrüche des Geschlechtstriebs, und arbeiten sollen ja die Gefangenen, soviel in ihren Kräften steht, nur soll denselben durch verbesserte Kost die Möglichkeit gegeben werden, die Anstrengungen ohne Schaden für ihre Gesundheit zu ertragen. —

Es ist natürlich unmöglich, für jeden einzelnen Gefangenen je nach seinen Verhältnissen zu kochen; die gewöhnliche Kost muss für alle die gleiche und möglichst einfach sein. Sobald sich aber die ersten Krankheitserscheinungen zeigen, z. B. nach längerer Haft Widerwillen gegen die Speisen, Aufstossen, Diarrhöen etc., dann muss der Arzt, wie vor Allem Bär hervorgehoben hat, die Befugniss haben zu individualisiren, und es muss alsbald eine bessere Ernährung mit leichter verwerthbaren Nahrungsmitteln und grösserer Abwechselung eintreten; in solchen Fällen ist namentlich ein Zusatz von Fleisch geboten.

Nachdem ich an dem Beispiele der Kost des Zuchthauses in München gezeigt habe, welche Anforderungen man an eine Gefangenenkost machen muss und auf welche Weise man den Werth derselben ermittelt, möchte ich noch die Berechnungen der Kost einiger anderer Gefangenanstalten vorlegen und betrachten, um die Verhältnisse an einer grösseren Anzahl solcher Anstalten zu überblicken.

Ich theile zunächst die Untersuchung der Kost in dem Gefängnisse an der Badstrasse mit, in welchem nicht arbeitende, in Untersuchungshaft befindliche Gefangene sich aufhalten; ich habe dieselbe auf die gleiche Weise, wie die in dem Zuchthause ausgeführt.

b) Kost im Gefängnisse an der Badstrasse.

(Nicht arbeitende Gefangene.)

In dieser Anstalt befinden sich zum grössten Theil, wie schon oben angeführt, Untersuchungsgefangene und solche schon verurtheilte Individuen, welche wegen Krankheit nicht in die entsprechenden Strafanstalten verbracht werden konnten; es ist also der Aufenthalt daselbst meistentheils nur ein vorübergehender und kürzere Zeit dauernder. Jeder Gefangene erhält im Allgemeinen täglich folgende Kost:

560 gr. Brod,
3 Quart (0.8 Liter) leere Fleischbrühe,
9 Loth = 156 gr Fleisch, roh gewogen excl. Knochen,
1 Schöpflöffel voll Gemüse (Kohlraben, Weisskraut, Blaukraut, Sauerkraut, Kartoffeln, Wirsing).

Die Kost wird in der Weise gereicht, dass ein Theil des Brodes in Form von Brodsuppe Morgens, Mittags und Abends gegeben wird.

Ich habe ebenso wie oben an den sieben Wochentagen mir von jeder Mahlzeit eine Portion geholt und untersucht.

Die Quantität und Qualität der Kost dieser sieben Tage ist in den folgenden Tabellen zusammengestellt:

1.

Kost		frische Substanz	trocken	Wasser	Eiweiss	Fett	Kohlehydrate
Morgens	Brodsuppe	480.5	42 4	438.1	6.3	1.6	33.5
Mittags	Brodsuppe	558.0	50.2	507.8	7 6	1.0	40.5
	Rübenkraut	232.5	18.0	214.5	1 7	3.7	12.5
	Rindfleisch	131.9	42.5	89 4	31.2	8.3	—
	Brod	430.9	250.3	180.6	38.5	—	206.1
Abends	Brodsuppe	554.1	40.9	513 2	5.9	2.5	31 6
Summe		2387.9	444.3	1943.6	91.2	17 1	324.2

2.

Kost		frische Substanz	trocken	Wasser	Eiweiss	Fett	Kohlehydrate
Morgens	Brodsuppe	577 1	47 7	529 4	7.3	0.6	38.8
Mittags	Brod	438.1	254.5	183.6	39.2	—	209.4
	Brodsuppe	607.8	43.6	564.2	6.2	3.0	33.4
	Erddotschen	204.1	14.9	189.2	1.4	0.4	1.2
	Rindfleisch	136.6	55.3	81.3	34.9	16.5	—
Abends	Brodsuppe	522.8	34 2	488.6	5.1	1.3	27.2
Summe		2486.5	450.2	2036.3	94.1	21.8	321.0

3

Kost		frische Substanz	trocken	Wasser	Eiweiss	Fett	Kohle-hydrate
Morgens	Brodsuppe	416.2	52.5	363.7	7 9	0.9	42.5
Mittags	Brod	395.7	229.9	165.8	35.4	—	189 2
	Brodsuppe	515.6	44.5	472.1	6.5	2.5	34 6
	Rindfleisch	93.2	32.2	61.0	23.8	6.9	—
	Kohlraben	189.2	25.0	164.2	3.8	8.7	11.5
Abends	Brodsuppe	573 0	47.2	525.8	6.9	2.6	36.7
	Summe	2182.9	431.3	1752.6	84.3	21 6	314 5

4.

Kost		frische Substanz	trocken	Wasser	Eiweiss	Fett	Kohle-hydrate
Morgens	Brodsuppe	541.2	40.6	500.6	5.9	2.1	31 7
Mittags	Brod	386.6	224.6	162.0	34.6	—	184.8
	Brodsuppe	584.9	40.4	544.5	6.0	1.3	32.1
	Kartoffelgemüse	181.0	36.5	144.5	2.3	7.4	25.4
	Rindfleisch	138.8	55.3	83.5	39.5	13.4	—
Abends	Brodsuppe	453 0	36.0	417.0	5.2	2.0	28.0
	Summe	2285·5	433.4	1852 1	93.5	26.2	302.0

5.

Kost		frische Substanz	trocken	Wasser	Eiweiss	Fett	Kohle-hydrate
Morgens	Brodsuppe	507.0	56.2	450.8	8.1	3.3	43.5
Mittags	Brod	316.4	183.3	133.1	28.2	—	150.9
	Brodsuppe	795.9	53.6	742.3	6.8	9.5	36.2
	Kartoffel geröstet	160.9	44.4	116.5	3.1	5.4	34.0
	Rindfleisch	119.1	42.8	76.3	29.4	11.6	—
Abends	Brodsuppe	592.9	45.4	547.5	5.6	8.9	30.0
	Summe	2492.2	425.7	2066.5	81.2	38.7	294.6

6.

Kost		frische Substanz	trocken	Wasser	Eiweiss	Fett	Kohle-hydrate
Morgens	Brodsuppe	582.7	39.5	543.2	6.0	0.7	31.9
Mittags	Brod	414.7	240.9	173.8	37 1	—	198.3
	Brodsuppe	556.2	35.4	520.8	5.1	1.9	27.6
	Kohlraben	257.0	20.5	236.5	2.6	5.4	11 7
	Rindfleisch	83.9	28.6	55.3	23.7	3.5	—
Abends	Brodsuppe	609.4	51.1	558.3	7.6	1.6	40.7
	Summe	2503.9	416.0	2087.9	82.1	13.1	310.2

7.

Kost		frische Substanz	trocken	Wasser	Eiweiss	Fett	Kohle-hydrate
Morgens	Brodsuppe	659.7	62.1	597 6	9 0	3.6	48.1
Mittags	Brod	322.4	187.3	135.1	27.8	—	154 1
	Brodsuppe	636.2	37.3	598.9	5.5	1.6	29 3
	Erddotschen	166.0	12.4	153.6	1.0	1.4	9.1
	Rindfleisch	110.7	37.0	73.7	31.5	3.6	—
Abends	Brodsuppe	513.0	40.0	473.0	5.6	3.1	30.3
	Summe	2408.0	376.1	2031.9	80.4	13.3	270.9

Die Zusammenstellung dieser Tagesmittel ergiebt:

	frische Substanz	trocken	Wasser	Eiweiss	Fett	Kohle-hydrate
1. Tag	2387.9	444.3	1943.6	91.2	17.1	324.2
2. „	2486.5	450.2	2036.3	94.1	21.8	321.0
3. „	2182.9	431.3	1751.6	84.3	21.6	314.5
4. „	2285.5	433.4	1852.1	93.5	26.2	302.0
5. „	2492.2	425.7	2066.5	81.2	38.7	294.6
6. „	2503.9	416.0	2087.9	82.1	13.1	310.2
7. „	2408.0	376.1	2031.9	80.4	13.3	270.9
Gesammtmittel	2392.4	425.2	1967.2	87.0	22.0	305.0

Es enthalten aber:

86.7 Eiweiss	13.4 Stickstoff und	46.4	Kohlenstoff
21.9 Fett	— „ „	17.3	„
305.3 Kohlehydrate	— „ „	135.5	„
	13.4 Stickstoff und	199.2	Kohlenstoff

Ich will der grösseren Uebersichtlichkeit wegen hier eine Tabelle einschalten, welche den Vergleich der Menge der in der Kost in dieser Gefangenanstalt gereichten Nahrungsstoffe mit jener des mittleren Arbeiters und der in der Zuchthauskost enthaltenen erleichtert.

	frische Substanz	trocken	Wasser	Eiweiss	Fett	Kohle-hydrate
Arbeiter	—	—	—	118	56	500
Zuchthaus	3906	708	3198	104	38	521
Gefängniss an der Badstrasse	2392	425	1967	87	22	305

Wir finden also, dass in dieser Gefangenanstalt die Menge der in der Kost gereichten Nahrungsstoffe hinter der für einen mittleren Arbeiter nöthigen zurückbleibt. Sie ist sogar hier eine noch viel geringere, als ich sie in der Zuchthauskost gefunden habe. Trotzdem dürfen wir uns nicht ohne nähere Untersuchung der Meinung hingeben, dass die Ernährung im Gefängnisse an der Badstrasse eine um so viel schlechtere sei, wie im Zuchthause, als die Zahlen a priori schliessen lassen, denn die Qualität der Kost in ersterer Anstalt ist, wie schon ein Blick auf die Tabellen ergiebt, in welchen die Art der Speisen angegeben ist, eine entschieden bessere. Noch viel klarer aber wird, dass die Ernährung der Gefangenen an der Badstrasse nicht in diesem Verhältnisse schlechter ist, wie jene im Zuchthause, wenn man, wie ich es that, die Menge des in Harn und Koth aus dem Körper wieder ausgetretenen Stickstoffs berücksichtigt. Die hierauf bezüglichen Untersuchungen haben folgende Resultate ergeben:

	Harnmenge in ccm.	Stickstoff im Harn in Gramm	Koth in Gramm		Stickstoff im Koth	Stickstoff im Harn und Koth
			feucht	trocken		
1. Tag	1805	9.98	154.3	44.8	1.8	11.78
2. „	1192	10.4	165.8	23.3	1.4	11.8
3. „	1414	11.2	290.3	38.6	2.4	13.8
4. „	1493	10.5	108.2	14.6	0.9	11.4
Mittel	—	10.52	—	30.3	1.62	12.14

Es wurden also, wie die Durchschnittszahl aus den vier Versuchstagen ausweist, täglich 10.52 gr. Stickstoff im Harn ausgeschieden, welche 68 gr. im Körper zersetzten Eiweisses entsprechen. Im Mittel werden im Tag 87 gr. Eiweiss in der Kost geboten; im Koth werden aber 1.62 gr. Stickstoff = 10.4 gr. Eiweiss wieder entfernt, so dass darnach 76 gr. Eiweiss in die Säfte gelangen.

Ich habe oben angegeben, dass die aus der Zuchthauskost aufgenommene Eiweissmenge 78 gr. beträgt, und wir sehen also, dass in Beziehung auf Eiweissaufnahme in den Säftestrom die Gefangenen in beiden Anstalten sich insoferne unter fast gleichen Verhältnissen befinden, da die Gefangenen an der Badstrasse, trotzdem ihnen in der Kost viel weniger Eiweiss gereicht wird, davon doch fast ebensoviel für ihren Körper nutzbar machen können wie jene im Zuchthause, ein Beweis, wieviel auf die Qualität der Kost ankommt. Die gleiche Erfahrung machen wir, wenn wir die Menge des im Koth ausgeschiedenen Stickstoffs ins Auge fassen, denn während sich im Kothe der Zuchthausgefangenen 25 % des verzehrten Eiweisses wiederfinden, macht diese Quantität hier nur 12 % aus.

Die Menge des trockenen Kothes beträgt hier, wie bei gewöhnlicher gemischter Kost nur 30 gr., während im Zuchthause im Mittel 70 gr. entleert werden, was grösstentheils auf die geringere Menge von Kohlehydraten in der Nahrung zu schieben ist, zum Theil auch auf die bessere Ausnützung derselben im Darmkanale.

Was an der Kost in der Gefangenanstalt an der Badstrasse hinsichtlich der Auswahl der Speisen auszusetzen ist, das ist die täglich dreimalige Darreichung von Brodsuppe, welche auf die Dauer den Gefangenen gewiss zuwider wird.

Die Gefangenen an der Badstrasse erhalten demnach die gleiche Eiweissmenge, wie die im Zuchthause, aber eine geringere Menge von Fett und namentlich von Kohlehydraten. Da sie aber nicht arbeiten, so werden die stickstofffreien Stoffe wohl genügen, um den Fettverlust vom Körper zu verhüten. Voit hat für nicht arbeitende Gefangene 85 gr. Eiweiss, 30 gr. Fett und 300 gr. Kohlehydrate gefordert, was mit den in der Kost des

Gefängnisses gereichten Mengen nahezu übereinstimmt. Die Kost der Gefangenen an der Badstrasse ist hinsichtlich der Qualität der Zuchthauskost bei Weitem vorzuziehen, jedenfalls ist in ihr das Verhältniss der animalischen zu den vegetabilischen Nahrungsmitteln ein günstigeres. —

Am Schlusse meiner Arbeit erübrigt mir nur noch die angenehme Pflicht, allen Jenen meinen Dank auszusprechen, welche mir die Ausführung derselben ermöglichten und mich bei der Unternehmung und Durchführung unterstützten. So gilt mein Dank zunächst dem k. Ministerium der Justiz und Herrn Bezirksgerichtsdirektor Praxmarer für die bereitwillige Erlaubniss, die Kost der oben genannten Gefangenanstalten prüfen zu dürfen, ferner Herrn Appellrath Petersen, Herrn Direktor Dr. Mess und Herrn Dr. Martius für ihre gütige Unterstützung bei der Ausführung der Erhebungen, soweit dies in den Anstalten nothwendig war. Nicht minderen Dank aber schulde ich Herrn Geheimerath v. Pettenkofer, in dessen hygienischem Institute ich die Analysen ausführte, und vor Allem Herrn Professor Voit für die vielfache Unterstützung mit Rath und That bei der weiteren Durchführung vorliegender Arbeit. Mögen alle die genannten Herrn meines aufrichtigen Dankes versichert sein.

Ich reihe an die beiden von mir genau untersuchten Fälle noch einige andere an, bei denen grösstentheils nur nach dem Kostregulativ die Berechnung der gegebenen Nahrungstoffe gemacht wurde.

Ein interessantes Beispiel ist das des sächsischen Zellengefängnisses zu Waldheim, weil in dieser Anstalt ausschliesslich vegetabilische Kost gegeben wird. Das kgl. sächsische Ministerium des Innern hat durch Herrn Prof. Franz Hofmann in Leipzig eine eingehende Untersuchung darüber anstellen lassen, deren Resultate in einem dem Verein für öffentliche Gesundheitspflege gütigst übermittelten, vortrefflichen Berichte enthalten sind.

Prof. Hofmann hat an 5 Tagen sämmtliche Speisen auf ihre näheren Bestandtheile, namentlich ihren Eiweiss- und Fettgehalt (durch Bestimmung des Stickstoffes und Aetherextraktes) geprüft (nach Methode 1).

Er hat dabei an 4 Tagen erhalten:

			Eiweiss:	Fett:
10. Dez.	Früh:	Gerstenmehlsuppe	6.94	0.59
	Mittags:	Kartoffelbrei	15.11	11.41
	Abends:	Brodsuppe	9.67	3.40
		Brod (750)	65.14	4.54
			96.86	19.94
3. März	Früh:	Erbsenmehlsuppe	11.86	0.58
	Mittags:	Linsen	42.94	11.74
	Abends:	Rumfordsuppe	10.94	2.16
		Brod	65.14	4.54
			130.84	19.02

			Eiweiss:	Fett:
4. März	Früh:	Weizenmehlsuppe	6.48	0.90
	Mittags:	Kartoffelstückchen	18.60	3.07
	Abends:	Gerstenmehlsuppe	5.05	2.78
		Brod	65 14	4.54
			95.27	11.29
6. März	Früh:	Erbsenmehlsuppe	12.87	0.50
	Mittags:	Kartoffeln in Schale	15.80	0.13
	Abends:	Brodsuppe	8.14	5.51
		Brod	65.14	4.54
			101.95	10.68

Dies macht im Mittel für den Tag: 106 gr. Eiweiss, 15 gr. Fett und mindestens 600 gr. Kohlehydrate.

106 gr. Eiweiss unterhalten jedenfalls nur einen schwachen Organismus, 15 gr. Fett sind zu wenig, die dann auch durch den Ueberschuss von mindestens 600 gr. Kohlehydraten ausgeglichen werden müssen. Da in Waldheim nur Vegetabilien, und zwar sehr viel Kartoffeln und Brod verabreicht werden, so ist das Volumen der gegebenen Nahrung sowie der Wassergehalt derselben sehr bedeutend, wodurch an die Leistungsfähigkeit des Verdauungsapparates hohe Ansprüche gestellt werden. Man kann voraussagen, dass die Ausnützung der Kost eine besonders ungünstige sein wird. Dies ist nun auch der Fall. Prof. Hofmann hat von 3 Gefangenen an 3 Tagen den Harn untersucht und aus dem Stickstoffgehalte desselben die Eiweisszersetzung im Körper berechnet. Es ergab sich:

30. März:	Weizenmehlsuppe Reis Biersuppe Brod	im Mittel 8.82 Stickstoff
31. März:	Gerstenmehlsuppe Kartoffeln und Sauerkraut Rumfordsuppe Brod	im Mittel 8.82 Stickstoff.
1. April:	Brodsuppe Haidegrütze mit Häring Erbsenmehlsuppe Brod	im Mittel 8.63 Stickstoff.

Die mittlere Stickstoffauscheidung von 8.76 gr. entspricht der Zersetzung von nur 56.5 gr. Eiweiss, so dass 46.8% des in der Kost zugeführten Eiweisses nicht resorbirt werden. Die dem Körper zu gute kommende Eiweissmenge ist demnach ganz ausserordentlich gering, sie vermag nur einem ganz schwächlichen Körper zu genügen, der zu Erkrankungen, namentlich des Darmkanales in hohem Grade disponirt ist. Ausserdem ist die Verschwendung von Nahrungsmitteln durch die unvollständige Ausnützung eine grosse. Es ist dies ein gutes Beispiel für den Nutzen, den die von Prof. Voit vorgeschlagenen Untersuchungen der Kost gewähren. Das sächsische

Staatsministerium kann, wenn das in Waldheim Gegebene mit den Anforderungen zusammengehalten wird, auf das klarste ersehen, welche Mängel der dortigen Kost ankleben und in welcher Richtung Verbesserungen zu machen sind. Da das Volumen der Nahrung und ihr Kohlehydratgehalt schon abnorm gross ist, so lässt sich durch Vergrösserung des Kostsatzes nicht helfen; man kann nur, wie Prof. Hofmann hervorgehoben hat, durch Zufuhr eines leicht resorbirbaren, eiweissreichen Nahrungsmittels, am besten von Fleisch oder Käse, durch Abgabe von mehr Fett und Verringerung der Kohlehydratmenge Abhilfe schaffen. Bei guter Wahl und Zubereitung der Speisen vermag man eine viel bessere Ausnützung herbeizuführen; von der im Münchener Zuchthause gegebenen, grösstentheils vegetabilischen Kost gehen nur 25% des Eiweisses ungenützt verloren. Nur durch die gute Zubereitung der Speisen in Waldheim und durch die häufige Abwechslung in denselben sind die nachtheiligen Folgen der kümmerlichen Kost etwas weniger fühlbar gemacht.

In den preussischen Straf- und Gefangenanstalten wird nicht ausschliesslich vegetabilische Kost gereicht; die Gefangenen erhalten zu Mittag etwas Fleisch.

Dr. Baer, damals Arzt an der Strafanstalt zu Naugard, hat im Jahre 1871 in seiner Abhandlung: „die Gefängnisse, Strafanstalten und Strafsysteme in hygienischer Beziehung" den grossen Einfluss der Ernährung auf die Gefangenen nachdrücklichst hervorgehoben.

Er hat darin den Speisetarif der Naugarder Anstalt mitgetheilt. Zum Frühstück stehen dreierlei Suppen, zu Mittags 14 Gemüse, zu Abends 6 Suppen zur Verfügung. Nimmt man an, dass diese Speisen gleichmässig verabreicht werden, so kann man die von einem Gefangenen im Mittel im Tag verzehrte Menge von Nahrungsstoffen annähernd berechnen. Man erhält dabei:

	Eiweiss:	Fett:	Kohlehydrate:
Brod für den Tag (511 gr.)	42.4	—	225.9
Morgens	2.7	6.7	36.9
Mittags	53.3	12.2	299.6
Abends	4.6	3.5	48.5
	103.0	22.4	610.9

Dies ist im Mittel in der Quantität der Nahrungsstoffe so ziemlich das, was im sächsischen Gefängnisse Waldheim gegeben wird; während aber in letzterer Anstalt die Mengen der Nahrungsstoffe nur geringe Schwankungen zeigen, sind sie hier ausserordentlich gross, was sehr von Uebel ist; die Mittagsspeise giebt nämlich folgende Werthe:

	Eiweiss:	Kohlehydrate:
Erbsen	92	238
Graupen	9	144
Linsen	107	236
Erbsen mit Kartoffeln	60	381
Graupen mit Kartoffeln	24	283

	Eiweiss:	Kohlehydrate:
Linsen mit Kartoffeln	89	507
Sauerkohl mit Kartoffeln	28	256
Weisskohl mit Kartoffeln	10	268
Bohnen	100	227
Bohnen mit Kartoffeln	70	336
Rüben mit Kartoffeln	43	342
Kohlrüben mit Kartoffeln	42	335
Rumfordsuppe	38	269
Kartoffeln	39	371

Was die Qualität betrifft, so wird nicht ausschliesslich Vegetabilisches gereicht, sondern 2 Mal wöchentlich statt des Talg- oder Butterfettes 44 gr. Rind- oder 36 gr. Schweinefleisch. Durch seine scharfe Beobachtungsgabe war Baer im Stande, ohne dass damals die Anforderungen an die Kost in Gefängnissen hinreichend bekannt waren und ohne dass er die nähere Zusammensetzung der Naugarder Kost untersucht hatte, die letztere als ungenügend für den arbeitenden Körper zu erklären; er hält die Menge des Fettes für zu gering und hebt die hohe Bedeutung der Schmackhaftigkeit und der Abwechslung besonders hervor und wünscht endlich die Aufstellung einer gemischten Kost mit Fleisch, Milch und Bouillon als Diätform, wenn die Gefangenen an Verdauungsstörungen zu leiden beginnen.

Es scheinen mit dieser älteren Kostordnung schlimme Erfahrungen gemacht worden zu sein, denn in dem Jahre 1872 erhielt die Kost in den Straf- und Gefangenanstalten Preussens eine in hohem Grade dankenswerthe Verbesserung, es werden namentlich 3 Mal wöchentlich anstatt der Fettung je 70 gr. Fleisch mit dem Mittagessen verkocht, und der Arzt kann auch gesunden Sträflingen täglich auf eine bestimmte Zeit Milch und Fleisch verordnen und hat bei den Kranken freien Spielraum in Verabfolgung von Nahrungs- und Kräftigungsmitteln. Baer hat nähere Mittheilungen über die Erfolge der neueingeführten Kost gemacht; er hat an der Hand der durch Prof. Voit gestellten Forderungen dargethan, dass die Beköstigung in den Gefangen- und Strafanstalten in vieler Beziehung irrationell ist und aus diesen Missgriffen grosse Schäden für das Leben und die Gesundheit der Gefangenen entstehen, und dass durch ein rationelles Ernährungsregime, wie in dem Strafgefängnisse bei Berlin, auch in Gefangenanstalten gute Salubritätszustände gewonnen werden können.

Baer hat die Gewichte der Nahrungsmittel angegeben, welche zu den in den preussischen Straf- und Gefangenanstalten zur Verwendung kommenden Speisen enthalten sind. Da die Baer'sche Abhandlung leicht zugänglich ist, so setze ich hier nur die von mir gemachte Berechnung der in den einzelnen Gerichten der Kost der Strafanstalten enthaltenen Nahrungsstoffe bei:

		Eiweiss:	Fett:	Kohlehydrate:
Morgens:	Mehlsuppe	7.0	7.0	48.6
	Brodsuppe	10.2	7.0	55.2
	Kaffee	4.1	3.9	4.2
Mittags:	Leguminosen mit Kartoffeln und Fett oder Fleisch	70.6	11.9	276.0
	Leguminosen	86.5	17.5	205.9
	Rumfordsuppe mit Fleisch	55.1	8.2	280.7
	Reis mit Fleisch	24.0	6.3	100.9
	Reis mit Kartoffeln und Fleisch	34.9	6.3	226.0
	Sauerkohl mit Kartoffeln	17.3	17.5	191.0
	Sauerkohl mit Erbsen	41.6	17.5	129.3
	Kartoffelgemüse mit Fett oder Fleisch	37.0	11.9	334.2
	saure Kartoffeln	31.1	80.0	335.2
	Rüben mit Kartoffeln und Fett oder Fleisch	35.0	11.9	278.3
Abends:	Mehlsuppe	10.5	8.0	72.7
	Grütze	10.0	11.8	72.5
	Brodsuppe	12.3	8.0	66.9
	Kartoffelsuppe	16.6	8.0	175.3
	Linsensuppe	67.7	8.0	199.9
	Erbsensuppe	58.7	8.0	206.3
Brod im Tag (500 gr.)		41.5	—	221.0

Wenn man annimmt, dass diese Speisen in regelmässiger Reihenfolge gegeben werden, so enthält das Mittel:

	Eiweiss:	Fett:	Kohlehydrate:
Morgens	7	6	36
Mittags	40	18	208
Abends	29	9	132
Brod (500 gr.)	41	—	221
	117	32	597

In den preussischen Zuchthäusern, in welchen die Sträflinge noch anstrengender arbeiten müssen, wird nach dem Speisetarif von den einzelnen Nahrungsmitteln mehr verabreicht, namentlich von' den Leguminosen, den Kartoffeln und dem Brode, so dass sich für sie berechnen:

	Eiweiss:	Fett:	Kohlehydrate:
Morgens	7	6	36
Mittags	51	20	288
Abends	28	9	125
Brod (650 gr.)	54	—	287
	140	35	736

Da die Gewichtsmengen nur dem Speisetarif entnommen sind und man das Gewicht der Abfälle nicht kennt, und da ferner nicht angegeben ist, wie die Speisen in einer Reihe von Tagen thatsächlich zusammengestellt werden, so können die berechneten Zahlen keinen Anspruch auf Genauigkeit machen. Es lassen sich aber einige Schlussfolgerungen daraus ziehen, auf welche schon Baer aufmerksam gemacht hat. Da die Werthe der Speisen sowohl der Mittags- als auch der Abendkost ganz ausserordentlich ungleich sind, so kommt es sehr darauf an, wie man die Gerichte für den Tag zusammenstellt; man könnte z. B. je nach der Auswahl Tage mit sehr geringer und mit sehr reichlicher Eiweisszufuhr erhalten. Mit den obigen Tabellen lassen sich die Speisen leicht so ordnen, dass eine möglichst gleichmässige Vertheilung in der Menge der Nahrungsstoffe erreicht wird.

Betrachtet man nun die Zahlen, so ersieht man, dass wohl genügend Eiweiss in den Darm eingeführt wird; da es aber unbekannt ist, wieviel davon resorbirt wird, so ist es nicht möglich, mit Sicherheit zu sagen, ob die Menge desselben eine ausreichende ist, um den Körper zu einer schwereren Arbeit zu befähigen. Jedenfalls wird bei der vorwiegend vegetabilischen Kost ein ansehnlicher Theil nicht verwerthet. Der Fettgehalt ist im Allgemeinen, wie gewöhnlich in der Gefängnisskost, gering; die Menge der Kohlehydrate sehr gross. Auch hier könnte durch die bei Besprechung der Kost zu Waldheim angegebenen Mittel Besserung gebracht werden; Baer hat ebenfalls als wichtigste Aenderung auf eine Vermehrung des Fetts und Verminderung der Kohlehydrate hingewiesen. Ganz ausserordentlich anerkennenswerth ist die Einführung der Mittelkost für alle diejenigen Gefangenen, welche die gewöhnliche Kost nach längerer Zeit nicht mehr ertragen, wodurch es möglich wird, gleich bei Eintritt von leichten Krankheitserscheinungen die Ernährung zu verbessern und einem Weitergreifen der Veränderungen Einhalt zu thun.

Baer hat dargethan, dass seit der Einführung der neuen Kostordnung die Gesundheitsverhältnisse recht günstige geworden sind. Es wäre von grossem Interesse, durch Abwiegen der zum Kochen hergerichteten Materialien und durch einige Ausnützungsversuche, die nur in einer Untersuchung der trockenen Bestandtheile, des Stickstoffs und der Aschebestandtheile des Kothes zu bestehen hätten, genaueren Aufschluss über den Werth der in den preussischen Straf- und Gefangenanstalten eingeführten Kost zu bekommen. —

Von einem preussischen Zuchthause stehen uns nun erfreulicher Weise genaue Angaben über den Verbrauch der gereinigten Lebensmittel zu Gebote.

Von dem Magistrate zu Brandenburg a. d. H. sind nämlich dem Verein höchst dankenswerthe von dem Stadtphysikus Herrn Dr. Richter über die Kost im dortigen Kreisgerichtsgefängnisse und dem Zuchthause ausgeführte Untersuchungen zugegangen. Bei denselben wurden an einer Reihe von Tagen die Zuthaten zu jeder Mahlzeit, die Kartoffeln in geschältem, die Gemüse in geputztem Zustande gewogen. Es betrugen darnach die zu den Morgen-, Mittag- und Abendmahlzeiten verwendeten Nahrungsmittel:

1) in der Gefangenanstalt des kgl. Kreisgerichts:

			Eiweiss:	Fett:	Kohle-hydrate:
1876. 3. Mai:	92 Reis	=	6.9	—	71.9
	670 Kartoffeln	=	13.4	—	146.1
	24 Talg	=	—	24.0	—
	67 Mehl	=	7.4	—	48.2
	650 Brod	=	54.0	—	287.3
			81.6	24.0	553.4
4. Mai:	167 Erbsen	=	37.6	—	97.2
	720 Kartoffeln	=	14.4	—	157.0
	42 Speck	=	0.7	39.6	—
	67 Mehl	=	7.4	—	48.2
	9 Talg	=	—	9.0	—
	650 Brod	=	54.0	—	287.3
			114.0	48.6	589.6
5. Mai:	92 Erbsen	=	20.7	—	53.5
	58 Graupen	=	5.8	—	42.6
	670 Kartoffeln	=	13.4	—	146.1
	24 Talg	=	—	24.0	—
	67 Mehl	=	7.4	—	48.2
	650 Brod	=	54.0	—	287.3
			101.2	24.0	577.7
6. Mai:	833 Kartoffeln	=	16.7	—	181.6
	24 Talg	=	—	24.0	—
	67 Mehl	=	7.4	—	48.2
	650 Brod	=	54.0	—	287.3
			78.0	24.0	517.1
7. Mai:	233 Bohnen	=	57.1	—	129.6
	142 Rindfleisch (260 gr. vom Metzger)	=	31.1	1.3	—
	87 Fettgewebe (am Fleisch)	=	1.5	82.3	—
	70 Kartoffeln	=	13.4	—	146.1
	67 Mehl	=	7.4	—	48.2
	5 Talg	=	—	5.0	—
	650 Brod	=	54.0	—	287.3
			164.4	88.5	611.1
8. Mai:	92 Graupen	=	9.2	—	67.6
	696 Kartoffeln	=	13.9	—	151.7
	67 Mehl	=	7.4	—	48.2
	5 Talg	=	—	5.0	—
	650 Brod	=	54.0	—	287.3
			84.4	5.0	554.8
9. Mai:	233 Linsen	=	60.6	—	128.2
	696 Kartoffeln	=	13.9	—	151.7
	24 Talg	=	—	24.0	—
	67 Mehl	=	7.4	—	48.2
	650 Brod	=	54 0	—	287.3
			135.8	24.0	615.3

Im Mittel erhalten also die Gefangenen täglich 109 gr. Eiweiss, 34 gr. Fett und 574 gr. Kohlehydrate.

2) im Zuchthause (arbeitende Männer im kräftigsten Alter):

			Eiweiss:	Fett:	Kohle-hydrate:
1876. 19. Mai:	67 Hafergrütze	=	9.7	4.0	42.5
	15 Butter	=	0.1	13.8	—
	230 Erbsen	=	51.8	—	133.8
	614 Kartoffeln	=	12.3	—	133.8
	60 Schweinefleisch	=	8.4	10.2	—
	775 Brod	=	64.3	—	342.6
	15 Mehl	=	1.7	—	10.8
			148.2	28.0	663 5
20. Mai:	67 Gerstenmehl	=	6.7	—	49.2
	15 Butter	=	0.1	13.8	—
	230 Linsen	=	59.8	—	126.5
	655 Kartoffeln	=	13 1	—	142.8
	20 Schmalz	=	—	20.0	—
	100 Hafergrütze	=	14.5	6.0	63.4
	625 Brod	=	51.9	—	276.3
			146.1	39.8	658.2
21. Mai:	100 Milch	=	4.0	3.9	4.2
	90 Reis	=	6.8	—	70.3
	620 Kartoffeln	=	12.4	—	135.2
	15 Gerstenmehl	=	1.5	—	11.0
	56 Rindfleisch (70 gr. vom Metzger)	=	12.0	—	—
	7 Fettgewebe (im Fleisch)	=	—	7.0	—
	100 Gerstengrütze	=	10.0	—	73.5
	8 Butter	=	0.1	7 4	—
	625 Brod	=	51.9	—	276.3
			98.6	18.3	570.4
22. Mai:	100 Milch	=	4.1	3.9	4.2
	230 Bohnen	=	56.4	—	127.9
	643 Kartoffeln	=	12.9	—	140.2
	20 Schmalz	=	—	20.0	—
	100 Roggenmehl	=	11.0	—	71 9
	8 Butter	=	0.1	7.4	—
	625 Brod	=	51.9	—	276.3
			136.3	31.3	620.4
23. Mai:	67 Buchgrütze	=	4.9	—	50.5
	15 Butter	=	0.1	13.8	—
	120 Erbsen	=	27.0	—	69.8
	60 Graupen	=	6.0	—	44.1
	641 Kartoffeln	=	12.8	—	139.7
	20 Schmalz	=	—	20.0	—
	775 Brod	=	64.3	—	342.6
	15 Gerstenmehl	=	1.5	—	11 0
			116.7	33.8	657 8

				Eiweiss	Fett	Kohlehydrate
24. Mai:	67	Roggenmehl	=	7 4	—	48.2
	15	Butter	=	0.1	13.8	—
	1240	Kartoffeln	=	24.8	—	270.3
	15	Gerstenmehl	=	1.5	—	11.0
	56	Hammelfleisch (70 gr. von Metzger)	=	11 4	—	—
	7	Fettgewebe (im Fleisch)	=	—	7 0	—
	100	Buchgrütze	=	7.3	—	75.4
	625	Brod	=	51.9	—	276.3
				104.3	20.8	681.2
25 Mai:	100	Milch	=	4.1	3.9	4.2
	230	Linsen	=	59 8	—	126.5
	657	Kartoffeln	=	13 1	—	142.8
	20	Schmalz	=	—	20 0	—
	100	Gerstenmehl	=	10 0	—	73.5
	8	Butter	=	0.1	7 4	—
	625	Brod	=	51 9	—	276.3
				139.0	31.3	623.3

Dies macht im Mittel im Tag:

127 gr. Eiweiss, 29 gr. Fett und 639 gr. Kohlehydrate.

In dem Kreisgerichtsgefängnisse wird nur ein Mal in der Woche (Sonntags) Fleisch gegeben, im Uebrigen ein grosser Ueberschuss von Vegetabilien und Kohlehydraten und zu wenig Fett. Die Kost im Zuchthause zu Brandenburg ist nach dem für die preussischen Zuchthäuser aufgestellten Speiseetat geordnet. Da hier von Herrn Dr. Richter die zu den Speisen verwendeten Materialien während einer Woche genau gewogen worden sind, so bekommen wir dadurch eine sehr wünschenswerthe Controle für die Berechnungen der Kost in preussischen Zuchthäusern, welche nur nach den im Speiseetat enthaltenen Rezepten gemacht worden ist. Wir erhalten bei dem Vergleiche:

	Eiweiss:	Fett:	Kohlehydrate:
nach dem Speiseetat berechnet:	140	35	736
aus den Wiegungen:	127	29	639

Die Differenz erklärt sich zum Theil daraus, dass die Speisen nicht in gleicher Reihenfolge gegeben werden, zum grössten Theil aber aus der bedeutenden Masse von Abfällen bei der Verwendung von Vegetabilien. In dem letzteren, von Dr. Richter berechneten Satze erhalten wir das, was im Mittel in den preussischen Zuchthäusern wirklich verzehrt wird. Man ersieht daraus deutlich, dass der Speisetarif nicht ausreichend ist, um eine Berechnung der Kost anzustellen. Im Uebrigen gelten die gleichen Bemerkungen wie die vorher bei der Besprechung der Kost in den preussischen Straf- und Gefangenanstalten geäusserten.

Herr Dr. Drenkmann hat im Auftrage des hallischen Vereines für öffentliche Gesundheitspflege auch die Kost in der dortigen kgl. Strafanstalt untersucht und darin im Mittel von 7 Tagen 136 gr. Eiweiss, 16 gr. Fett und 697 gr. Kohlehydrate gefunden. Leider ist bei diesen Mittheilungen keine Angabe über die Nahrungsmittel gemacht, in denen diese Nahrungsstoffe enthalten sind.

Durch das grossherzogl. badische Ministerium des Innern erhielt der Verein für öffentliche Gesundheitspflege die Ergebnisse der Berechnung der Kost in den Strafanstalten in Bruchsal, die durch Herrn Dr. Gutsch nach der von dem Vereine angenommenen Methode ausgeführt worden ist. Aus der Mittheilung ist nicht ersichtlich, ob die Materialien in gereinigtem Zustande gewogen wurden, oder nur die Ansätze des Speisetarifs in Rechnung kamen. Die Gefangenen erhalten dabei:

Sonntag:	Morgens:	Suppe:	Brod (weiss)	102	gr.
			Rahm	48	"
	Mittags:	Suppe:	Reis	38	"
			Mehl	10	"
		Gemüse:	Sauerkraut	328	"
			Kartoffeln	262	"
			Mehl	8	"
			Schmalz	10	"
		Fleisch:	knochenfrei und fett	62.5	"
	Abends:	Suppe:	Brod (weiss)	102	"
			Schmalz	10	"
	Brod im Tag:			750	"
Montag:	Morgens:	Suppe:	Mehl	26	"
			Brod	84	"
			Schmalz	10	"
	Mittags:	Suppe:	Gries	40	"
			Mehl	4	"
		Gemüse:	Linsen	140	"
			Kartoffeln	145	"
			Mehl	8	"
			Schmalz	8	"
		Fleisch:		62.5	"
	Abends:	Suppe:	Brod	64	"
			Kartoffeln	175	"
			Schmalz	10	"
	Brod im Tag:			750	"
Dienstag:	Morgens:	Suppe:	Brod	102	"
			Schmalz	10	"
	Mittags:	Suppe:	Gerste	46	"
			Mehl	12	"
		Gemüse:	Kartoffeln	437	"
			Rahm	24	"
			Mehl	8	"

		Fleisch:		62.5 gr
	Abends:	Suppe:	Mehl	26 „
			Brod	84 „
			Schmalz	10 „
	Brod im Tag:			750 „
Mittwoch:	Morgens:	Suppe:	Brod	102 „
			Rahm	48 „
	Mittags:	Suppe:	Brod	102 „
			Schmalz	10 „
		Gemüse:	Bohnen	120 „
			Gerste	26 „
			Mehl	8 „
			Schmalz	8 „
		Fleisch:		62.5 „
	Abends:	Suppe:	Brod	102 „
			Schmalz	10 „
	Brod im Tag:			750 „
Donnerstag:	Morgens:	Suppe:	Brod	102 „
			Schmalz	10 „
	Mittags:	Suppe:	Gries	40 „
			Mehl	4 „
		Gemüse:	Kartoffeln	525 „
			Schmalz	10 „
		Fleisch:		62.5 „
	Abends:	Suppe:	Brod	102 „
			Rahm	48 „
	Brod im Tag:			750 „
Freitag:	Morgens:	Suppe:	Brod	102 „
			Rahm	48 „
	Mittags:	Suppe:	Gerste	46 „
			Mehl	12 „
		Gemüse:	Gries	70 „
			Milch	75 „
		Fleisch:		62.5 „
	Abends:	Suppe:	Brod	64 „
			Kartoffeln	175 „
			Schmalz	10 „
	Brod im Tag:			750 „
Samstag:	Morgens:	Suppe:	Mehl	26 „
			Brod	84 „
			Schmalz	10 „
	Mittags:	Suppe:	Gerste	46 „
			Mehl	12 „
		Gemüse:	Kartoffeln	437 „
			Mehl	8 „
			Schmalz	8 „
		Fleisch:		62.5 „
	Abends:	Suppe:	Brod	102 „
			Schmalz	10 „
	Brod im Tag:			750 „

Daraus berechnen sich nach Gutsch folgende Quantitäten der Nahrungsstoffe:

	Eiweiss:	Fett:	Kohlehydrate:
Montag	142.5	26.4	629.3
Dienstag	113.0	23.5	606.9
Mittwoch	140.5	35.5	609.1
Donnerstag	113.2	28.1	601.4
Freitag	115.1	21.0	562.8
Samstag	112.6	26.4	598.8
Sonntag	112.7	28.1	579.3
	121.3	27.1	599.2

Die Kost im Bruchsaler Gefängniss scheint auf den ersten Blick nicht wesentlich verschieden zu sein von der in den preussischen Zuchthäusern, namentlich wenn man die genauen Erhebungen im Brandenburger Zuchthaus damit vergleicht. Betrachtet man jedoch die Nahrungsmittel, in welchen die Nahrungsstoffe enthalten sind, so ersieht man, dass darin ein ganz wesentlicher, für Bruchsal günstiger Unterschied besteht. Im preussischen Zuchthaus verzehrt ein Gefangener im Mittel im Tag 726 gr. Kartoffeln, in Bruchsal nur 312 gr.; dagegen erhält er in Bruchsal wöchentlich 437 gr. Fleisch, in Preussen nur 210 gr.

In Bruchsal wird also eine ungleich geringere Quantität von Vegetabilien mit weniger Kohlehydraten gereicht und ein grösserer Bruchtheil des Eiweisses in Fleisch gegeben, so dass die Ausnützungsverhältnisse im Darm sicherlich ungleich bessere sind. Es wäre sehr erwünscht, wenn in Bruchsal einige Versuche über die Verwerthung der Nahrung im Darm gemacht werden könnten. Die Verköstigung im Bruchsaler Gefängniss ist, so viel ich bis jetzt zu übersehen vermag, die beste unter den deutschen Gefängnissen; man könnte höchstens noch einen Zusatz von Fett wünschen, wodurch noch eine wesentliche Verbesserung zu erzielen wäre. —

Aus Agram ist uns durch die Güte des Landessanitätsrathes Dr. Anton Schwarz der wöchentliche Speisezettel für das dortige Gefängniss zugekommen, bei dem auch die Menge der zu einer Speise gebrauchten Materialien angegeben ist. Es werden täglich 630 gr. Brod, nur Sonntags 140 gr. gekochtes Fleisch, und im Uebrigen Vegetabilien verabreicht. Der höchst einfache, nur aus 13 verschiedenen Speisen bestehende Speisezettel lautet:

Montag:	Einbrennsuppe
	Fisolengemüse
Dienstag:	saure Suppe
	Graupen
Mittwoch:	Brodsuppe
	Sauerkraut oder Kartoffelgemüse
Donnerstag:	Einbrennsuppe
	Graupenfisolen

Freitag:	saure Suppe
	Klösse
Samstag:	Brodsuppe
	Grütze
Sonntag:	Rindsuppe
	Fleisch
	Gries

Die Berechnung ergiebt im Mittel:

	Eiweiss	Fett:	Kohlehydrate:
in den warmen Speisen:	28.7	19.4	137.7
in 630 gr. Brod:	52.3	—	278.5
	81.0	19.4	416.2

Es ist klar, dass dabei ein arbeitender Mensch nicht zu bestehen vermag; der Erfolg davon ist, dass zu einer gewissen Zeit von 136 Gefangenen 30 an Scorbut erkrankt waren. —

Es liegt mir noch der Speisetarif des Nürnberger Zellengefängnisses vom Jahre 1875 vor. In demselben ist Folgendes festgestellt:

Sonntag:

				Eiweiss:	Fett:	Kohlehydrate:
Frühstück:	Brennsuppe	Einbrennmehl	85	= 9.3	—	61 1
		Schmalz	9	= —	9.0	—
		Essig, Salz, Gewürz	—	= —	—	—
Mittag:	Reis mit Rindfleisch	Reis	105	= 7.9	—	82.0
		Salz, Gewürz, Grünes	—	= —	—	—
		Fleisch	140	= 27.9	12.6	—
Abends:	Brodsuppe	Brod	140	= 11.6	—	61.9
		Schmalz	9	= —	9.0	—
		Salz, Gewürz	—	= —	—	—
Brod für den Tag			560	= 46.5	—	247.5
			Mittel	= 103.2	30.6	452.5

Montag:

				Eiweiss:		Fett:	Kohlehydrate:	
Frühstück:	Brodsuppe	Brod	140	= 11.6		—	61.9	
		Schmalz	9	= —		9.0	—	
		Salz, Gewürz	—	= —		—	—	
Mittag:	Erbsen- od. Linsensuppe	Erbsen	210	= 47.2	53.5	—	122.3	124 4
		od. Linsen	230	= 59.8		—	126.5	
		Einbrennmehl	45	= 4,9		—	32.2	
		Schmalz	17	= —		17.0	—	
		Salz, Gewürz	—	= —		—	—	
Abends:	Kartoffelsuppe	Kartoffeln	560	= 11.2		—	122.1	
		Einbrennmehl	21	= 2.3		—	15.1	
		Schmalz	9	= —		9.0	—	
		Salz, Gewürz	—	= —		—	—	
Brod für den Tag			560	= 46.5		—	247.5	
			Mittel	= 130.0		35.0	603.2	

					Eiweiss		Fett	Kohlehydrate	
Dienstag:									
Frühstück:	Brennsuppe	Einbrennmehl	85	=	9.3		—	75.5	
		Schmalz	9	=	—		9.0	—	
		Salz, Gewürz	—	=	—		—	—	
Mittag:	Reissupe oder	Reis	105	=	7.9		—	82.0	
	Sauerkraut mit	od. Sauerkraut	420	=	4.2		—	19.3	
	Erbsen, oder	Erbsen	105	=	23.6	32 2	—	61.1	109.1
	Sauerkraut mit	Einbrennmehl	40	=	4.4		—	28.7	
	Kartoffeln	od. Sauerkraut	210	=	2.1		—	9.5	
		Kartoffeln	420	=	8.4	14.5	—	91.6	127.0
		Einbrennmehl	36	=	4.0		—	25.9	
		Schmalz od. Speck	17	=	—		17.0	—	
		Salz, Gewürz	—	=	—		—	—	
Abends:	Linsensuppe	Linsen	122	=	31.7		—	67.1	
		Einbrennmehl	21	=	2.3		—	15.1	
		Schmalz	9	=	—		9.0	—	
		Salz, Essig, Gewürz	—	=	—		—	—	
Brod für den Tag			560	=	46.5		—	247.5	
			Mittel	=	107.0		35.0	501.8	
Mittwoch:									
Frühstück:	Brodsuppe	Brod	140	=	11.6		—	61.9	
		Schmalz	9	=	—		9.0	—	
		Salz, Gewürz	—	=	—		—	—	
Mittag:	Rollgersten- oder	Rollgerste	125	=	12.5	12.2	—	91.9	82.6
	Griessuppe mit	od. Gries	105	=	11.9		—	73.3	
	Fleisch	Fleisch	140	=	27.9		12.6	—	
		Salz, Grünes, Gewürz	—	=	—		—	—	
Abends:	Erbsensuppe	Erbsen	105	=	23.6		—	61.1	
		Einbrennmehl	21	=	2.3		—	15.1	
		Schmalz	9	=	—		9.0	—	
		Salz, Gewürz	—	=	—		—	—	
Brod für den Tag			560	=	46.5		—	247.5	
			Mittel	=	124.1		30.6	468.2	
Donnerstag:									
Frühstück:	Brodsuppe	Brod	140	=	11.6		—	61.9	
		Schmalz	9	=	—		9.0	—	
		Salz, Grünes	—	=	—		—	—	
Mittag:	Rumfordsuppe	Rollgerste	61	=	6.1		—	44.8	
	(bei Kartoffel-	Erbsen	61	=	13.7		—	35.5	
	mangel doppelte	Kartoffeln	280	=	5.6	31.2	—	61.0	180.0
	Menge Erbsen)	Speck	19	=	—	39.3	19.0	—	152.5
		Weissbrod	61	=	5.8		—	36.6	
		Salz, Gewürz, Essig	—	=	—		—	—	
Abends:	Kartoffelsuppe	Kartoffeln	560	=	11.2		—	122.1	
		Einbrennmehl	21	=	2.3		—	15.1	
		Schmalz	9	=	—		9.0	—	
		Salz, Gewürz	—	=	—		—	—	
Brod für den Tag			560	=	46.5		—	247.5	
			Mittel	=	106.8		37.0	612.8	

				Eiweiss:		Fett:	Kohlehydrate:	
Freitag:								
Frühstück:	Brennsuppe	Einbrennmehl	85	= 9.3		—	75.5	
		Schmalz	9	= —		9.0	—	
		Salz, Gewürz	—	= —		—	—	
Mittag:	Knödel	Weizenbrod	175	= 16.8		—	105.2	
		Weizenmehl	140	= 16.5		—	103.0	
		Schmalz	17	= —		17.0	—	
		Salz, Gewürz, Grünes	—	= —		—	—	
Abends:	Linsensuppe	Linsen	122	= 31.7		—	67.1	
		Einbrennmehl	21	= 2.3		—	15.1	
		Schmalz	9	= —		9.0	—	
		Salz, Gewürz, Essig	—	= —		—	—	
Brod für den Tag			560	= 46.5		—	247.5	
			Mittel	= 111.5		35.0	528.2	
Sonnabend:								
Frühstück:	Brodsuppe	Brod	140	= 11.6		—	61.9	
		Schmalz	9	= —		9.0	—	
		Salz, Gewürz	—	= —		—	—	
Mittag	Bohnensuppe mit oder ohne Kartoffeln od. Grüngemüse mit od. ohne Kartoffeln	Bohnen	105	= 27.2	39.1	—	58.4	179 6
		Kartoffeln	500	= 10.0		—	109.0	
		Einbrennmehl	17	= 1.9		—	12.2	
		od. Bohnen	210	= 54 4	56.3	—	116.8	129.0
		Einbrennmehl	17	= 1.9		—	12.2	
		od. Grüngemüse	560	= 7.3	12.2	—	53.2	85.5
		Einbrennmehl	45	= 4.9		—	32.3	
		Schmalz	17	= —		17.0	—	
		Salz, Gewürz	—	= —		—	—	
		od. Grüngemüse	280	= 3.6	22.0	—	26.6	196.1
		Kartoffeln	560	= 13.5		—	137.2	
		Einbrennmehl	45	= 4.9		—	32.3	
Abends:	Griessuppe	Gries	78	= 11.3		—	51.9	
		Schmalz	9	= —		9.0	—	
		Salz, Gewürz	—	= —		—	—	
Brod für den Tag			560	= 46.5		—	247.5	
			Mittel	= 99.3		35.0	511.3	

Das Gesammtmittel der Kost im Nürnberger Zellengefängnisse, nach dem Speisetarif berechnet, beträgt 112 gr. Eiweiss, 34 gr. Fett und 525 gr. Kohlehydrate. Dies ist in allen Nahrungsstoffen weniger als in den preussischen Gefängnissen, im Eiweiss und den Kohlehydraten auch weniger als in Bruchsal. In den preussischen Anstalten erhalten die Gefangenen 210 gr. Fleisch wöchentlich, in Bruchsal 437 gr., in Nürnberg nur 140 gr. Es wird in Nürnberg etwas mehr an Brod, dagegen ansehnlich weniger an Leguminosen und Kartoffeln gegeben als in den preussischen Gefängnissen.

Im Zuchthause zu Kaiserslautern werden nach einer mir zugekommenen kurzen Notiz von einem Gefangenen im Mittel täglich 113 gr. Eiweiss, 35 gr. Fett und 577 gr. Kohlehydrate aufgenommen.

Die belgischen Zuchthausgefangenen erhalten 4 mal wöchentlich Fleisch, je 100 gr. Die Kost besteht in diesem Falle aus:

			Eiweiss:	Fett:	Kohlehydrate:
	625 Roggenbrod	=	51.9	—	276.2
Mittags Soupe à la viande	100 Rindfleisch	=	19.7	10.0	—
	70 Reis	=	5.2	—	54.7
	50 Gemüse	=	1.0	—	3.0
	200 Kartoffeln	=	4.0	—	43.6
	70 Weizenbrod	=	6.7	—	42.1
Abends	750 Kartoffeln	=	15.0	—	163.5
	5 Butter	=	—	4.6	—
	10 Zwiebel	=	0.1	—	0.6
Morgens	50 Milch	=	2.0	1.9	2.1
			105.6	16.5	585.8

Die Verabreichung der grossen Quantität von Fleisch in den belgischen Zuchthäusern ist sehr günstig; um so auffallender ist die unmässig grosse Menge von Kartoffeln. Es ist nach unseren Angaben leicht durch einige Aenderungen die Kost ganz wesentlich zu verbessern.

Nach Baer sind die Gefangenen in den englischen Staatsgefängnissen am rationellsten unter allen Staaten der Welt beköstigt und verpflegt, und es gehören diese Gefängnisse zu den gesundesten Aufenthaltsorten für Menschen. Es würde sich sehr verlohnen, Sachverständige zur eingehenden Prüfung dieser Kost nach England zu entsenden. Es wäre nur nöthig, das zur Herstellung der Speisen während einiger Wochen verwendete Material im gereinigten Zustande abzuwiegen und einige Ausnützungsversuche zu machen.

Beneke hat in einer sehr verdienstlichen Arbeit (im Archiv für physiol. Heilkunde 1853. 12. Jahrg. S. 409) eine statistische Uebersicht der damals in den Gefängnissen Londons vorgeschriebenen Diäten veröffentlicht. Ich füge die wichtigsten von ihm gegebenen Zahlen hier bei:

	Fleisch	Brod	Kartoffeln	Gemüse	Zucker	Mehl	Milch	Cacao	Reis	
Pentonville Prison (Zellengefängniss)	117	585	426	—	42	44	58	22	—	leichte Arbeit.
Bridewell Prison	100	585	134	—	33	44	58	29	58	leichte Arbeit.
Sterling Castle, Portsmouth	159	672	476	—	—	44	—	22	—	harte Arbeit.
Norwich Castle	25	701	292	8	—	88	—	—	8	2—6 Wochen harte Arbeit.
"	50	701	167	12	—	88	—	—	12	6—12 Wochen harte Arbeit.
"	67	526	505	12	9	69	—	9	12	über 3 Monate harte Arbeit.
Millbank Prison	129	643	493	—	29	58	58	5	8	sitzende Beschäftigung.

Daraus berechnen sich nun folgende Nahrungsstoffe für:

	Eiweiss:	Fett:	Kohlehydrate:
Pentonville Prison	100	19	505
Bridewell Prison	95	16	498
Sterling Castle, Portsmouth	117	22	520
Norwich Castle	88	4	537
"	86	7	513
"	86	9	483
Millbank Prison	112	20	556

Wenn diese Berechnungen richtig sind, so ersieht man, dass bei längerer Haft in den englischen Gefängnissen schon im Jahre 1853 reichlich Fleisch gegeben wurde und weniger Kartoffeln verzehrt wurden als in den meisten deutschen Gefängnissen. Obwohl die Menge des Eiweisses in den englischen Anstalten damals nur eine mittlere war und jetzt von vielen deutschen Gefängnissen übertroffen wird, so ist doch wahrscheinlich wegen der besseren Ausnützung im Darmkanale der zur Resorption gelangende Antheil grösser als in den letzteren. Die Quantität des Fettes ist aber auch hier durchaus eine zu geringe. Da in England so viele praktische Versuche über die Kost in Gefängnissen ausgeführt worden sind, so wäre es, wie gesagt, nur anzurathen, wenn wir davon Nutzen zögen. —

Ich war genöthiget, wenn anders ich einen Einblick in die Verschiedenheiten der Gefängnisskost geben wollte, die vielen Zahlen und Tabellen in meine Abhandlung aufzunehmen. Die in den verschiedenen Gefängnissen zu den Speisen genommenen Mengen von Nahrungsmitteln geben uns die Anhaltspunkte zur Beurtheilung der Kost und für die Wahl der richtigen Quantität der Nahrungsmittel. Die Vergleichungen lassen sich am besten machen, wenn man den wöchentlichen Verbrauch an den wichtigsten Nahrungsmitteln in den verschiedenen Gefängnissen zusammenstellt.

Es war meine Absicht, die in einer Anzahl von Gefängnissen dargereichte Kost mit dem Bedarf für den speziellen Fall, soweit er jetzt festgestellt werden kann, zu vergleichen, und an einigen Beispielen darzuthun, wie man es angehen muss, um den Werth einer Beköstigung richtig zu würdigen und allenfallsige dabei begangene Fehler zu verbessern. Ich wollte mit meinen Berechnungen und Betrachtungen Jedermann, der sich für die so wichtige Angelegenheit interessirt, die Mittel an die Hand geben, selbst ohne weitere Beihülfe von wissenschaftlicher Seite einen Entscheid zu treffen, und zu einer fruchtbaren Thätigkeit in dieser Richtung in den Gefangenanstalten die Anregung geben. Denn die Aufgabe einer zweckentsprechenden Ernährung der Gefangenen kann nicht in den physiologischen Laboratorien, sondern nur in den Gefängnissen selbst gelöst werden.

VI.

Ueber die Kost in Armen- und Arbeitshäusern.

Von Dr. J. **Forster**,

Privatdozent für Hygiene und Assistent am physiologischen Institute zu München.

In grösseren Städten sind zur Versorgung unbemittelter und durch Alter erwerbsunfähiger Personen meist Anstalten errichtet, welche nach den etwas verschiedenen Bewohnern auch verschiedene Namen, wie Stadtarmenhäuser, Pfründneranstalten u. dergl. tragen. Wie für andere Anstalten, in denen eine grössere Anzahl von Menschen zusammenwohnen, ohne dass ihre Ernährung der Willkühr des Einzelnen überlassen ist, — Hospitäler, Waisenhäuser u. dergl. — erwächst hier für die Commune zunächst auch die Aufgabe, ohne zu hohe Belastung der Gemeindemittel für die Verpflegung der Inwohner zu sorgen.

Das Erste, was bei dieser Aufgabe in Betracht kömmt, ist offenbar die Frage, wie die Ernährung älterer Leute in zweckentsprechendem und ausreichendem Maasse zu geschehen hat.

Man hat, wenn wir von den allgemeinen Anforderungen an die Kost des Menschen, wie sie an verschiedenen Stellen von Prof. Voit auseinandergesetzt wurden: nöthige Abwechslung, Beigabe von Genuss- und Würzmitteln etc. absehen, eine Reihe von Erfahrungen, welche bei der Ernährung von Menschen in höheren Lebensaltern zur leitenden Richtschnur dienen können. Ich will dieselben, da sie sich zumeist auf experimentelle Untersuchungen in den physiologischen Laboratorien gründen, die theoretischen Anforderungen nennen, bemerke aber an dieser Stelle, dass eine mehr sichere und klare Beurtheilung der menschlichen Kost überhaupt bekanntlich erst durch langjährige physiologische und hygienische Experimente ermöglicht worden ist.

Die theoretischen Anforderungen an die Kost von älteren Leuten scheinen mir wesentlich folgende zu sein:

1) in Bezug auf die Quantität derselben;

a. das Experiment zeigt, dass ältere Individuen relativ geringere Mengen von Eiweiss in der Zufuhr zur Erhaltung ihres Eiweissbestandes bedürfen, als jüngere. Die Gründe für diesen Satz sind an dieser Stelle nicht auseinanderzusetzen; doch mache ich namentlich auf den Umstand aufmerksam, dass nach Quetelet's Beobachtungen das Körpergewicht älterer Leute und damit namentlich die die Organe bildende Eiweissmasse im Allgemeinen geringer ist als das von Personen, die in der Vollkraft des Lebensalters stehen. Bekanntlich gilt dies für beide Geschlechter.

b. Die Experimente thun dar, dass bei den körperlichen Arbeitsleistungen eine relativ starke Vermehrung der Fettzersetzung im thierischen Organismus erfolgt. Da ältere Menschen aus Gründen, deren Besprechung hier zu weit führen würde, zu anstrengenden und anhaltenden Arbeiten nicht mehr geeignet sind, so ist offenbar die Fettzersetzung in dem Körper der Greise relativ niedriger als bei jugendlichen Individuen. In der That ist auch die Menge der Kohlensäure, welche Menschen von 60—80 Jahren und darüber ausscheiden, nach den bekannten Untersuchungen von Andral und Gavarret relativ geringer als bei Menschen von mittlerem Lebensalter.

Es folgt hieraus, dass im Allgemeinen die Quantität der Nahrungsstoffe, welche zur Erhaltung des Körperbestandes älterer Menschen zu dienen hat, eine geringere sein kann als für den arbeitenden Menschen im mittleren Lebensalter.

2) In Bezug auf die Qualität der Kost:

Ebenso wie die Leistung der Muskeln durch das höhere Lebensalter beeinträchtiget wird, so verringert sich auch, wie man mit Sicherheit annehmen muss und wie das für gewisse drüsige Organe sehr wohl bekannt ist, die Thätigkeit der Drüsen, welche die Verdauungssäfte liefern; auch tritt bei stärkerer Inanspruchnahme der genannten Organe im Alter rascher eine Ermüdung und damit das Aufhören der Funktion derselben auf, als in der Jugend.

Wir wissen ferner, dass die als Nahrung dienenden Speisen trotz deren Zubereitung durch die Kochkunst noch des Kauens bedürfen, welches wesentlich eine Zerkleinerung und Durchtränkung der genossenen Substanzen zu bewirken hat und die letzteren auf die nachfolgende Verdauung in hohem Maasse vorbereitet.

Durch eine Reihe von Experimenten, die namentlich auch in dem Münchener physiologischen Laboratorium ausgeführt wurden, ist gezeigt worden, dass verschiedene Speisen hierbei auch eine verschiedene Anstrengung der Kauthätigkeit, bei welcher Zähne und Speicheldrüsen wirksam sind, beanspruchen, um in die der späteren Verdauung günstige Form des Bissens umgewandelt zu werden.

Bei älteren Individuen ist nun nicht allein analog anderen Organen die Funktion der Speicheldrüsen etc. eine beschränkte, sondern der mangelhafte Zustand der Zähne im höheren Alter verhindert ebenfalls in ausserordentlicher Weise die bedeutungsvolle Zerkleinerung der Speisen durch das Kauen. Wenn auch die bisherigen Experimente und namentlich Ausnützungsversuche an alten Leuten leider noch lange nicht in dem genügenden Maasse und mit der speziellen Rücksicht auf die eben dargelegten Verhältnisse unternommen worden sind und somit ziffermässige Belege für die erwähnten Einwirkungen noch nicht vorliegen, so ist zweifellos, dass dieselben in unseren Betrachtungen nicht übersehen werden dürfen.

Aus dem Gesagten aber folgt, dass die Qualität der Speisen, welche als Nahrung für ältere Menschen zu dienen haben, weder die Thätigkeit der Kauwerkzeuge noch überhaupt des Verdauungsapparates in besonderem Grade anspannen dürfen.

Offenbar ist man hiernach vom sog. theoretischen Standpunkte aus wohl berechtigt, die Kost, welche für die Inwohner der oben genannten Anstalten bestimmt ist, in gewissem Maasse zu beurtheilen. Um jedoch sichere und schärfer zu präcisirende Aufschlüsse zu erhalten, scheinen die vorhandenen experimentellen Erfahrungen nicht zu genügen. Hierzu muss, wie das schon öfter auseinandergesetzt worden ist[1]), der Weg eingeschlagen werden, der bereits mit Erfolg im hiesigen physiologischen Institute betreten und neuerdings auf die Aufforderung von Prof. Voit hin in weitern Kreisen eingeschlagen wurde: es müssen vor Allem die in den verschiedenen Anstalten, in welchen ältere Leute zusammen leben, gereichten Kostmengen untersucht und die erhaltenen Resultate untereinander sowohl, wie auch mit der Nahrung älterer Menschen verglichen werden, deren Speisegenuss der freien Willkühr überlassen ist.

Durch solche vergleichende Untersuchungen wird nun nicht allein festgestellt werden können, wie gross die Quantität der Nahrungsstoffe ist, welche Individuen von höherem Lebensalter im Tage verzehren und welche erfahrungegemäss dazu genügen, deren Leben und Gesundheit zu erhalten, sondern in manchen Fällen, in denen vielleicht trotz des besten Willens der Betheiligten Unzureichendes geschah, wird hierdurch auch eine Veränderung und Besserung der Kost in quantitativer und qualitativer Hinsicht angebahnt werden hönnen.

In Nachfolgendem beabsichtige ich hiermit einige Untersuchungen der Kost in Pfründneranstalten und Armenhäusern den Lesern vorzulegen. Dieselben sind theils schon im Winter 1872/73 von mir unternommen und veröffentlicht, theils von dem Ausschusse des Vereins für öffentliche Gesund-

---

[1]) Vergleiche Forster, Beiträge zur Ernährungsfrage, Zeitschr. f. Biol. Bd. 9, S. 381 u. Voit, Die Kost in öffentlichen Anstalten. München 1876.

heitspflege auf Antrag des Prof. Voit veranlasst und nach dessen Angaben ausgeführt worden. Um die Erforschung der Kost in den besprochenen Anstalten haben sich neben den Magistraten der betreffenden Städte insbesondere die Herren Dr. Piper in Schwerin, Dr. Richter in Brandenburg a. d. H., Dr. Drenkmann in Halle und Dr. Gerber aus Thun, der unter Prof. Voit's Leitung die Kost der Pfründneranstalt „Heiliggeistspital" in München bestimmte, ferner der Stadtrath von Zwickau durch sorgfältige Erhebungen in dankenswerthester Weise verdient gemacht.

Den Beköstigungsarten in den unten angegebenen Anstalten füge ich sodann am Schlusse noch einige Kostuntersuchungen an Einzelindividuen hinzu.

I.

Kost in der Pfründneranstalt z. heil. Kreuz in München[1]).

November 1872.

Die Anstalt ist als Wohnstätte für eine grössere Anzahl von armen und erwerbsunfähigen älteren Personen weiblichen Geschlechtes bestimmt, die daselbst auf Kosten der Stadt unterhalten werden. Hausregie und Verpflegung der Greisinnen ist gegen Bezahlung den Mitgliedern einer weiblichen religiösen Genossenschaft übergeben.

Ein Theil der Pfründnerinnen verzehrt nicht mehr, als ihnen von der Anstalt aus gereicht wird, ein zweiter Theil jedoch erhält von aussen Geschenke etc., wodurch sie in den Stand gesetzt sind, sich des Nachmittags etwas Kaffee oder $^1/_4$ — $^1/_2$ Liter Bier, oder auch etwas Wurst oder Käse zu verschaffen.

Die den Pfründnerinnen in der Anstalt gegebene Kost besteht in Frühstück, Mittag- und Abendessen; als Frühstück erhalten jene eine Brennsuppe, als Abendessen Suppe nebst Brod, und des Mittags Suppe, gekochtes Ochsenfleisch (an den katholischen Fasttagen statt dessen sog. Rohrnudeln u. dergl.) und Gemüse.

Die Erhebungen der Kost geschahen hier in der Weise, dass 7 Tage hindurch von den für die Inwohnerinnen der Anstalt bestimmten Portionen der verschiedenen Speisen je eine Probe in geschlossenen Gefässen in das Laboratorium gebracht und analysirt wurde.

Die so erhaltenen Mengen betrugen für eine Portion:

1) Frühbrennsuppe mit eingeschnittenem Brode; Mittel aus 3 Beobachtungen:

671 gr frische Substanz
77 „ trockne „

1) Vergl. Zeitschrift f Biol. Bd. 9, S. 401

2) Abendessen:

		frische	trockne
		Substanz:	
1. Tag:	Semmelsuppe	534	56
2. „	Rollgerstensuppe	451	47
3. „	Kartoffelsuppe mit Brodschnitten	561	53
4. „	Rollgerstensuppe	427	44
5. „	Brennsuppe	671	77
6. „	Griessuppe	512	41
7. „	sog. Diätsuppe mit Brotschnitten	505	53

Dazu kommen noch täglich in Form von Schwarzbrod:

162 gr. frisch,
114 „ trocken.

3) Mittagessen:

		frische	trockne	frische	trockne
		Substanz:		Substanz:	
1. Tag:	a. Kartoffelsuppe	474	48	1113	163
	b. Fleisch mit Fett	210	53		
	c. gelbe Rüben	429	62		
2. „	a. Reissuppe	653	67	1388	187
	b. Fleisch mit Fett	146	59		
	c. Weisskraut	589	61		
3. „	a. Schwarzbrodsuppe	498	41	1108	122
	b. Fleisch mit Fett	88	37		
	c. weisse Rüben	522	44		
4. „	a. gerieb. Teigsuppe	389	23	933	122
	b. Fleisch mit Fett	91	49		
	c. Erddotschen	453	50		
5. „	a. Erbsensuppe	487	70	1174	207
	b. Rohrnudeln	194	119		
	c. Zwetschen	493	18		
6. „	a. Schwarzbrodsuppe	513	49	1036	136
	b. Fleisch mit Fett	99	50		
	c. weisse Rüben	424	37		
7. „	a. Nudelsuppe	451	59	1101	168
	b. Fleisch mit Fett	99	47		
	c. Rübenkraut	551	62		

In 7 Tagen ergiebt sich sonach für eine Person:

	frisch:	trocken:
Morgens	4697	539
Mittags	7853	1105
Abends	4795	1169

oder in einem Tage:

	frisch:	trocken:
Morgens	671	77
Mittags	1122	156
Abends	685	167

Nach den ausgeführten Analysen und Berechnungen enthalten die von einer Person im Tage verzehrten Speisen:

	Eiweiss:	Fett:	Kohlehydrate:
1 Tag	64.0	50.0	273.6
2. „	69.3	61 0	279.7
3. „	67.3	25.1	259.1
4. „	62.4	39 3	244.0
5. „	68.7	16.0	284.6
6. „	65.5	41.7	247.2
7. „	71.8	34.1	273.4

oder im Mittel für einen Tag:

67.0 gr Eiweiss
38.2 „ Fett
265.9 „ Kohlehydrate.

Diese vertheilen sich auf die einzelnen Mahlzeiten wie folgt:

	Eiweiss:	Fett:	Kohlehydrate:
Morgens	10,0	3.1	62.5
Mittags	33.8	31.2	70.8
Abends	23.2	3.9	132.6

Von 100 Verzehrtem treffen hierbei:

	Eiweiss:	Fett:	Kohlehydrate:
auf das Frühstück	15	8	23
„ „ Mittagessen	50	82	27
„ „ Abendessen	35	10	50

Nach einer obigen Angabe verzehrt ein Theil der Frauen des Abends noch etwas Käse oder Wurst (um den Preis von etwa 3 Kreuzern). Rechne ich zu der Gesammtsumme der Nährstoffe für den Tag noch die in Käse oder Wurst enthaltenen Stoffe, so erhalte ich pro Kopf und Tag:

79.1 gr. Eiweiss
48.6 „ Fett
265.9 „ Kohlehydrate.

II.

Kost in der Pfründneranstalt „Heiliggeistspital“ in München.

Mai 1876.

Die genannte städtische Anstalt beherbergt, ähnlich wie das Pfründnerhaus z. heil. Kreuz, alte unbemittelte und erwerbsunfähige Personen, jedoch beiderlei Geschlechtes, und zwar belief sich die Zahl der Bewohner zur Zeit der Kostuntersuchung auf 477. Auch hier wird Kost und Verpflegung der Bewohner von den Mitgliedern einer weiblichen religiösen Genossenschaft besorgt, welche dieselbe gegen ein contractmässiges Entgelt von Seite des Magistrates der Stadt München übernommen haben.

Die Erhebungen der Kost sind von Herrn Dr. Gerber aus Thun unter Beihülfe von Prof. Voit eine Woche lang in zweifacher Weise ausgeführt worden. Einmal wurden die zur Bereitung der Mahlzeiten verwendeten Nahrungsmittel vor ihrer Zubereitung in sorgfältiger Weise abgewogen, wornach sich durch Division mit der Anzahl der Personen, die an den Mahlzeiten theilnahmen, die tägliche Menge der Nährstoffe für den Kopf aus bekannten Analysen berechnen lässt. Sodann wurde gleichzeitig noch jeden Tag eine der zum Genusse bestimmten Portionen nach der Zubereitung in der Küche, wie in meinen früheren Bestimmungen, ins Laboratorium gebracht und hier der Trockengehalt derselben bestimmt.

Aus den so erhaltenen Daten habe ich unter Benützung eigener Analysen sowohl wie solcher von Prof. Voit die untenstehenden Tabellen berechnet, denen ich einige Bemerkungen vorauszuschicken habe.

Die Kost selbst besteht:

1) aus dem Frühstück (Kaffee mit Milch und Semmel),
2) aus dem Mittagessen (Suppe, Fleisch (mit Ausnahme der Fasttage) und Gemüse),
3) aus dem Abendessen in Form einer Suppe.

Die meisten der Inwohner, insbesondere der männliche Antheil derselben, ist durch Geschenke oder andere Mittel, die nicht aus der Hausverwaltung bestritten werden, in den Stand gesetzt, täglich noch einen Liter Bier und 240 gr. Brod zu verzehren.

Zur täglichen Vertheilung an 477 Personen kommen 64 Liter Milch, 477 Semmel und 238½ Pfd. käufliches oder 191 Pfd. reines Fleisch mit etwas über 23¾ Pfd. Fettgewebe. Diese enthalten:

a. 64 Liter Milch	=	2624	gr.	Eiweiss
		2496	„	Fett
		2688	„	Kohlehydrate
b. 477 Semmeln	=	1956	„	Eiweiss
		191	„	Fett
		12020	„	Kohlehydrate
c. 238.5 Pfd. käufliches Fleisch	=	17190	„	Eiweiss
		12883	„	Fett

Das gibt für eine Person im Tage:

	Eiweiss:	Fett:	Kohlehydrate:
a. 135 ccm. Milch	5.5	5.3	5.7
b. 1 Semmel	4.1	0.4	25.2
c. 250 gr. käufliches Fleisch	36.0	27.0	—

Die Speisen, welche ausser den eben genannten dargereicht wurden, waren:

1 Tag	Mittags:	geriebene Teigsuppe aus	11870 gr. Weizenmehl
			30 Stück Eier
			1000 gr Salz
		Gemüse aus	45320 „ gelben Rüben
			500 „ Salz
			2500 „ Fett
			4980 „ Mehl
	Abends:	s. g. Panadelsuppe aus	7680 „ Semmel
			10 Stück Eier und Fleischbrühe von Mittags.
	Dazu kamen noch als Zuthat:		6200 gr s. g. Suppengemüse.
2 Tag.	Mittags:	Brodsuppe aus	19000 gr. Roggenbrod
			670 „ Salz
		Gemüse aus	18650 „ Erbsen
			100 „ Salz
			2000 „ Essig
			4050 „ Fett
			4780 „ Mehl
	Abends:	Rollgerstensuppe aus	6780 „ Gerste
			780 „ Mehl
			3 Stück Zwiebeln.
3. Tag	Mittags:	Suppe aus	11350 gr. Reis
			1050 „ Salz
			12 Stück Eier
		Gemüse aus	58740 gr. Rüben
			3500 „ Fett
			4000 „ Mehl
			700 „ Salz
	Abends:	Griessuppe aus	6670 „ Gries
			20 Stück Eier
4 Tag (Fasttag)	Mittags:	Suppe aus	9600 gr Erbsen
			2450 „ Mehl
			3450 „ Fett
			1100 „ Salz
		s. g getrocknete Nudeln aus	74280 „ Mehl
			1650 „ Salz
			9500 „ Fett
			100 Stück Eier.
		Dazu 25850 gr. gedörrte Zwetschen und Kirschen	
	Abends:	Suppe aus	20270 gr. Schwarzbrod
			2100 „ Fett
			600 „ Zwiebeln
			950 „ Salz.
5. Tag.	Mittags:	Suppe aus	16500 gr. Schwarzbrod
			4000 „ grünes Gemüse
		Gemüse aus	82900 „ Kartoffeln
			4350 „ Fett
			1500 „ Salz
			19 Stück Zwiebeln
	Abends:	Suppe aus	6720 gr Gerste
			780 „ Mehl.

6 Tag	Mittags:	Suppe aus	11050 gr Reis
			1050 „ Salz
			12 Stück Eier
		Gemüse aus	15630 gr. Meerrettig
			3770 „ Semmel
			5300 „ Mehl
			5340 „ Fett
			750 „ Zucker
			600 „ Salz
	Abends:	s. g. Panadelsuppe aus	7600 „ Semmel
			500 „ Salz
			10 Stück Eier.
7. Tag.	Mittags:	Kräutersuppe aus	5700 gr. Kräuter
			97500 „ Brod
			4200 „ Mehl
			4250 „ Fett
			1200 „ Salz
			12 Stück Eier
		Gemüse aus	49700 gr. Sauerkraut
			4300 „ Fett
			4180 „ Mehl
			1180 „ Salz
	Abends:	Suppe aus	6720 „ Rollgerste
			780 „ Mehl
			3 Stück Zwiebeln

Aus den angegebenen Nahrungsmitteln berechnen sich folgende Mengen von Nährstoffen:

Tag:	Eiweiss:	Fett:	Kohlehydrate:
1.	4133	2781	24407
2.	7548	4186	31005
3.	2766	3670	20859
4.	15179	15540	87347 (Fasttag)
5.	4281	4485	33682
6.	3159	5609	23116
7.	13394	8744	72176

Die erhaltenen Summen, durch 477 dividirt, geben sonach pro Kopf und Tag:

Tag:	Eiweiss:	Fett:	Kohlehydrate:
1.	8.7	5.8	51.2
2.	15.8	8.8	65.0
3.	5.8	7 7	43 7
4.	31.8	32.6	183.1 (Fasttag)
5.	9.0	9.4	70.6
6.	6.6	11.8	48.5
7.	28.1	18.3	151.3

Rechnet man hierzu die in Form von Milch, Semmel und Fleisch verzehrten Nährstoffe, sowie noch täglich, wie anfänglich angegeben,

	Eiweiss:	Kohlehydrate:
240 gr Schwarzbrod	= 29.9	138.2
1 Liter Bier	= 4.0	52.0

so erhält man die Menge von Nährstoffen, welche eine alte Person in einem Tage verzehrt u. zw. in einer Kost, welche erfahrungsmässig zu deren Erhaltung genügt. Es ist dies in Summa:

Tag:	Eiweiss:	Fett:	Kohlehydrate:
1.	88.2	38.5	272.3
2.	95.3	41.5	286.1
3.	85.3	40.4	264.8
4.	75.3	58.3	404.2
5.	88.5	42.1	291.7
6.	86.1	44.5	269.6
7.	106.6	51.0	372.4
	625.3	316.3	2161.1

oder pro Kopf und Tag:

89.3 gr. Eiweiss
45.2 „ Fett
308.7 „ Kohlehydrate.

Nur wenig verschieden sind hiervon die Zahlen, welche aus den im Laboratorium untersuchten Speisemengen einer Tagesportion berechnet werden. Diese sind:

Erhobene Tagesportion:

Tag:	Eiweiss:	Fett:	Kohlehydrate:
1.	57.2	30.5	84.6
2.	71.6	42.6	150.3
3.	52.2	56.9	101.1
4.	53.7	50.8	304.7
5.	56.4	30.7	135.1
6.	58.4	38.9	111.0
7.	40.0	62.6	86.8

Hierzu kommen noch täglich 1 Semmel zum Frühstück und des Abends 240 gr. Schwarzbrod und 1 Liter Bier für die Person. Ich erhalte sonach in Summa:

Tag:	Eiweiss:	Fett:	Kohlehydrate:
1.	95.2	30.9	300.0
2.	109.3	43.0	365.7
3.	90.2	57.3	316.5
4.	91.7	51.2	520.1
5.	94.4	31.1	350.2
6.	96.4	39.3	326.4
7.	78.0	63.0	302.2
	655.5	315.8	2481.4

oder pro Kopf und Tag:

93.6 gr. Eiweiss
45.1 gr. Fett
354.5 gr. Kohlehydrate.

Abgesehen von dem Umstande, dass beide Beobachtungsreihen annähernd die gleichen Werthe — namentlich für Eiweiss und Fett — ergeben, dass demnach beide von Professor Voit zur Untersuchung der Kost vorgeschlagenen Methoden, wenn achtsam ausgeführt, zum Ziele führen, ist noch bemerkenswerth, dass hier sowohl wie bei der Kost im Pfründnerhause zu Hl. Kreuz die im Tage von einer Person verzehrten Mengen an Nährstoffen für verschiedene Tage nur geringen Schwankungen unterworfen sind, welche zudem hauptsächlich durch die veränderte, in Quantität jedoch durchaus nicht verringerte Kost an den Fasttagen veranlasst werden.

Das Mittel der Nahrstoffmengen, welche in der besprochenen Pfründneranstalt einer Person im Tage gereicht werden, ist sonach:

91.5 gr. Eiweiss
45.2 gr. Fett
331.6 gr Kohlehydrate.

III.

Städtische Arbeitsanstalt zu Brandenburg a. d. H.

April und Mai 1876.

Die Insassen der Anstalt arbeiten nach der vorliegenden Angabe ausserordentlich wenig, sind also wohl bei Betrachtung ihrer Kost an die Pfründneranstalten anzuschliessen.

Die Erhebungen der Kost sind durch den Stadtphysikus von Brandenburg Herrn Dr. Richter in der Weise gemacht, dass das gereinigte Rohmaterial der Speisen nebst allen Zuthaten abgewogen, die erhaltene Gewichtsmenge durch die Zahl der Theilnehmer an den Mahlzeiten dividirt und die Menge der Nährstoffe nach den von Voit und im Handbuche der Militärgesundheitspflege von Roth und Lex, II. Bd. S. 566 angegebenen prozentischen Gehalten der verwendeten Substanzen berechnet wurden. Ich theile im Nachstehenden die für eine Person gefundenen Zahlen mit:

1 Tag:	85 gr.	Mehl	(Mittwoch)
	10 „	Butter	
	283 „	Kartoffeln	
	85 „	Reis	
	15 „	Talg	
	60 „	Buchgrütze	
	585 „	Brod.	
2. Tag:	85 gr	Mehl	(Donnerstag)
	10 „	Butter	
	616 „	Kartoffeln	
	15 „	Talg	
	200 „	Kohlrüben	
	675 „	Brod.	
3. Tag:	85 gr.	Mehl	(Freitag)
	10 „	Butter	
	1207 „	Kartoffeln	
	10 „	Talg	
	160 „	weisse Bohnen	
	50 „	Häring	
	585 „	Brod.	
4. Tag:	85 gr	Mehl	(Sonnabend)
	10 „	Butter	
	612 „	Kartoffeln	
	15 „	Talg	
	85 „	Erbsen	
	42 „	Graupen	
	60 „	Hafergrütze	
	585 „	Brod	
5. Tag:	85 gr.	Mehl	(Dienstag)
	10 „	Butter	
	614 „	Kartoffeln	
	10 „	Talg	
	160 „	Erbsen	
	672 „	Kartoffeln i. d. Schale	
	54 „	Häring	
	585 „	Brod.	
6. Tag:	85 gr	Mehl	(Mittwoch)
	15 „	Butter	
	85 „	Graupen	
	306 „	Kartoffeln	
	15 „	Talg	
	60 „	Buchgrütze	
	585 „	Brod.	
7. Tag:	85 gr.	Mehl	(Donnerstag)
	10 „	Butter	
	569 „	Kartoffeln	
	15 „	Talg	
	160 „	Linsen	
	675 „	Brod.	
8. Tag:	85 gr.	Mehl	(Montag)
	10 „	Butter	
	720 „	Kartoffeln	
	15 „	Talg	
	676 „	Brod.	
9. Tag:	85 gr.	Mehl	(Dienstag)
	10 „	Butter	
	260 „	Mohrrüben	
	1310 „	Kartoffeln	
	10 „	Talg	
	50 „	Häring	
	585 „	Brod.	
10. Tag:	85 gr.	Mehl	(Sonntag)
	10 „	Butter	
	300 „	Kartoffeln	
	85 „	Reis	
	585 „	Brod	
	71 „	mageres Rindfleisch	
	22 „	Fettgewebe	
	20 „	Schmalz.	

In den 10 Tagen wurden sonach den Inwohnern der Anstalt an Nährstoffen geboten:

Tag:	Eiweiss:	Fett:	Kohlehydrate:
1.	74.4	24.2	492.9
2.	81.8	24.2	520.4
3.	130.1	25.6	671.8
4.	101.4	24.2	574.0
5.	129.1	26.0	693.3
6.	77.0	28.8	494.1
7.	118.5	24.2	571.7
8.	79.9	24.2	516.5
9.	97.1	25.6	627.4
10.	86.3	51.7	451.5

Nimmt man aus diesen Zahlen die Durchschnittssumme, so erhält ein Insasse des Brandenburger städtischen Arbeitshauses im Tage etwa:

97.5 gr. Eiweiss
27.8 „ Fett
561.3 „ Kohlehydrate.

Die Zahlen scheinen für nicht oder nur wenig arbeitende Menschen relativ hoch zu sein; allein sie erklären sich leicht aus dem Umstande, dass die Kost fast ausschliesslich aus pflanzlichen Nahrungsmitteln besteht. Von dem gleichen Umstande hängt die relativ geringe Fettmenge in der Nahrung der Anstaltsinsassen ab, deren Erhöhung nicht mit Unrecht von Dr. Richter gewünscht wird. Beiden Verhältnissen ist wohl zuzuschreiben, dass diejenigen Personen, welche lange in dem Arbeitshause detinirt werden, nach Angabe von Dr. Richter ein aufgedunsenes und blasses Ansehen zeigen, ein Verhalten, das, wie man anzunehmen gezwungen ist, besonders bei relativ. eiweissarmer und kohlehydratreicher Pflanzenkost beobachtet wird.

IV.

Kost im städtischen Arbeitshause zu Halle a. S.

Das städtische Arbeitshaus dient dazu, Vagabunden und obdachlose Aufgegriffene zu beherbergen. Die Detinirten werden vorzugsweise zum Strassenkehren verwendet.

Nach den Untersuchungen und Berechnungen des Herrn Dr. Drenkmann erhalten die Insassen des Arbeitshauses in einer Woche, von Sonntag bis Sonnabend, die nachstehenden Mengen von Nährstoffen:

Tag:	Eiweiss:	Fett:	Kohlehydrate:
1.	115	88	600
2.	97	34	574
3.	113	18	598
4.	138	28	603
5.	142	33	623
6.	144	23	587
7.	102	24	610

Daraus berechnet sich als Durchschnitt für den Tag:

121 gr Eiweiss
35 „ Fett
599 „ Kohlehydrate.

V.

Stadtarmenhaus in Schwerin.

Nach den vom Magistrate der Stadt Schwerin veranlassten Erhebungen über die Verpflegung im städtischen Armenhause daselbst, welche von dem dirigirenden Arzte der Anstalt Herrn Dr. A. Piper gemacht sind, besteht die den Inquilinen gereichte Kost, von welcher nur auf besondere ärztliche Anordnung abgegangen wird, aus folgenden Mahlzeiten:

A. Morgens: Mehlsuppe.
B. Mittags
  a. Montag und Donnerstag: Erbsen und Kartoffeln.
  b. Dienstag und Freitag: Graupen mit Kartoffeln.
  c. Sonnabend Hafergrütze mit Wurzeln oder Rüben und Kartoffeln.
  d. Mittwoch und Sonntag: Fleisch mit Kartoffeln.
C. Nachmittags: Kaffee aus gebranntem Roggen und Cichorien.
D. Abends: Milchsuppe, an Sonntagen Dünnbier.

Hierzu kommen noch täglich für eine Person 500 gr. Schwarzbrod mit etwas Schweineschmalz oder Butter, welche auf die einzelnen Mahlzeiten vertheilt werden.

Pro Tag und Kopf werden die nachstehenden Mengen (in Grammen) gereicht:

	Sonntag	Montag und Donnerstag	Dienstag und Freitag	Mittwoch	Sonnabend
Roggenmehl	80.0	80.0	80.0	160.0	160.0
Milch	53.0	178.0	178.0	178.0	178.0
Schweineschmalz	—	20.0	20.0	20.0	20.0
Butter	27 0	7.0	7.0	7.0	7.0
Speck	—	12.5	12.5	—	12.5
Erbsen	—	69.0	—	—	—
geschälte Gerste, Hafer- oder Buchweizengrütze	—	36.0	36.0	—	—
Wurzeln oder Rüben	—	—	—	—	53.0
Rind- od. Hammelfleisch (ohne Knochen)	153.5	—	—	153.5	—
Kartoffeln	750.0	750.0	750.0	750.0	750.0
Schwarzbrod	500.0	500.0	500.0	500.0	500.0

Daraus berechnet nach Dr. Piper:

	Eiweiss:	Fett:	Kohlehydrate:
Sonntag	101.4	28.3	454.3
Montag und Donnerstag	92.2	44.1	516.0
Dienstag und Freitag	80.5	44.1	503.6
Mittwoch	113.9	33.7	507.0
Sonnabend	81 1	44.1	511 7

Der tägliche Durchschnitt beträgt sonach:

91 7 gr. Eiweiss
40.4 „ Fett
501 7 „ Kohlehydrate.

VI.

Städtisches Armenhaus zu Zwickau.

In der von Professor Voit angegebenen Weise hat der Rath der Stadt Zwickau die an die Inwohner des Armenhauses gelieferte Kost genau untersuchen lassen. Ein mit voller Arbeit beschäftigter Häusling erhält hiernach täglich an Lebensmitteln:

1) In der Früh: Brodsuppe mit Milch

aus 130.0 gr. Brod
40.0 „ Roggenmehl
0.30 Liter Milch.

2) des Abends: Brodsuppe

aus 130 gr. Brod
25 „ Roggenmehl
10 „ Butter,

oder an Fleischtagen: Weizensuppe

aus 50 gr. Weizenmehl
10 „ Butter;

3) des Mittags: schwankende Mengen verschiedener pflanzlicher Speisen, denen an Sonn- und Festtagen, sowie Donnerstags eine geringe Menge von Fleisch zugegeben wird.

Dazu werden noch täglich 750 gr. Brod gereicht, welche zwischen den einzelnen Mahlzeiten verzehrt werden.

Aus den angegebenen Gewichtsmengen der verwendeten Nahrungsmittel lassen sich die nachstehenden Quantitäten von Nährstoffen in gr. berechnen:

	Eiweiss:	Fett:	Kohlehydrate:
I. Frühstück:	32.0	13.6	117.7

II. Mittagessen: a) an Fleischtagen:

Eiweiss:	Fett:	Kohlehydrate:
22.6	4.0	84.8
13.9	1.9	86.4
11.1	1.0	78.1
22 5	-4.6	86.5
19.2	0.7	91.5
16.9	1.9	73.5
14.8	0.7	123.2
13.6	2.0	77 2
13.6	1 8	54.4

b) an Nichtfleischtagen:

Eiweiss:	Fett:	Kohlehydrate:
68.3	21.4	155.9
38.5	12.7	231.0
13.3	16.3	134.2
13.8	16.5	104.8
64.6	21 4	157.4
30.3	24.4	122.5
59.6	22.7	161 4
42 4	28.2	125.9
30.7	19.0	101.4

oder im Mittel für einen Tag:

		a. Fleischtage:	
	16.5	2.1	84.0
		b. Nichtfleischtage:	
	40.2	20.3	143.8
III. Abendessen:		a. Fleischtage:	
	5.9	9.3	36.8
		b. Nichtfleischtage:	
	17.2	9.1	92.9

Daraus ergibt sich unter Zurechnung der gereichten 750 gr. Brod pro Kopf und Tag im Mittel für eine Person im Tage:

a. an Fleischtagen:
135.4 gr. Eiweiss
25.0 „ Fett
670.5 „ Kohlehydrate,

b. an Nichtfleischtagen:
170.4 gr Eiweiss
43.0 „ Fett
786.4 „ Kohlehydrate,

oder im Mittel aus beiden Reihen:

152.9 gr. Eiweiss
34.0 „ Fett
728.4 „ Kohlehydrate.

Diesen zum grössten Theile auf Anregung des Vereins für öffentliche Gesundheitspflege gemachten Erhebungen füge ich noch einige Kostsätze für gleiche Anstalten hinzu, welche in ähnlicher Weise untersucht worden sind. Es ist dies

A.

Kost im Hackney Workhouse in London. 1852.

Nach den Mittheilungen von Beneke[1]) sind in dem angegebenen Arbeitshause gänzlich verarmte Leute und obdachlose Personen verschiedenen Alters (von 15—60 Jahren) und Geschlechtes untergebracht. Die Arbeit ist sehr gering, da die meisten Personen als invalid zu betrachten sind.

[1]) Arch f physiol. Heilkunde, 1853 12. Jahrgang, S 409 u. ff.

Es werden zwei verschiedene Klassen von Diät für die beiden Geschlechter gereicht, und zwar erhalten dieselben in Grammen:

			Fleisch:	Brod:	Kartoffel:	Zucker:	Mehl:	Fett:	Cacao:	Käse:
I.	a.	männlich	63	399	150	15	100	31	8	8
II.	b.	„	42	417	100	—	142	17	—	12
I.	c.	weiblich	63	342	150	15	100	31	8	8
II.	d.	„	42	359	100	—	142	17	—	12

In den hier angegebenen Mengen der Nahrungsmittel sind an Nährstoffen für den Tag und die Person enthalten:

	Eiweiss:	Fett:	Kohlehydrate:
a.	73	24	365
b.	72	40	350
c.	67	39	317
d.	68	24	332

Für die gemischte Bevölkerung eines Arbeits- oder Armenhauses würden sich sonach im Mittel pro Tag und Kopf ergeben:

70.0 gr. Eiweiss
31.8 „ Fett
341.0 „ Kohlehydrate.

Es ist hierbei zu bemerken, dass man einige Zeit hindurch versuchte, die Kartoffeln wegzulassen. Als dies geschah, trat Scorbut auf, welcher sodann erst nach Wiedereinführung der Kartoffeln schwand.

B.

Armenhaus zu Gelenau. 1865.

Bei der Revision des Armenhauses zu Gelenau fand Graf zur Lippe-Weissenfeld[1]) für die Inwohner der Anstalt, welche aus 31 Männern, 33 Frauen und 38 Kindern unter 14 Jahren bestanden, eine Beköstigung, welche einen relativen Reichthum an Stärkemehl (oder Stärkemehläquivalenten nach früherer Ansicht) darbot. Mit einer bewundernswerthen Erkenntniss der Forderungen, welche an eine Armenhauskost zu stellen sind, führte Graf Lippe dortselbst allmählich eine Aenderung und Besserung in der gereichten Diät ein, bei welcher trotz niedriger Kosten es möglich wurde, den individuellen Bedürfnissen eines jeden Armenhausbewohners in Bezug auf die Quantität der gebotenen Speisen nachzukommen.

Insbesondere wurden hierbei auch statt der grossen Brodmengen, welche früher die Armenhäusler erhalten hatten, Fleisch und eiweissreiche Leguminosen etc. in die Kost eingeführt und darauf gesehen, dass nicht die Speisen alle acht Tage wiederkehrten, da eine zu gleichmässige Kost der Gesundheit nicht förderlich sei.

---

[1]) Die rationelle Ernährung des Volkes, S. 94 u. ff.; 1866. Leipzig bei G. Wigand.

Die Zusammenstellung der Wochenrationen ergiebt nach Graf Lippe's Berechnungen (für 65 Personen verschiedenen Alters und Geschlechts):

	Eiweiss:	Stärkemehläquivalente:
Montag	5001	26387
Dienstag	6197	31182
Mittwoch	6669	30185
Donnerstag	5883	29453
Freitag	5384	26827
Sonnabend	5429	29001
Sonntag	5297	27253

Für 100 Pfd. Körpergewicht der Anstaltsinwohner (65 Personen = 6300 Pfd.) werden somit in der Woche gereicht:

632.7 gr. Eiweissstoffe
3179.2 „ Stärkemehläquivalente;

oder im Tage:

90.4 gr. Eiweiss
454.2 „ Stärkemehläquivalente.

Rechne ich als mittleres Körpergewicht eines Armenhäuslers 120 Pfd., so trifft auf denselben im Tage eine Menge von

108.5 gr. Eiweiss und
545.0 „ Stärkemehläquivalente.

Die im Armenhause zu Gelenau gereichten Mengen von Nährstoffen würden nach Graf Lippe zu gross sein, wenn nur die erwachsenen Armenhäusler ernährt werden müssten; sie seien aber gerechtfertigt, ja selbst nöthig, da unter den Häuslingen sich Kinder befänden, welche zu ihrem Wachsthum und ihrer Entwicklung einer reichlicheren Beköstigung (s. o.) bedürftig sind.

Ich stelle nunmehr zur Uebersicht die Mengen von Eiweiss, Fett und Kohlehydraten zusammen, welche nach den mitgetheilten Untersuchungen an den verschiedensten Orten nicht oder wenig arbeitenden, invaliden und zumeist älteren Menschen im Tage dargereicht werden. Man erhält so die folgende Tabelle:

		Eiweiss:	Fett:	Kohlehydrate:
I.	Pfründneranstalt, München a.	67.0	38.2	265.9
	b.	79.1	48.6	265.9
II.	„ „	91.5	45.2	331.6
III.	Städt. Arbeitsanstalt, Brandenburg	97.5	27.8	561.3
IV.	Städt. Arbeitshaus, Halle	121.0	35.0	599.0
V.	Stadtarmenhaus, Schwerin	91.7	40.4	501.7
VI	Städt. Armenhaus, Zwickau	152.9	34.0	728.4
A.	Hackney Workhouse, London	70.0	31.8	341 0
B.	Armenhaus, Gelenau	108.5	545.0	

Die hier zusammengestellten Zahlen zeigen so beträchtliche Schwankungen, dass man aus den angeführten Beobachtungen kein Mittel ziehen kann, das etwa dem Bedürfniss der Inwohner obiger Anstalten entsprechende Zahlen liefern würde. Es scheint daher nothwendig, die einzelnen Resultate zu betrachten und mit einander zu vergleichen.

Offenbar ist die in I. a. gereichte Menge der nährenden Substanzen an und für sich eine geringe und dürfte mit Rücksicht auf den Umstand, dass ein grosser Theil der die betreffende Kost verzehrenden Personen sich mit dieser allein nicht begnügt, sondern dazu noch andere als die in der Anstalt erhaltenen Speisen und wohl auch noch Bier geniesst, selbst als zu gering bezeichnet werden.

Aehnlich dürfte es sich mit der Beköstigung im Hackney Workhouse verhalten, deren Gehalt an Nährstoffen in der Tabelle mit A bezeichnet ist. Dafür spricht insbesondere die bereits früher erwähnte Angabe Beneke's, dass bei der geringsten Verminderung der Speisemenge eine Krankheit auftrat, welche man als Folge des Genusses von quantitativ unzureichender Kost zu betrachten gezwungen ist, nämlich Scorbut. Die relativ niedrige Menge der hier gereichten Nährstoffe könnte dagegen — und ich glaube, darauf besonders aufmerksam machen zu müssen — dadurch einigermassen in ihrer Wirkung paralysirt werden, dass die jene enthaltenden Speisebestandtheile für die Bewohner eines Armen- und Invalidenhauses nicht ungünstig ausgewählt scheinen. So werden insbesondere nach den vorliegenden Angaben thierische Nahrungsmittel, wie Fleisch und Käse, welche nach den bisherigen Erfahrungen besser ausgenützt werden und speziell auch die Kauthätigkeit etc. weniger beanspruchen als manche pflanzlichen Nahrungsmittel, insbesondere Brod, täglich gereicht.

Die von Graf Lippe in Gelenau eingeführte Beköstigung wird von diesem selbst als etwas reichlich angegeben. Man kann sich meiner Ansicht nach nur zustimmend zu diesem Ausspruche verhalten und dies um so mehr, als wir in der mit III bezeichneten Kost in einer Münchener Pfründeanstalt, allerdings unter Beigabe einiger Substanzen, die die Inwohner der Anstalt ausserhalb der gewöhnlichen Beköstigung geniessen, geringere tägliche Mengen der Nährstoffe finden, mit welchen ältere, nur wenig arbeitende Personen nachweisbar gesättigt und völlig erhalten werden können. Zu letzterer Kost ist noch zu bemerken, dass auch hier in einer Weise, die nach den bisherigen Erfahrungen und Experimenten nur günstig beurtheilt werden muss, Fleisch und Milch, wenn man von den einwöchentlichen Fasttagen absieht, regelmässige Bestandtheile der Kost bilden, und dass namentlich die tägliche Menge Brod, welches bereits beim Kauen die Thätigkeit des

Verdauungsapparates, speziell der Speicheldrüsen mehr als andere Substanzen fordert [1]), nicht übermässig gross ist.

Aus den eben angeführten Betrachtungen folgt für die übrigen Kostsätze, dass diese trotz des anscheinend reichlichen, ja überreichen Gehaltes der einzelnen Nährstoffe (mit Ausnahme des Fettes), wie das von den einzelnen Beobachtern schon theilweise angegeben ist, sehr wohl einer Verbesserung fähig sind.

Wie von theoretischen Gesichtspunkten aus geschlossen werden muss, und wie durch die Beobachtung des Verhaltens von Pfründnern bei einer einfachen aber aus thierischen und pflanzlichen Substanzen gemischten Kost sich direkt ergibt, bedürfen ältere und invalide Personen, welche nur wenig arbeiten, einer geringeren Menge von Nährstoffen im Tage als Arbeiter im mittleren Lebensalter, um ihren Körperbestand zu erhalten. Es ist daher offenbar, dass an Stelle der ganz besonders hohen täglichen Summen der Nährstoffe, welche nach der obigen Tabelle etwa in den städtischen Armenhäusern zu Zwickau, zu Halle etc. gereicht werden, viel geringere Speisemengen gereicht werden dürfen.

Ebenso offenbar aber ist auch, dass eine solche Verringerung der Quantität nur geschehen darf, wenn die Qualität der gereichten Speisen verändert wird und insbesondere statt der nahezu ausschliesslichen Brod- und Pflanzenkost animalische Substanzen, wie Fleisch, Milch oder Käse gereicht werden. Dass gerade hierin die Hauptdifferenz zwischen der genügenden Münchner Pfründnerernährung und der Beköstigung in den andern ähnlichen Anstalten liegt, mögen die folgenden Tabellen zeigen, in welchen angegeben ist, wie viel an Eiweiss und Kohlehydraten einmal gut genährte Menschen von mittlerem Lebensalter und sodann die Armenhäusler etc. in einigen unserer Fälle im Brode und Fleische verzehren, und wie viel von den täglich verzehrten Eiweissstoffen und Kohlehydraten in Form von Brod und Fleisch aufgenommen wird. Ich erhalte so:

---

[1]) vergl. Tuczek, Zeitschr. f. Biol. Bd. 12, S. 553.

Beobachtete Personen	Verzehrte Brodmenge in gr.	Eiweiss im Brode	Kohlehydrate im Brode	Brod-Eiweiss in % des täglichen Gesammtverbrauches	Brod-Kohlehydrate in % des täglichen Gesammtverbrauches
1) gut gestellter Arbeiter[1]) (Mannesalter)	318	34.3	183 2	26	43
2) Arzt[1]) (Mannesalter)	107	9.8	61.6	8	17
3) " "	193	19.8	111.2	15	38
4) Pfründnerinnen in München	259	26.6	149.4	40	57
5) Pfründner in München	282	34 0	163.4	37	49
6) Arbeitshäusler in Brandenburg	612	50.8	270.6	52	48
7) Armenhäusler in Schwerin	500	41.5	221.0	45	44
8) " " Zwickau	1010	109.0	581 8	71	80

Von dem Eiweisse, welches die Pfründner und Armenhäusler im ganzen Tage verzehren, sind nahe oder selbst weit über die Hälfte in dem gereichten Brode enthalten, in der Kost eines erwerbstüchtigen Arbeiters nur ein Viertheil, noch erheblich weniger in der zweier Aerzte. Aehnliches ist bei den Kohlehydraten der Fall.

Ganz anders dagegen verhalten sich die Fleischmengen. Für diese ergeben sich im Tage (selbstverständlich unter Hinzurechnung der Nichtfleischtage):

Beobachtete Personen	Frisches Fleisch (ohne Knochen)	Eiweiss darin	Fleisch Eiweiss in % des Gesammteiweissverbrauches p. d.
1) Arbeiter	231	50.8	38
2) Arzt	403	88.7	66
3) Pfründnerinnen (München)	94	20.7	31
4) Pfründner (München)	171	30.8	34
5) Arbeitshäusler (Brandenburg)	31[2])	5.8	6
6) Armenhäusler (Schwerin)	44	9.6	10
7) " (Zwickau)	20[3])	3.5	2

Mit dem Mangel an animalischen Substanzen und dem Ueberreichthum vegetabilischer Speisen steht die geringe Fettmenge gegenüber der Menge

[1]) s. meine Untersuchungen; Zeitschrift f. Biologie Bd. 9, S. 399 und 403.

[2]) 2 mal in der Woche 50 gr. Häringe und einmal 120 gr. Fleisch, auf einen Tag berechnet.

[3]) 2 mal in der Woche 20 gr. Fleisch und einmal 100 gr. Häringe.

der verbrauchten Kohlehydrate in Zusammenhang. In den zuletzt angeführten Fällen ist das Verhältniss von Fett zu den Kohlehydraten in den verzehrten Speisen wie folgt:

	Fett :		Kohlehydrate :
1) Arbeiter	1	zu	4.4
2) Arzt	1	„	2.9
3) Pfründnerin	1	„	6.8
4) Pfründner	1	„	7.3
5) Arbeitshäusler	1	„	20.2
6) Armenhäusler	1	„	12.4
7) Armenhäusler	1	„	21.4

Wenn man als Maximum der Kohlehydrate, wie dies früher Prof. Voit für die menschliche Kost im Allgemeinen noch als zulässig folgern musste, etwa die 9fache Menge des Fettes in den genossenen Speisen betrachtet, so wird diese Menge in den zuletzt betrachteten Fällen, wie auch in der Kost des Arbeitshauses zu Halle (1 zu 17.1) erheblich überschritten.

Eine Verbesserung in den angegebenen Beköstigungen älterer und invalider Personen muss nach dem hier Auseinandergesetzten daher wesentlich in der Richtung angestrebt werden, dass mit einer Verminderung der voluminösen Brod- und Pflanzenkost die Menge eiweiss- und namentlich fettreicherer Substanzen, die wohl nur thierische Produkte darbieten können, erhöht wird. Es ist zu erwarten, dass bei einem rationellen Betriebe von Armen- und Arbeitsanstalten eine solche Aenderung nahezu oder selbst gänzlich ohne grössere Anforderungen an die Gemeindemittel sich erreichen lässt, ein Umstand, der natürlich bei allen Verbesserungsvorschlägen nicht ausser Auge gelassen werden darf.

Ich möchte noch auf einen Thatbestand aufmerksam machen, der namentlich bei Betrachtung der Kost im städtischen Armenhause zu Zwickau in die Augen fällt. Daselbst werden als Mittagsmahlzeit verschiedene Speisen gereicht, welche im gekochten wasserhaltigen Zustande für eine Person im Tage 1070 gr. wiegen. Es scheint nun, dass die Menge der Trockensubstanz, welche jeweilig zu dieser Mittagssuppe verwendet wird, hauptsächlich abhängt von dem Marktpreise der verwendeten Nahrungsmittel. Dass hierbei die Menge der Nährstoffe, welche auf eine Mittagsmahlzeit trifft, grossen Schwankungen unterliegt, ist selbstverständlich und geht auch aus der Betrachtung der auf Seite 200 u. 201 aufgeführten Zahlen, welche jene Mengen angeben, aufs Deutlichste hervor. Durch die relativ grossen Brodmengen, welche dabei im Tage für die Insassen des Armenhauses verbraucht werden, werden die oben angegebenen Schwankungen der Nährstoffmengen in der Mittagsmahlzeit, insbesondere bei der Berechnung der Tagesration, ziemlich verdeckt; dessungeachtet muss man es aber möglichst vermeiden, in einer rationellen Kost etwa den Marktpreis der Lebensmittel als Maass für die zu verbrauchende Quantität derselben zu benützen.

Schliesslich wäre noch daran zu erinnern, dass wie bei der Kost im Allgemeinen, so namentlich auch bei der Ernährung älterer Leute eine allzuhäufige Wiederholung einzelner Speisen thunlichst umgangen werden soll, und zwar um so mehr als, wie bereits früher auseinandergesetzt wurde, die Verdauungsfähigkeit bejahrter Menschen, ähnlich anderen Organfunktionen, durch das Alter beeinträchtigt ist und daher wohl beständiger, aber stets in geringerer Intensität wirkender Anregungen, die am besten durch die wechselnden Genussmittel verschiedener Speisen bewirkt werden, bedarf. Dass bei einer Auswahl hierbei vorzüglich flüssige Speisen zu berücksichtigen sind, ist nach dem öfter Gesagten nicht weiter auseinanderzusetzen; in der Praxis wird zudem die Suppenform der Speisen für ältere Personen in hervorragender Weise angewendet.

Man könnte bei der Betrachtung der Gesammtzahlen der Nährstoffe, welche sich als Verbrauch in verschiedenen Versorgungshäusern ergeben haben, trotz obiger Auseinandersetzungen zu der Vermuthung gelangen, dass auch für ältere, invalide Menschen zur Erhaltung ihres Körperbestandes die Zufuhr grösserer Mengen von Nährstoffen nothwendig wäre und dass somit die hohen Gewichtsmengen der Nahrungsmittel, die in einer Anzahl von Armen- und Arbeitshäusern den Inwohnern im Tage gereicht werden, in der That das eigentliche Bedürfniss derselben darstellen.

Ich halte es daher nicht für überflüssig, aus einer Reihe von Kostuntersuchungen bei Individuen, deren Speisegenuss der eigenen Wahl überlassen war, einige hier mitzutheilen, welche ich schon vor mehreren Jahren im physiologischen Laboratorium zu München ausgeführt habe.

Die Bestimmungen geschahen hierbei in der gleichen Weise, wie ich sie früher schon angegeben habe[1]). Von sämmtlichen Speisen, welche die zur Bestimmung der Ernährungsweise beobachteten Personen verzehrten, wurde mehrere Tage hindurch stets eine der genossenen Quantität gleiche Menge sorgfältig abgewogen und analysirt. Die erhaltenen Resultate, soweit sie uns an dieser Stelle interessiren, sind nun folgende:

1) Kost eines 60 Jahre alten Mannes. (März 1874).

Die Versuchsperson, Mechaniker und Hausmeister an einem wissenschaftlichen Institute zu München, hat ein relativ gutes Einkommen, ist verheirathet und geniesst nach freier Wahl die Speisen, deren sie bedürftig

---

[1]) Zeitschrift f. Biologie Bd. 9, S. 381 u. ff.

erscheint. Diese letzteren sind drei Tage hindurch genau in der angegebenen Weise bestimmt:

Frühstück:

Alle 3 Tage: Kaffee mit Milch, Zucker und Brod.

Mittagessen:

1. Tag: Griessuppe, Rindfleisch, Wirsing, Brod.
2. „ gerieb. Teigsuppe, Rindfleisch, Kartoffelpürée, Brod.
3. „ Nudelsuppe, Rindfleisch, Kartoffelgemüse, Brod.

Nachmittags:

Alle 3 Tage: Kaffee mit Milch, Zucker und Semmel.

Abendessen:

1. Tag: kaltes Rindfleisch, Wurst, Brod, Bier.
2. „ geräuch. Schweinefleisch, Brod, Bier
3. „ saure Leber, Brod, Bier.

In diesen Speisen sind enthalten:

	Trockensubstanz:	Wasser:	Eiweiss:	Fett:	Kohlehydrate:
1. Tag	519.1	2304	108.6	71.3	324.6
2. „	533.4	2402	113.8	58.3	346.6
3. „	589 7	2491	126.9	73.1	364.2
Mittel:	547.4	2399	116.4	67.6	345.1

Die in den Speisen genossenen Nährstoffe vertheilen sich im Mittel aus drei Tagen auf die einzelnen Tagesmahlzeiten:

	Eiweiss:	Fett:	Kohlehydrate:
Morgen	18.7	8.6	85.5
Mittag	46.2	32.0	101 3
Nachmittag	6.5	3.8	32.1
Abend	45.1	23.2	126.2
Summe:	116.5	67 6	345.1

Rechnet man die im Tage verzehrten Mengen gleich 100, so erhält man als prozentische Vertheilung auf die Tageszeiten:

	Eiweiss.	Fett:	Kohlehydrate:
Morgen	16	14	25
Mittag	39	47	29
Nachmittag	6	5	9
Abend	39	34	37
Summe.	100	100	100

In Form von Brod wurden von der Versuchsperson verzehrt:

am 1. Tage: 371.4 gr.
„ 2. „ : 336.8 „
„ 3. „ : 387.1 „
Mittel: 365.1 gr mit 37.7 gr Eiweiss und 201.3 gr. Kohlehydraten.

Setzt man die im ganzen Tage im Mittel verbrauchten Mengen von Eiweiss und Kohlehydraten gleich hundert, so würden hiervon in Form von Brod verzehrt:

32.4% Eiweiss
58.3% Kohlehydrate.

In der Nahrung der beobachteten Person wird sonach im Brode nicht ganz ein Drittheil der ganzen täglichen Eiweissmenge verzehrt, bei freier Wahl von einem alten Manne daher erheblich weniger als in der früher betrachteten Kost der Anstaltsinwohner. Erklärlicherweise ist auch die absolute Menge des verzehrten Brodes hier geringer als bei den obigen Beköstigungsweisen, bei welchen, wie wir sahen, sie bis zu kaum verzehrbaren Mengen ansteigt.

Das Verhältniss von Fett zu Kohlehydraten in der untersuchten Kost ist wie

1 zu 5.1.

Nimmt man als tägliches Bedürfniss für den Erwachsenen die Nährstoffmengen, welche im Mittel von arbeitenden jüngeren Menschen nach meinen Untersuchungen[1]) verzehrt werden, an, nämlich

131 gr. Eiweiss
88 „ Fett
392 „ Kohlehydrate,

so ist die Menge, welche in der Nahrung des Greisen enthalten, erheblich geringer und zwar in allen ihren Bestandtheilen. Dies würde unsern Vorstellungen von dem geringeren Nahrungsbedürfnisse in höherem Lebensalter vollkommen entsprechen; dessungeachtet suchte ich die Frage, ob die gefundenen Mengen auch thatsächlich zur Erhaltung des Körperbestandes genügen oder erforderlich sind, noch durch die Stickstoffausscheidung im Harne zu beleuchten.

Es wurden während der Zeit der Untersuchung in dem sorgfältig gesammelten Harne im Mittel ausgeschieden

im Tage: 16.98 gr. Stickstoff.

Dies entspricht einem Umsatze von 109.5 gr. Eiweiss, während 116.5 gr. Eiweiss in der verzehrten Nahrung enthalten sind.

Rechnet man die fehlenden 7 gr. Eiweiss als unbenützt im Kothe enthalten — was 6% Verlust ergäbe —, so folgt, dass die verzehrten Speisen völlig hinreichten, den Eiweissbestand des Versuchsindividuums zu decken, dass also in der That die Zufuhr für Menschen in höherem Lebensalter eine geringere sein kann und ist, als für den erwachsenen und arbeitenden Mann.

Ich muss noch bemerken, dass die Versuchsperson sehr thätig und arbeitsam, wenn auch nicht von kräftiger Körpergestalt ist; es ist daher wohl mit Sicherheit anzunehmen, dass für nicht oder nur wenig arbeitende ältere Menschen sich das tägliche Nahrungsbedürfniss niedriger stellt, und dass

[1]) Zeitschr. f. Biol. Bd. 9, S. 391.

somit auch die in der Kost der Pfründneranstalten in München gefundene Menge der täglichen Nährstoffe in der That nicht als ungenügend bezeichnet werden kann, obwohl die dort gefundenen Zahlen ziemlich kleiner sind. Jedenfalls müssen wir annehmen, dass die eben betrachtete Kost in ihrer Quantität die Maximalgrenze für die Bedürfnisse nicht arbeitender älterer Menschen, insbesondere gemischten Geschlechtes, darstellt, über welche hinauszugehen, bei ähnlicher Qualität der Speisen nicht nothwendig erscheinen dürfte.

2) Kost einer Arbeiterfrau. (März 1874).

Ich theile in Nachfolgendem zum Vergleiche mit der Pfründnerbeköstigung ferner die Kost einer 30 Jahre alten Frau mit, welche in nicht so günstigen Verhältnissen wie die im Vorigen betrachtete Person lebte, dabei aber doch ziemlich anstrengende Arbeiten (wie Waschen, Scheuern u. drgl.) ausführte. Die Frau selbst war robust, hatte ein Körpergewicht von 60.8 Kilogr. und schien zur Zeit der Kostuntersuchung völlig gesund zu sein. Ungefähr ein Jahr später erkrankte dieselbe und starb nach längerem Siechthum an Phthise.

Die Kost wurde in gleicher Weise, wie bereits mehrmals angegeben, untersucht. In 3 Tagen wurden verzehrt:

Speisen:

Frühstück:

Alle 3 Tage: Kaffee mit Milch, Zucker und Brod

Vormittags:

Alle 3 Tage: Brod

Mittags:

1. Tag: Eiersuppe, Fleisch, Erbsengemüse
2. „ Brennsuppe, Rohrnudeln und Zwetschen.
3. „ Nudelsuppe, Rindfleisch mit Kartoffelpürée.

Nachmittags:

Alle 3 Tage: Kaffee mit Milch, Zucker und Brod.

Abendessen:

1. Tag: Brod und Bier
2. „ Käse, Brod und Bier
3. „ Nudelsuppe, Brod und Bier.

In den verzehrten Speisen sind enthalten:

Tag:	Trockensubstanz:	Wasser:	Eiweiss:	Fett:	Kohlehydrate
1.	430.0	1494	79.8	15.0	282.4
2.	493.2	1258	76.6	29.8	365.0
3.	466.9	1588	71.9	23.7	354.5
Mittel:	463.4	1447	76.1	22.8	334.0

Die im Tage gefundenen Nährstoffe vertheilen sich (im Mittel der 3 Tage) in folgender Weise auf die einzelnen Mahlzeiten:

	Eiweiss:	Fett:	Kohlehydrate:
Morgen	13.9	3.1	77.3
Vormittag	4 7	—	25.4
Mittag	28.4	13.9	93.0
Nachmittag	8.4	2.7	37.4
Abend	20.6	3.1	100.8
	76.0	22.8	333.9

Daraus berechnet sich als prozentische Vertheilung der Nährstoffe auf die verschiedenen Mahlzeiten:

	Eiweiss:	Fett:	Kohlehydrate:
Morgen	18	13	23
Vormittag	6	—	8
Mittag	38	61	28
Nachmittag	11	12	11
Abend	27	14	30
	100	100	100

An Brod wurden verzehrt:

am 1. Tage	279.8 gr
„ 2. „	354.6 „
„ 3. „	410.4 „
Mittel:	348.3 gr. mit 35.9 gr Eiweiss
	192.1 „ Kohlehydraten.

In Prozent des täglichen Verbrauches wurden sonach in Form des Brodes im Mittel aufgenommen:

47.2 % der täglichen Eiweisssumme,
57.5 % „ „ Kohlehydrate

An Fleisch genoss die Frau, berechnet aus einem Wochenverbrauche, im täglichen Mittel: 60 gr. (ohne Knochen) mit 10.8 gr. Eiweiss.

In der Form von Fleisch ist daher in der Gesammtmenge von Eiweiss für einen Tag verzehrt worden:

14 % Eiweiss.

Das Verhältniss von Fett zu Kohlehydraten ist bei der relativ reichlichen Brodmenge in der Zufuhr wie

1 : 14.6

Die hier gefundenen Mengen der Nährstoffe für einen Tag sind beträchtlich geringer als die, welche die vorausgehende Versuchsperson im Tage aufnahm, obwohl die Frau, deren Kost untersucht wurde, nicht mehr als 30 Jahre alt war.

Ich habe nun auch hier die Stickstoffausscheidung in dem sorgfältig gesammelten Harne der Versuchsperson bestimmt und nachstehende Zahlen gefunden:

	gr. N:		Eiweissumsatz:
1. Tag	11 4	=	73.5
2. „	11.6	=	74.8
3. „	11 4	=	73.5

In der täglichen Zufuhr sind dagegen 76.1 gr. Eiweiss enthalten.

Wenn nicht die Eiweissausnützung im Darme der Versuchsperson eine ausserordentlich günstige war, was übrigens bei der relativ grossen Brodmenge im Tage kaum angenommen werden darf, so wären wir hier wohl an der untersten Grenze der Nährstoffmengen angekommen, die auch eine Frau für die Erhaltung ihres Körpers und ihrer Gesundheit bedarf. Es ist nicht unwahrscheinlich, dass die genossene Menge in dem hier beobachteten Falle trotz der im gewissen Grade freien Wahl (abgesehen von den Erwerbsverhältnissen der Frau) zu niedrig war und, wie wir sahen, mindestens kaum den täglichen Eiweissverlust decken konnte. Nicht undenkbar erscheint es, dass die später folgende Erkrankung und das lange Siechthum der Frau im Zusammenhange mit der oben geschilderten Ernährungsweise steht, bei welcher ein geringer täglicher Eiweissverlust vom Körper und damit eine allmähliche Abnahme der Organe fast mit Nothwendigkeit eintreten musste. Während wir in der Kost des alten Mannes eine Maximalgrenze erhalten würden, sind wir wohl gezwungen, die in diesem Falle gefundenen täglichen Mengen der Nährstoffe als das Minimum zu betrachten, unter welches ohne Schädigung der Gesundheit der Verpflegten nicht wohl gegangen werden darf.

3) Kost in einer Beamten-Familie.

Ich füge hier noch die genauen täglichen Messungen und Aufzeichnungen über den Verbrauch an Lebensmitteln während eines Wintermonates hinzu, die mir durch die Güte des Herrn Prof. v. Pettenkofer zugekommen sind. Die Personen, welche die unten angegebenen Lebensmittel verzehrten, bestanden aus Mann, Frau und Magd, lebten in sehr einfacher und bescheidener, doch nicht ärmlicher Weise und reichten mit den angegebenen Kostmengen, wie aus deren Gesundheitszustande geschlossen werden muss, völlig aus. Ich bemerke hierbei, dass keine der obigen Personen sich irgend grösserer körperlichen Arbeiten unterziehen musste oder unterzog, dass der Mann jedoch in seinem juristischen Berufe mit Eifer thätig war.

Die in 30 Tagen für den Gesammthaushalt verwendeten Lebensmittel betrugen nun:

			Eiweiss:	Fett:	Kohlehydrate:
			gr.	gr	gr.
12.0	Kilo	Schwarzbrod	1296	—	6912
3.6	„	Weissbrod	382	—	2401
4.0	„	Kalbfleisch	459	39	—
15.5	„	Ochsenfleisch	2093	1647	—
3.0	„	Schweinefleisch	315	383	—
5.0	„	Butter	45	4605	—
1.5	„	Schweinefett	—	1500	—
0.5	„	Rindsfett	—	500	—
2.5	„	Mundmehl	295	—	1840

	Eiweiss: gr.	Fett: gr.	Kohlehydrate. gr
1.0 Kilo Einbrennmehl	133	—	735
1.5 „ Zucker	—	—	1500
6.18 „ Gemüse	124	—	927
0.25 „ Oel	—	250	—
48 Stück Eier (= 2.45 Kilo)	306	234	—
15 Liter Milch	615	585	630
45 „ Bier	180	—	2340
Summe:	6243	9743	17285

Daraus erhält man für eine Person im Tage die Summe von:

69.4 gr Eiweiss,
108.3 „ Fett,
192.1 „ Kohlehydrate.

Das Verhältniss von Fett zu Kohlehydraten ist hier 1 zu 1.8. In Fleisch und Eiern werden von der täglichen Eiweissmenge 51%, im Brode dagegen nur 27% Eiweiss verzehrt.

Nach der obigen Angabe war die Ernährung der 3 Personen ausreichend, soweit es sich aus dem Gesundheitszustande derselben erschliessen lässt. Bei dem Uebergewichte thierischer Nahrungsmittel, deren Ausnützung im menschlichen Darme nach den bisherigen Erfahrungen eine sehr vollkommene ist, dürfte hieran namentlich im Vergleiche mit der fast vegetabilischen Kost der Arbeiterfrau nicht wohl gezweifelt werden.

Aus der Betrachtung der täglichen Nährstoffquantitäten, welche in einer kleinen Haushaltung, wie eben mitgetheilt, verzehrt werden, lässt sich ebenfalls erkennen, dass bei einer gut ausgewählten Qualität der Kost die Menge der Nährstoffe, die keine schwere Arbeiten verrichtende Menschen zu ihrer Erhaltung bedürfen, erheblich geringer sein kann, als wir sie in den Beköstigungen mehrerer Arbeits- und Armenhäuser gefunden haben, und dass in letzteren sonach hauptsächlich eine Verbesserung der Qualität unter Verringerung der Quantität angestrebt und erreicht werden kann.

Wenn wir zum Schlusse noch die Resultate der vorstehenden Untersuchungen überblicken, so zeigt sich uns, dass die, wenn auch wenig zahlreichen Angaben, welche bisher vorliegen, nicht im Widerspruche stehen mit den theoretischen Anforderungen, welche oben an die Kost alter, erwerbs- und arbeitsunfähiger Individuen gestellt wurden. Wenn ferner auch der weitere Zweck solcher Untersuchungen, die Erkenntniss der bestehenden Verhältnisse und eine allenfallsige Verbesserung derselben, ebenfalls in gewisser Beziehung erreicht wurde, so sind doch die vorliegenden Zahlen noch nicht umfassend genug, um genaue und sichere Angaben über die nothwendigen Mengen der an Armenhäusler etc. darzureichenden Nährstoffe zu geben. Indess konnten wir mit gewisser Sicherheit die unteren und oberen Grenzen bestimmen, innerhalb derer bei einer zweckentsprechenden Qualität der ausgewählten Speisen die täglichen Quantitäten für eine Person gehalten werden sollen.

Wenn ich es versucht habe, trotz der Dürftigkeit des vorliegenden Materiales dasselbe in dieser Schrift mitzutheilen, so geschah es wesentlich auch in der Absicht, weitere zahlreichere Untersuchungen anzuregen, die schliesslich zu dem gewünschten Ziele, der rationellen und mit den einfachsten Mitteln auszuführenden Ernährung der Bewohner städtischer Armenanstalten, führen müssen.

www.ingramcontent.com/pod-product-compliance
Lightning Source LLC
LaVergne TN
LVHW080002031026
849161LV00026B/2928